“一核多元”社区治理体系与治理能力现代化研究

——以青岛市即墨区为例

汪碧刚　陈旭峰　编著

中国社会出版社
国家一级出版社 · 全国百佳图书出版单位

图书在版编目（CIP）数据

"一核多元"社区治理体系与治理能力现代化研究：以青岛市即墨区为例／汪碧刚，陈旭峰编著．--北京：中国社会出版社，2021.7

ISBN 978－7－5087－6550－1

Ⅰ.①一… Ⅱ.①汪… ②陈… Ⅲ.①区（城市）－社区管理－研究－青岛 Ⅳ.①D669.3

中国版本图书馆CIP数据核字（2021）第090772号

书　　名："一核多元"社区治理体系与治理能力现代化研究——以青岛市即墨区为例
编　　著：汪碧刚　陈旭峰

出 版 人：浦善新
终 审 人：李　浩
策划编辑：孙武斌
责任编辑：李新涛

出版发行：中国社会出版社　　**邮政编码：**100032
通联方式：北京市西城区二龙路甲33号
电　　话：编辑部：（010）58124841
邮购部：（010）58124848
销售部：（010）58124845
传　真：（010）58124856
网　　址：shcbs.mca.gov.cn
经　　销：全国各地新华书店

中国社会出版社天猫旗舰店

印刷装订：北京虎彩文化传播有限公司
开　　本：170mm×240mm　1/16
印　　张：17.25
字　　数：300千字
版　　次：2021年7月第1版
印　　次：2021年7月第1次印刷
定　　价：70.00元

中国社会出版社微信公众号

谨以此书向中国共产党成立100周年献礼

本书编委会

主　编：汪碧刚

副主编：王宝善　刘　瑛

成　员：陈旭峰　于德湖　杨书胜

付　强　李新辉

代序

构建 “一核多元、融合共治” 社区治理体系

社区治理是社会治理的重要基础，也是国家治理的重要基础。社区治理的效果和水平，事关社会和谐稳定和国家长治久安，事关全面深化改革总目标、推进国家治理体系和治理能力现代化的顺利实现。只有构建“一核多元、融合共治”社区治理创新体系，才能切实推进社区治理现代化，满足人民日益增长的美好生活需要。

一、“1+3”切实推动社区治理落实到“最后一米”

社区治理的核心是党的领导，要充分发挥党总揽全局、协调各方的作用，坚持党建引领与协同创新，在“1+3”一核多元、融合共治的社区治理创新模式下，推进系统治理、依法治理、综合治理、源头治理，从而建设人人有责、人人尽责、人人享有的社会治理共同体。

“1+3”即“一核多元、融合共治”。“1”是指党的领导，“3”为概数，即“多”的意思，意指社会多元力量。“1+3”突出强调以党的领导为核心，充分调动街道办事处、社区党组织、居民委员会、小区业主委员会、物业公司管委会、辖区社会单位、社区中介服务组织以及社区居民等多方力量，持续参与社区工作，最终形成“党委领导、政府负责、公众参与、凝聚合力、多元共治、跨界联盟”的“一核多元、融合共治”的社区治理创新体系。

社区治理的核心在“人”，人和人面对面“一米”之距，交流互动；党和政府服务群众由被动找来办事到主动上门服务，“一米阳光”温暖居民；新科技支撑成为社区服务新载体，利用新一代信息技术，为居民提供更加安全、便利、舒适、愉悦的“一米生活圈”。着力推动创新与融合，运用大数据推动社区治理，建立专业社会工作者队伍，加快城市精细化、精准化、网格化、智能化管理，目标是切实推动社区治理落实到“最后一米”。

二、推进党建引领与社区治理深度融合

党建引领社区治理的核心是党的领导。党建引领社区治理现代化的关键在于“引领”。

一是推动党的领导力纵向延伸。明确街道党工委书记是党建引领社区治理第一责任人。坚持以上带下、以下促上，形成区—街—居—网格的有机衔接、有序推进、有效运转的四级联动组织体系、责任体系、制度体系。完善“社区党委—网格党支部—楼院党小组—党员中心户”的组织设置，积极延伸组织链条到基层治理的“神经末梢”。坚持“支部建在网格上”，以单元网格为基准，科学设置网格党组织，以楼院（单元）为单位设立楼院党小组，每个楼院党小组依托党员骨干、党员集中家庭确立2—3个党员中心户，每个党员中心户负责联系10户左右居民家庭，建强上下贯通、强劲有力的组织体系“动力主轴”，形成纵向到底、横向到边的党的组织和工作全覆盖。

二是扩大党组织渗透力。坚持人在哪里党员在哪里，党建引领基层治理的触角就延伸到哪里。落实“支部建在楼上”，综合考虑各商务楼宇党建基础、地标效应、税收贡献、体量大小、产业布局等因素，由街道党工委统一领导，依托物业公司、骨干企业、产权单位等建立商务楼宇党组织。打造联动协同、立体辐射、共建共享的党群服务中心，立足不同企业和人群需求，坚持精准化、高标准开展服务，吸引社会力量参与，精心设计策划活动，以党建凝聚人才、服务发展。着眼破解物业管理服务难题，抓实物业行业党建工作，全面摸清辖区物业企业党员队伍情况，符合组建条件的，及时成立党组织。成立物业企业党委，直接管理一批有较大影响力和示范带动能力的物业企业党组织。

三是以治理难点问题倒逼流程再造。突出问题导向，针对基层治理中的深层次矛盾，遵循系统治理的原则，倒逼体制机制改革，推动问题处理流程再造，着力解决基层治理的难题和群众反映强烈的难事。坚持线上与线下相结合、主动与被动相结合，实时梳理分析网格内动态信息，对群众反映的需求，网格党建指导员第一时间分配网格资源，分类投送居委会、共建单位、物业企业、志愿团队等各类组织，由网格党支部书记牵头开展精准服务，及时回应处置居民需求。网格内解决不了的，建立“群众吹哨、街居响应、部门报到”机制。将群众反映的问题“吹哨”给街道，由街道综合治理中心牵

头协调内设机构和社区处理；对历史遗留问题、重大项目推进等涉及多个部门、街道层级无法解决的问题，由街道向区直部门“吹哨”，部门响应。对拟“吹哨”的重要事项，街道要认真研究，列出问题清单和需求清单，切实把“哨子”吹准吹实。区直部门对街道的“吹哨”事项，构建扁平化快速响应机制，打破常规议事流程，由部门主要负责同志直接负责；对需要召开协调会或现场办公的，主要负责同志或者分管负责同志要现场协同街道解决问题，不能现场解决的要限期办理反馈，做到快接收、快办理、快落实。

四是加强分类指导，包括垃圾分类。按照“试点先行、稳妥实施”原则，选取不同类型街道，稳步推进创新党建引领基层治理工作试点。在认真总结试点工作经验基础上，坚持因地制宜，分类指导，而后在区级层面全面推开。把遵循顶层设计与尊重基层、群众首创精神有机结合，不搞一刀切，鼓励街道先行先试，大胆探索符合各自实际、行之有效的治理模式和工作载体，坚决杜绝形式主义，确保取得实效。

五是实施先进典型培树工程。及时总结宣传基层涌现出来的好经验、好做法，分层次分领域培育、选树、宣传一批叫得响、立得住、成效明显的党建引领基层治理示范点，表彰一批担当作为好书记、优秀网格党支部书记、优秀党建指导员、优秀共产党员，形成以点带面、整体推进的工作格局。

六是加大信息支撑实现党群融合互动。推动“互联网+党建”“智慧党建”与城市治理大数据运用深度融合，把党的建设渗透到“智慧城区”建设的各方面。开发集“综合服务、数据分析、综合考核、党群议事、问题处置”五大功能为一体的“党群e家”信息化平台，与城市管理部门数据共享、叠加融合，打造党组织领导下的全区域覆盖、全天候即时响应、全流程数据分析的智能化治理系统，让群众随时随地“看得见、找得到、叫得应”。

三、推进社区治理与文化治理深度融合

文化传承是城市和社区的灵魂，文化引领着社区的未来发展，传承让城市和社区看得见过去望得到未来。未来社区是灿烂的中华文化的延续与演绎，是和谐有序、绿色文明、创新包容、共建共享的幸福家园。新时代背景下对美好生活的向往也对居民自身文化素质提出了更高的要求，如何使居民有序、有效地参与社区建设是社区治理“最后一米”要解决的新时代任务。文化治理在社区层面的作用主要体现在塑造价值观念、传承传统文化、规范行为方

式、教育引导群众、维护社区稳定等方面。社区文化有利于社区凝聚力的形成，同时智慧社区通过搭建各种各样的应用场景，使科技融入居民的日常生活，对社区空间、邻里关系、服务内容、居民参与等产生正面影响，从而引领新的生活观念与方式，积极发挥社区治理的文化引领作用。

新时代推进社区治理现代化，要从实现人的现代化出发，强化德治作用，构建彰显时代精神、文化特色的社区德治体系，最终实现文化治理。一是要实现人的思想观念现代化，以社会主义核心价值观为引领；二是要实现人的素质能力现代化，以弘扬中华优秀文化为重点，建设学习型社会；三是要实现人的行为方式现代化，加强社会公德、职业道德、家庭美德和个人品德建设，提升道德对社会个体行为的约束力。当前，需要通过坚持问题导向，综合运用经济、行政、法律、科技、文化等手段，构建权责明确、服务为先、管理优化、执法规范、安全有序的社区治理体制，探索共建共治共享的社区治理新格局。通过实现有效的社区治理，推动社会治理迈上新台阶，在共建美好家园的过程中不断满足“人”的需求，形成自我调节、居民自治的社会治理文化。

从我国的实际情况出发，构建“一核多元、融合共治”社区治理创新体系应当突出以下三个重点：一是服务，社区治理应当从“管制型”转为“服务型”，从“网格化管理”转为“网格化服务”，并满足市民个性化需求；二是共享，社区治理不但要体现工具化共享和信息化共享，更重要的是要突出价值共享；三是融合，要促进城乡居民之间的观念、新旧体制之间的融合和公共治理的融合，坚持党建引领，重心下移，立足基层服务，运用大数据，动员居民参与，从而真正实现“一核多元、融合共治”。

（汪碧刚：《构建“一核多元、融合共治”社区治理体系》，载《中国民政》2020 年第 14 期）

目　录

第一章　社区治理现代化的理论探讨

第一节　社区内涵的历史演变

社区是社会区域共同体或区域性社会的简称。20世纪30年代，以费孝通先生为代表的中国社会学家把英文“Community”一词译为中文“社区”并一直沿用至今。社区研究起源于西欧、发展于美国、流行于西方发达国家，之后逐渐传播于发展中国家。社区从西方传入东方，归纳起来主要有两类：功能社区和地域社区。特别是伴随着现代社区兴起，“地域”更成为界定一个社区的重要特征。它承载着某一地区人民的实际生活，是具体的、可观察的，也是整个社会的一个缩影，因此社区越来越成为社会研究的基本分析单位。改革开放以后，“单位制”解体，人们从“单位人”成为“社会人”，社区更成为人们日常生活的一个重要场所，人们社会生活的很大部分需求都需要在社区之内解决，有关社区的研究也方兴未艾，并且与政府主导展开的社区建设和社区服务联系在一起。

要透析社区治理的内涵，首先就要透析治理的内涵。“治理”（Governance）一词最早来源于希腊语和拉丁语中的“操舵”，与政府（Government）一词的含义有相互交叉的部分。

继1989年和1992年世界银行使用“治理危机”并发表“治理与发展”的年度报告之后，“治理”一词得到了广泛的应用。而在应用过程中，不同学者对于治理的内涵有不同的理解，“治理”也出现了很多代名词，如好政府、高效政府；也有学者提出“元治理”（Meta governance）、好治/善治（Good governance）等。全球治理委员会在1995年发表的题为《我们的全球伙伴关系》的研究报告中，对治理作出了如下界定：“治理是各种公共的或私人的个人和机构管理其共同事务的诸多方式的总和。”它是使相互冲突的或不同的利益得以调和并且采取联合行动的持续的过程。“治理”是对单向度的“管理”理论的超越，其特征可以概括为治理主体多元化、权力关系网络化、治理方式多样化、治理领域公共化，其要素是“权力主体的多中心化”“回应性”“互动性”“公开性”“透明度”“公正”“法治”“效率”，等等。城市与治理有着密切关系，“治理”的概念最初就源于城市问题，后来才被用于企业层次（公司治理）、国家层次（国家治理）和世界层次（全球治理）上。

从“管理”到“治理”，一字之差凸显了我们党执政理念的升华、治国方略的转型。由封建“统治”到社会“管理”再到“治理”之变，折射着历史发展的进步。治理与管理有着明显区别：管理主体是一元的、自上而下的，而治理主体是多元的、融合共治的。治理是政府、市场、社会组织，党、人大、政府、政协等多元主体一起进行国家治理，而不是仅仅依靠一种力量。管理是垂直的，治理是扁平化的。治理既有从上到下，也有从下到上，甚至可以从中间向上、向下延伸开来、铺展开来。管理带有随意性，治理方式是法治化的。治理是依法治国，依法治理，建设法治国家、法治政府，而不再是简单命令式、完全行政化的管控。管理常常是单向度的，治理是体系化的。实现“国家治理体系的现代化”，是一个制度化、系统化的改革目标。围绕这一目标，形成政府治理、社会治理、生态文明治理等全面的治理体系。相对管理而言，治理是一个内容丰富、包容性很强的概念，它更强调灵活性、协调性、沟通性，彰显了国家的公平、正义，社会的和谐、有序。

从“统治”到“管理”，从“管理”再到“治理”，这反映了治国方略总体思想的演变，折射了历史发展的进步。从社会“管理”到社会“治理”是全面深化改革的必然要求。

党的十八大以来，以习近平同志为核心的党中央，在理论上不断深化对社会治理的认识在实践中注重推动基层社会治理向着现代化迈进。

从2013年11月党的十八届三中全会第一次提出“社会治理”概念，到2017年6月出台的《中共中央　国务院关于加强和完善城乡社区治理的意见》，到党的十九大提出要“推动社会治理重心向基层下移”，再到党的十九届四中全会明确提出要坚持和完善共建共治共享的社会治理制度，我们党在基层社会治理方面的理论创新，为推进基层社会治理尤其是社区治理现代化提供了根本遵循。

第二节　社区治理的历史脉络

20 世纪 70 年代末以来，世界范围内的城市环境、社会问题日益突出，社区治理被作为具体的社会管理得到国际社会的普遍认同，并得到全面加强，社区治理以一系列全国性、地方性、社区性规划为指导，在政府的指导下，以社区公众的广泛参与为依托走向制度化、规范化、公众化（裴蓉，2006）。中华人民共和国成立后，为了维持社会稳定，强化对城市秩序的控制，1954 年全国人大常委会通过《城市街道办事处组织条例》，开始逐渐健全由市、区、街道和居委会组成的城市行政管理体制。街道办作为区政府的派出机构，具有明显的行政科层制特征，居委会虽然在法律上被规定为是一种自治性群众组织，但它实际上是一个具有浓厚官方色彩的“群众组织”。此时街道和居委会是代表政府对社区进行管理的唯一合法行为者，其管理方式是自上而下的行政指令，即政府部门通过行政等级将上级命令逐层传达到街道，街道再传达到居民委员会，由居委会再传达给居民。此时的社区管理模式体现在公共权力资源配置的单极性和公共运作的单向性。

20 世纪 90 年代以后，随着我国经济体制从计划经济向市场经济转轨，中国的社会结构发生了巨大变迁。在城市，由城市现代化带来的城市社会管理重心下移以及单位体制的逐步瓦解，引发了城市社会基层的转型。旧的街居制不再能适应新形势的发展需要，国家在 1991 年提出了“社区建设”的思路。政府开始下放权力到社区，鼓励居民、非营利组织、辖区单位参与社区管理，形成社区的网格状管理。这种模式主张政府和社区组织的制度化合作和良性互动，社区中各个管理主体各司其职、分工合作。各个管理主体因为掌握的资源不同，彼此之间形成相互依赖；权力运作不再是通过自上而下的行政命令，而是一种多个独立组织共同参与的过程。

无论是 20 世纪 90 年代提出的“社区建设”还是在整个过程中发生的社区管理模式的变迁，都与我国当时整个社会环境的变化和政府转型的需要分不开。一方面，伴随着单位制的解体，城市居民逐渐由“单位人”转变为“社区人”，推进社会发展的大量事务需要在社区落实，因此发展和完善基层社会的功能势在必行；另一方面，市场经济逐步建立，国家的政治体制和经济体制面临改革，迫使政府转变职能，把管理社会工作的职能转到社区。这既是一次由政府推动的社会体制改革，通过培育社区社会组织，形成政府与社区组织共同服务和管理社区的过程，实现由单位体制主导转向社区体制主导的过程，也是一次"自下而上"地解决人民群众需求的变革。在这个过程中，由于政府和社区权能配置方式的差异就出现了基层社区管理模式的变迁。

魏娜（2003）认为，综观我国城市社区治理模式的发展与演变，可以将其概括为三个阶段：第一个阶段是行政型社区管理阶段。这一时期的制度背景表现为：单位制是政府控制社会及其成员的主要形式；国家与社会的关系表现为强国家、弱社会；城市政府多采用层级管理的方式，对基层社区进行具体和微观的管理。第二个阶段是合作型社区管理阶段。这一时期的制度背景体现为：单位制开始弱化，单位承担的社会职能向社区转移；政府与社会的关系开始发生变化，大量的社会组织开始产生并发挥着越来越重要的作用；城市政府管理层级减少，街道办事处作为政府派出机构与社区组织结合在一起，并逐渐被社区组织取代，从而完成了政府组织的简化与职能转变的过程。第三个阶段是自治型社区治理阶段。这一时期的制度背景体现为：社区取代单位承担起对社会进行整合的功能；社区组织成为基层社会组织的主体；在政府与社会的互动过程中，强国家与强社会的关系模式逐渐确立；城市政府管理层级减少、效率提高。

第三节　社区治理模式的研究路径及经验借鉴

伴随着社区自治的兴起，在社区的微观层面上，国家与社会彼此相遇、交织渗透而又微妙互动。社区研究从一开始就存在着是培育民主自治还是加强行政管理的张力，由此也形成了两种基本的研究路径。

一类研究从国家本位出发，认为政府通过自上而下的变革和规划推动国家和社会关系的变迁，社区建设是国家推行社会管理体制变革和强化行政权力对社会整合的结果（徐林，吴咨桦，2015）。他们认为中国城市基层治理存在着高度的国家主导与控制，其关注于社区组织类似于国家－社会关系中的代理人角色。尽管20世纪90年代中期兴起的"社区建设"一直强调要实现社区管理和居委会的自治，但实践证明，由于行政主导力量过大，加上制度性约束，“社区建设”的结果大多是国家权力在社区的渗透和居委会工作的进一步行政化。主要的制度创新均“发动或承认于国家部门”，基于“国家利益”的种种考量，自然将制约基层自治的推进，到头来不免强化现有的体制（项飚，宋秀卿，1997；王思斌，2000）。社会转型和社区建设运动背景下的中国城市社区，“是为了解决单位制解体后城市社会整合与社会控制问题的、自上而下建构起来的国家治理单元，而不是一个可以促进社会发育的地域社会生活共同体”（杨敏，2007）。

另一类研究则关注转型社区中国家与社会关系的新动向，即合作交织而非对立分离。此类研究最为典型的是以业委会和业主维权运动为主要研究对象，对业主维权运动中的主要影响因素、动力机制和关系网络、社会冲突、行动力和制度限制等方面进行了考察（张磊，2005；石发勇，2005；翁定军，2005；陈映芳，2006；林尚立，1999；王汉生、吴莹，2011）。研究认为，国家与社会的关系处于重构之中，社区空间成为由国家和社会二元力量共同决定的新公共空间，“一种既不是原来的行政架构，也不是完全的地方自治社会的混合属性的公共领域”。有学者用“柔性控制”“柔性运作”来形容国家权力在基层的具体运作（郭伟和，2010）。与此同时，社区在政府的参与和在市场中展现了民主自治的发育。国家与社会的关系既非国家丧失控制力的“断裂”，也非国家向邻里强力渗透的“嵌入”，而是一种介于两者之间的“粘连”状态（桂勇，2007）。

在世界范围内一些先进城市在长期的社区治理实践中，形成了各具特色的社区治理模式，较好地适应了城市实施现代化管理的实际需要，对进一步创新社区治理体制，充分发掘社区单元的社会功能具有重要促进作用（陈晓莉等，2012）。国内外的社区治理模式为我国现代社区治理模式提供了非常丰富的借鉴经验。毛军吉（2013）介绍了美国、德国、北欧等国家的社区治理模式。他指出，美国在社区治理上，将提供社区服务的责任由原来的政府单独直接提供转为由政府、社区、社会其他组织共同负责，在当今社区治理过程中，政府以监察者和指导者的身份，通过制定公共政策和公共服务的目标、标准、原则去监督各个社区服务市场参与主体的承诺与运行状况，审视社区服务的质量和效益，致力于发动一切力量为社区提供有效的、高质量的公共事务和公共服务。德国政府在社区治理上高度重视社会福利的普及化和规范化。在北欧国家，社区治理是与其国家福利体制融为一体的，其治理体系具有高度的制度化特征。

卢学晖（2015）的研究指出，从现实情况来看，我国是政府主导型社区治理模式，而混合型治理模式是我国从政府主导型社区治理模式向自治型治理模式转变的必由之路和现实选择。日本作为混合型社区治理模式的代表国家，其社区治理经历了形成时期、官办化时期、被禁时期、恢复时期和自主时期，确立了准自治原则、民主原则、自律原则和服务原则，社区治理模式由政府主导型模式转变为混合型模式，其社区治理模式的转型背景与中国有众多相似之处，因此日本社区治理模式的转变历程及相关经验对正处于转型期的中国城市社区自治具有重要的借鉴价值和启示意义。我国在社区治理模式转变的过程中应当通过构建居民自治的社区文化、厘清政府与自治组织的职能边界、建立多元化的组织参与体系进一步完善城市社区自治。

20 世纪 90 年代以来，中国城市基层社会管理体制从先前的“单位制”与“街居制”并存逐步过渡并转变为当前的“社区制”，在这个重大历史和制度变迁过程中，中国城市社区自治先后探索出以“沈阳模式”为代表的自治型模式、以“上海模式”为代表的政府主导型模式、以“江汉模式”为代表的混合型模式（卢学晖，2015）。沈阳模式从建立的初衷和社区管理组织架构上来看，属于自治型的治理模式。它创造性地借鉴了国家政权机构的设置及其相互之间的权利义务关系，增强了社区组织的整体性、系统性、协调性和制约性，扩大了对社区资源的整合，提升了社区的自治能力，保证了社区的自治方向，保证了社区功能的发挥，在全国影响非常广泛，对中国基层民主政治建设也有很大的促进作用。上海模式在“两级政府、三级管理”的管理体制背景下，社区管理中政府主导色彩非常明显。作为经济较为发达的特大型城市，政府财力比较雄厚、掌控的社会资源相对丰富，借助政府在社区管理中的强有力主导，使得诸多社会问题能在较短时间内能够解决，推动了社区的发展。江汉模式融“建设、管理、服务”三位一体，坚持社区自治方向，实现了行政资源和社区资源整合、行政功能和自治功能互补、政府力量和社会力量互动，淡化了政府管理的色彩，引入了市场化管理和企业主导（王珏青，2009）。

第四节　社区政治与社区治理模式

人们习惯从宏观层次上，即从整个社会、整个国家的角度来分析政治，然而作为一个国家，尤其是一个大的、其各组成部分有相当差异的国家，还必须注意到局部的发展情况。“社区政治”概念的提出，就是试图为政治研究提供一个新的角度，一个中观和微观的角度，并力求证明，政治发展的轨迹有其自下而上的一面。政治制度只有根植于社会的各个组成部分之中，才是有坚实基础和生命力的。因此，社区治理模式必然离不开社区政治分析。那么什么是社区政治呢？王振海等（1995）认为，社区政治是指存在于一定地域的同质性人口为主体的人群生活共同体的政治现象和政治关系。王梅（2012）认为，所谓社区政治，是指一定地域的具有相互联系、共同交往的社区居民和组织，以利益关系为基础，以社区参与为结构性驱动力，以社区公共权力的运行为核心话语，以法治为必要保证，构建城市基层政治秩序并建设和发展该共同体的民主政治的过程。

与国家－社会范式相对的，是对这一范式的反思与解构，这些观点认为国家和社会都不是整体化的而是碎片化的，两者相互重叠和渗透。“社会”也不是一个明确的实体，相反它是通过具体事件中不同社会行动者反映出来的，“国家”也随利益多元化而被多元行动者解构。这种结果是，在社区层面，我们所见的是利益多元的群体与个体行动者，而非简单的国家－社会范式中的某种二元中的代表。

因此，社区政治研究所要面向的应该是行动者分析，由政府、居民、辖区单位、党委等共同参与构成的组织化的行动者才是真正决定社区事务和权力格局的。因它们的不同利益与目标，围绕社区参与和社区权力，呈现出“理性计算、策略选择、文化情感、社会网络”等多种因素交织的对立与冲突、合作与妥协的复杂关系；因行动者追求决策理性化和利益最大化，才导致了国家与社会之间的竞争、合作、冲突、协调、分散、交叠。宏观层面的“国家－社会”关系与微观层面的社区行动者是相互脱离的，行动者才是行动的载体，只有通过行动者具体的行动，才能实现“社会建设”的目标。

对于正式政治参与，普遍观点是居委会选举通常对居民来说没有太大的实际意义，因此也缺乏积极性，即便投票率很高也不能代表社区参与程度就高（张亮，2001）。社区选举之所以缺乏活力，关键在于它是以“维持性利益”而不是“分配性利益”为基础的。一方面，与基于公民权利和义务的“公民参与”相比，这种参与更接近于一种基于私人利益和情面的“私人”参与；另一方面，也不能忽视民众通过体制平台而非对抗性方式，通过居委会选举等正式政治参与来呼吁与逐步实现民主诉求，如新型封闭式商品房小区业主比旧式社区业主的社区政治积极性和参与程度更高。尤其是基层政府和居委会对业主维权进行干涉，激发了他们通过制度性的渠道去行使法律所赋予权利的愿望（熊易寒，2008；李骏，2009；管兵，2010）。从维权走向参选反映的是从维护财产权和民事权的“业主”向切实行使政治权的“居民”身份的转变和扩展。

在非正式政治面向，具有实质性意义的社区参与新空间也在出现。以业委会为代表，业主委员会的崛起为业主提供了正式参与渠道和社区合作平台，促使街区权力结构从国家行政机构单方面操控的集权型转向多元分散型，从而有效地促进了基层治理（石发勇，2010）。

此外，学者还从不同面向，如空间、阶层、社会资本与社会网络等考察了社区参与和社区权力。黄晓星（2011）认为，现有业主维权研究忽略了其本质因素“社区性”的重要作用，这是影响社区运动产生与维系的核心变量，由空间、人口、组织三大要素组成，而邻里和社区是“社区性”三个要素互动的结果。除了现实物理空间的互动，虚拟空间也成为极具意义的社区政治空间。在集体利益受损时，业主能利用互联网作为动员手段发起集体抗争行为，特别是在那些业主论坛比较活跃的小区。业主论坛具有高互动性、虚拟社区与现实社区高度重合、组织成本低、沟通更直接、过程更透明等特点，有助于培养集体认同，进而将之转化为集体行动（黄荣贵，桂勇，2009）。

石发勇（2010）关注到领导精英和普通业主在智识、利益、权利、社会网络等方面出现了明显分化并成为必然趋势。尤其是相关各方对非正式社会关系网络的过度利用可能导致和加剧少数既得利益业主精英排斥大众参与的寡头统治和“准派系政治”，进而有损于基层治理和社区民主。

总的来说，这些研究主要关注在目前的社区治理方式下，社区与政府之间的权力关系、社区居民各项权利的实现、各种需求的满足。不难看出，在现有的治理模式之下，居民权利的全面实现还面临着挑战和问题，居民的需求还不能得到完全的回应和满足。伴随着信息化的快速发展和互联网的大力普及，现有的社区治理和社区建设方式也正在经历着转型和重构，那么在新的环境下，社区这一场域将会发生何种变化？社区内各个行动者之间的关系又将如何重构？

第五节 智慧社区与社区治理模式

伴随着快速发展的城镇化进程在给城市的发展带来巨大机遇的同时，也对城市的可持续发展、社会稳定与安全、城市规划和管理等提出了严峻的挑战。多年来，我国的城市化模式一直是以巨额基础设施投入、大量拆迁更新建筑、耗用大量土地、滥用不可再生资源、能源密集型消费为代价的，这种“粗放型”“外延式”的城市化模式越来越显示出其弊端。我国大城市目前已经处于“大城市病”集中暴发期，许多特大城市饱受人口膨胀、交通拥堵、环境污染、资源紧张等问题的困扰，各种城市发展过程中亟待解决的“城市病”需要城市管理者不断增强城市管理和运作能力，传统的技术和管理手段难以应对。智慧城市从技术上能够提高城市公共服务和基础设施的运营效率，提高城市容纳人口密度的能力，从而抑制城市面积的扩张，缓解当前日益严重的“大城市病”（辜胜阻等，2013）。

自2009年IBM提出“智慧地球”概念及行动方案以来，智慧城市作为信息化和城市化高度融合的产物，提供了城市创新发展的新思路，成为城市发展的新模式和新形态。智慧城市系统，从整体规划、系统综合运行到具体智慧服务，以整合、节约资源和创造宜居生活为宗旨，将成为我国城市化模式转型的重要平台（史璐，2011）。

智慧城市的核心是以一种更加智慧的方法，通过利用以物联网、云计算等为核心的信息技术来改变政府、企业和人们相互交往的方式，对于包括民生、环保、公共安全、城市服务、工商业活动在内的各种需求作出快速、智能的反应，提高城市运行效率，为居民创造更加美好的城市生活（巫细波，杨再高，2010）。从城市演进的路径上看，智慧城市是继数字城市和智能城市之后的城市信息化高级形态，是信息化、工业化和城镇化的深度融合；从城市发展内涵上看，智慧城市是城市经济转型发展的转换器，是一种具有新特征、新要素和新内容的城市结构和发展模式。本质上而言，智慧城市建设实质上是一场以技术创新引导的城市经济社会发展、生产生活方式的变革，是经济发展模式创新在特定空间上的具体体现。它反映的是城市发展既要在技术上实现透彻感知、互联互通和深入智能，更要实现城市经济、生活和管理上的全面“智慧”（辜胜阻等，2013）。

从具体架构上看，智慧城市的体系可以分为感知层、网络层和应用层，分别对应上面提到的三个特征：透彻感知，即利用任何可以随时实地感知、测量、捕获和传递信息的设备、系统或流程快速获取城市任何信息并进行分析，便于立即采取应对措施和进行长期规划；互联互通，指通过各种形式的高速宽带通信网络工具，将个人电子设备、组织和政府信息系统中收集和储存的分散信息及数据进行连接、交互和多方共享，从而对环境和业务状况进行实时监控，从全局角度分析形势并实时解决问题，使得工作和任务可以通过多方协作完成，改变整个城市的运作方式；深入智能，指深入分析收集到的数据，以获取更加新颖、系统且全面的洞察来解决特定问题以更好地支持城市发展决策行动（巫细波，杨再高，2010）。

智慧城市的发展不仅推动着经济发展模式从“粗放型”转向“集约型”，而且推动着城市治理模式从“他治”向“自治”的变迁。例如，在智慧交通中，出行者根据拥堵情况和停车位情况，自行决定是否出行和出行方式，每个人都成为交通秩序的维护者。城市管理的自治机制使得行政命令变成被管理者的自主选择，实现“自己管理自己”（史璐，2011）。在智慧城市中，信息要素主导公共资源的配置和使用，改变着以往公共服务中存在的“信息不对称”现象，市民能够充分获取所需要的信息、全面掌握服务的流程，确保均等享有医疗、教育、交通等公共服务的权利，同时，智慧社区和智能家居的应用也使得公共服务细致入微，切实解决市民的生活问题，在这种服务模式中，“碎片化”的公共管理和公共服务得以有效整合，有助于快速反应、整体推进，为社会和市民提供一体化、全方位的社会管理与服务（辜胜阻等，2013）。

社区作为现代社会人们的基本活动单位，也是一个城市的最基本单元，智慧城市的建设和实现离不开智慧社区的建设。在这一大背景下，智慧社区的建设也正在如火如荼地展开。总的来说，智慧社区也是以提高服务水平、增强治理能力为目标，针对居民群众的实际需求及其发展趋势和社区治理的工作内容及其发展方向，充分利用信息技术实现信息获取、传输处理和应用的智能化，从而建立现代化的社区服务和精细化的社会管理系统，形成资源整合、效益明显、环境适宜的新型社区形态。智慧社区将其本质定位于服务居民，通过现代科技手段实现智慧社区充分满足辖区居民的多元化需求。与智慧城市一样，智慧社区的建设也必将重构社区中政府、居民和居委会之间的关系，那么，在这样的新环境之下国家与社区之间的关系如何被重构，社区内各个行动者之间的利益和角色如何重新分配，这是以往的研究所忽略和无法探讨的问题，也正是我们这一课题希望突破的重点和难点。

社区治理最终要实现以居民自治为主，社区、社会与政府部门多元共治的基本结构，因此就需要创新社区、社会与政府的结构，再造社区、社会与政府的功能。只有一个个的社区不断发育成长起来，才能使社会不断发育成熟，进而促进政府的不断成长。当下社区治理的主要问题首先在于人民群众的参与机制不畅，参与热情不足，智慧社区的建设使居民的需求得到更快更好的回应，改变了居民在社区中的被动地位，社区和居民逐渐成为社区建设和治理的主体；其次，社区建设的另一个问题在于社区治理和建设中政府过强、社会和社区过弱的格局，因此必须实现社区治理方式的转变，由政府提供必要的权力、人力、物力、财力资源，精准有效地为社会居民提供服务，结合社会力量，使政府和社区有机对接，自治与共治相互辉映，共建基金到位、平台坚实、法律保障及时跟进、和谐发展的社区治理平台。

第二章　社区公共环境条件评价

第一节　社区治安环境

近年来，随着社会经济的迅猛发展及城市化发展进程的加快，大量的农村人口涌入城市，流动人口急剧增加，给社区治安带来新的问题。流入人口的居住不稳定，给治安管理增加了一定的难度。社区居住人口结构发生变化，使得社区治安更加复杂化。当前城市居民大多以居住商品楼房为主，大多没有实行封闭式管理，同一楼层或同一楼道居住的人大多是门一关，互不相干，彼此联系和交流甚少。可以说，群众居住格局的改变给社区治安带来新的挑战。

此外，城市中无业人员闲散于社会，在增加社会不稳定因素的同时，给社区治安也增加了更多的安全隐患。这类人员终日无所事事，收入不稳定，就干起犯罪勾当。还有些浪迹社会的青少年，本身思想意识有偏差，再加上受外来腐朽思想的侵袭，为追求享受，没钱花就去偷去抢，有些甚至结成团伙，犯科作案，危害群众，影响和破坏社区治安环境的稳定。

社会防范体系不完善也是影响社区治安环境的重要因素之一。首先是认识上的偏差，人们普遍认为抓治安是公安机关和居委会的事，因此参与齐抓共管的主动性和积极性不够。其次是管理力量上的不足，一般派出所目前只有一名民警负责联系一至两个居委会指导整个社区的治安工作，时间和精力上明显不足。

加强社区治安环境建设，努力为居民群众营造一个安全的治安环境，是社区治理和建设的一项要务。相关部门在加强社区治安工作、推进治安综合治理方面进行了大胆探索和实践，取得了不少可借鉴的工作经验。

第一，建立完善的社区治安防范体系。首先，解决好思想认识问题，通过宣传动员，使社区所辖的单位和居民达成共识，即管好社区治安，确保社会稳定，人人都有责任和义务，进而更加积极主动地参与治安共建活动。其次，充分发挥社区警务室的作用，整合好社区治安力量，形成相关部门配合、社区居委会主办、社会力量支持、群众广泛参与的治安工作格局。

第二，构筑坚实的治安工作基础，努力营造良好的社区法制环境。通过多种形式，积极组织开展群众性的法制教育和法律咨询，社区居委会要与上级相关部门紧密配合，经常性地开展这类宣教活动，以提高社区居民的法律意识和依法维护自身权益的能力。

第三，积极开展民事调解工作，消除社会矛盾，改善人际关系。选拔思想好、责任心强，而且善于做群众工作的同志担任社区居委会调解干部。加强对基层干部的培训，提高调解干部的综合素质。调委会除开展民事调解工作外，应特别注意抓苗头抓动态，及时化解矛盾，努力提高调解率，严防民转刑案发生，维护社区安定团结。

第四，深入开展创建文明社区活动，加强社区文化建设。依靠社会力量，成立由居委会干部、离退休人员和居民积极分子参加的帮教小组，建立并落实帮教工作责任制，积极有效地做好“两劳”释放人员的帮教和安置工作。同时大力加强外来人口的管理，加强对重点人口的监控。

第五，切实保障外来人员的合法权益，加强流动人口的服务和管理。城市中的外来人口之所以倾向于组成基于地缘与业缘的团伙，一个重要的原因就是其利益得不到有效保护。从制度及心理层面消除对外来人员的歧视，并切实解决其实际困难，保障外来人员的人身安全，对于经常在本市区居住的外来人员可以上户口。切实解决外来人员子女上学问题，是实现治安好转、公众安全感提升的重要途径。

为更好地了解调查对象对所在社区治安环境的看法，课题组在调查问卷中设置了相关问题，让调查对象对社区治安环境作出评价。问卷调查结果见表2.1.1：61.4%的调查对象表示“很好”，26.4%的调查对象表示“比较好”，10%的调查对象表示“一般”，只有2.2%的调查对象表示“不太好”和“很不好”。由此可以判断出：从总体上来说，调查对象对所在社区治安环境的评价是很高的。

表 2.1.1 调查对象对所在社区治安环境的评价

	样本数（人）	比例（%）
很好	314	61.4
比较好	135	26.4
一般	51	10.0
不太好	9	1.8
很不好	2	0.4
合计	511	100.0

通过将调查对象的性别、年龄、婚姻状况、户籍类型、居住地属性、居住地位置、政治面貌、居住形式、居住结构、居住时间、受教育程度、社区干部属性、月均收入、家庭年收入等特征与调查对象对所在社区治安环境的评价进行交互分析[①]，结果见表 2.1.2：调查对象的性别、居住地属性、居住地位置、政治面貌、居住时间、月均收入与该问题的交互分析存在显著性差异。具体来说：

（1）从性别的角度来看，不同性别的调查对象对该问题的认知存在显著差异（$X^2=3.230$，df = 1，Sig = 0.072），在 0.1 水平上显著。分析结果显示：男性调查对象表示“好”的比例（90.3%）高于女性调查对象表示“好”的比例（85%）。由此我们可以推出结论：男性对所在社区治安环境的评价高于女性。

（2）从居住地属性的角度来看，农村社区和城市社区的调查对象对该问题的认知存在显著差异（$X^2=9.255$，df = 1，Sig = 0.002），在 0.01 水平上显著。分析结果显示：农村社区的调查对象表示“好”的比例（90.7%）明显高于城市社区调查对象表示“好”的比例（81%）。由此我们可以推出结论：农村社区居民对所在社区治安环境的评价高于城市社区居民。

（3）从居住地位置的角度来看，居住在城市、城乡接合部、农村的调查对象对该问题的认知存在显著差异（$X^2=4.721$，df = 2，Sig = 0.094），在

① 在进行交互分析时，为了使比较的效果更好，课题组对问题的各个选项进行了整合，将“很好”“比较好”整合为“好”，将“一般”“不太好”“很不好”整合为“不好”。课题组对本章中的社区治安环境、交通环境、卫生环境、绿化环境、办公环境都作了同样处理。

0.1 水平上显著。分析结果显示：居住在城乡接合部和农村的调查对象表示“好”的比例（分别为 89.9% 和 89.7%）明显高于居住在城市的调查对象表示“好”的比例（82.7%）。由此我们可以推出结论：居住在城乡接合部和农村的居民对所在社区治安环境的评价高于居住在城市的居民。

（4）从政治面貌的角度来看，不同政治面貌的调查对象对该问题的认知存在显著差异（$X^2=8.614$，df = 1，Sig = 0.003），在 0.01 水平上显著。分析结果显示：中共党员的调查对象表示“好”的比例（95.7%）明显高于非中共党员调查对象表示“好”的比例（85.6%）。由此我们可以推出结论：中共党员对所在社区治安环境的评价高于非中共党员。

（5）从居住时间的角度来看，不同居住时间的调查对象对该问题的认知存在显著差异（$X^2=5.221$，df = 2，Sig = 0.073），在 0.1 水平上显著。分析结果显示：居住时间在 10 年以上的调查对象表示“好”的比例（90.6%）是最高的，其次是居住时间不满 3 年的调查对象，居住时间在 3—10 年的调查对象表示“好”的比例（82.8%）是最低的。由此我们可以推出结论：居住时间对居民社区治安环境评价的影响表现出先高后低最后又高的趋势。

（6）从月均收入的角度来看，不同月均收入的调查对象对该问题的认知存在显著差异（$X^2=9.823$，df = 2，Sig = 0.007），在 0.01 水平上显著。分析结果显示：月均收入 3000 元以上的调查对象表示“好”的比例（92.1%）是最高的，其次是月均收入 2000—3000 元的调查对象（比例为 89%），月均收入 2000 元以下的调查对象表示“好”的比例（81.3%）是最低的。由此我们可以推出结论：月均收入越高的居民对所在社区治安环境的评价也越高。

表 2.1.2　调查对象对所在社区治安环境评价的显著性差异

		社区治安环境评价	
		不好（%）	好（%）
性别	男（277 人）	9.7	90.3
	女（234 人）	15.0	85.0
	卡方检验　$X^2=3.230$，df = 1，Sig = 0.072		
居住地属性	农村社区（364 人）	9.3	90.7
	城市社区（147 人）	19.0	81.0
	卡方检验　$X^2=9.255$，df = 1，Sig = 0.002		

续表

		社区治安环境评价	
		不好（%）	好（%）
居住地位置	城市（139 人）	17.3	82.7
	城乡接合部（109 人）	10.1	89.9
	农村（263 人）	10.3	89.7
	卡方检验　$X^2=4.721$，df = 2，Sig = 0.094		
政治面貌	中共党员（116 人）	4.3	95.7
	非中共党员（395 人）	14.4	85.6
	卡方检验　$X^2=8.614$，df = 1，Sig = 0.003		
居住时间	不满 3 年（91 人）	13.2	86.8
	3—10 年（134 人）	17.2	82.8
	10 年以上（286 人）	9.4	90.6
	卡方检验　$X^2=5.221$，df = 2，Sig = 0.073		
月均收入	2000 元以下（155 人）	18.7	81.3
	2000—3000 元（154 人）	11.0	89.0
	3000 元以上（202 人）	7.9	92.1
	卡方检验　$X^2=9.823$，df = 2，Sig = 0.007		

第二节　社区交通环境

部分开放式小区以及老社区的人居环境情况表明，小区内道路过窄、停车位不够，导致私家车倒车、掉头困难，不能满足日益增加的机动车通行的需求。同时，机动车的通行也影响了小区道路空间上居民的日常生活活动的开展。此外，一些老社区雨天道路出现局部积水，增加了居民出行困难。因此，适当增加老社区道路宽度，适当增加停车位，改善道路排水系统、设置相应的道路交通指示标识。从道路空间的多功能视点出发，重视社区道路空间生活活动场所的非交通功能的发挥，进行适当的机动车出行限制管理，可以减轻已经超负荷的道路交通压力，保证居民对社区道路空间上的日常生活活动的需求，从而提升居民的社区人居环境评价满意度，保证小区更好地可持续发展[①]。

为改善开放式小区路网的道路通行条件，各地多措并举，补齐治理短板，切实改善辖区交通环境，社区道路交通出行难、停车难现象得以明显改善。以青岛市市南区天山小区为例。该小区拥有居民 2.168 万人，机动车 5000 余辆。社区内 9 条市政道路多数不足 10 米宽，道路停车场规划不足，加剧了社区交通负担。市南交警大队走进天山小区，实地踏勘、深入调研，了解居民最为关心的社区居民停车和行车的实际困难，并向居民提出采取社区交通“微循环”的办法改善社区交通。交通微循环工程规划设置了道路限时免费停车场，允许车辆 19 时至 7 时单侧免费停放；旌德路、旌德支路、宁国一路等支路实行单向交通；宁国二路东侧禁止停放车辆；安庆路南侧 7 时至 19 时禁止停放车辆；调整原行驶于社区内安庆路的 223 路公交线路至银川西路行驶。为确保社区“微循环”实施效果，使居民逐渐适应并遵守新的管理措施，大队每天派出民警加强对社区道路的巡逻管理，对社区居民驾车行驶路线进行提示，对误闯入单行区域的驾驶人以教代罚，进行人性化管理[②]。之后，“微循环”实施范围将继续拓展，在具备条件的开放式居民区推广实施，为开放式小区居民解决实际交通困难。

各地以社区为单位，以“关爱生命，文明出行”为主题，开展经常性且形式多样的主题实践活动，形成浓厚的交通安全宣传氛围，居民的交通意识明显增强。主要举措包括：

第一，加强组织领导，建立工作机制。成立了文明交通安全领导小组，设立交通安全义务宣传员，由社区党员、干部、居民代表担任，负责向社区居民宣传文明交通知识并开展道路交通安全教育活动，还成立了交通安全志愿者队伍，协助交警更好地维持文明交通秩序。建立健全文明交通安全宣传教育制度、情况通报和协调制度、义务协管员制度。

第二，注重常态管理，完善配套设施。社区领导小组坚持“因地制宜、促进和谐、服务居民、保障安全”的原则，将交通安全管理工作纳入社区日常工作，为完善社区交通基础设施，根据社区内的道路交通安全状况，设置了交通安全宣传教育活动室，建立了交通安全志愿者队伍；并完善了社区内

① 胡向红、宁碧波、田伟利等：《社区道路交通现状及社区人居环境评价探析》，载《建筑工程技术与设计》2017 年第 12 期，第 5503—5504 页。

② 社区交通：《“微循环”改善交通环境》，2014 年 12 月 25 日青岛全搜索电子报。

的交通标识、标线、标牌等设施，设定了专门的停车泊位，打造了良好的社区交通环境，有效规范了社区内的交通秩序。

第三，增强安全意识，营造良好氛围。为增强社区交通安全宣传氛围，在社区设有交通安全宣传栏，用于张贴宣传挂图和宣传资料，集中宣传交通安全法律法规，剖析事故案例。充分利用横幅、LED 显示屏、宣传窗等为载体，深入开展交通安全知识宣传。悬挂“深入贯彻实施‘文明交通行动计划’”“遵守交通法规　文明参与交通”等横幅标语，采取温馨提醒和警示教育两种方式提醒社区居民注意交通安全。

为更好地了解调查对象对所在社区交通环境的看法，课题组在调查问卷中设置了相关问题，让调查对象对社区交通环境作出评价。问卷调查结果见表 2.2.1：52.4% 的调查对象表示“很好”，34.2% 的调查对象表示“比较好”，9.1% 的调查对象表示“一般”，只有 4.3% 的调查对象表示“不太好”和“很不好”。由此可以判断出：从总体上来说，调查对象对所在社区交通环境的评价是很高的。

表 2.2.1　调查对象对所在社区交通环境的评价

	样本数（人）	比例（%）
很好	268	52.4
比较好	175	34.2
一般	46	9.1
不太好	13	2.5
很不好	9	1.8
合计	511	100.0

通过将调查对象的性别、年龄、婚姻状况、户籍类型、居住地属性、居住地位置、政治面貌、居住形式、居住结构、居住时间、受教育程度、社区干部属性、月均收入、家庭年收入等特征与调查对象对所在社区交通环境的评价进行交互分析，结果见表 2.2.2：只有调查对象的政治面貌与该问题的交互分析存在显著性差异。具体来说：从政治面貌的角度来看，不同政治面貌的调查对象对该问题的认知存在显著差异（$X^2=8.608$，$df=1$，$Sig=0.003$），在 0.01 水平上显著。分析结果显示：中共党员的调查对象表示“好”的比例（94.8%）明显高于非中共党员调查对象表示“好”的比例（84.3%）。由此

我们可以推出结论：中共党员对所在社区交通环境的评价高于非中共党员。

表 2.2.2　调查对象对所在社区交通环境评价的显著性差异

		社区交通环境评价	
		不好（%）	好（%）
政治面貌	中共党员（116 人）	5.2	94.8
	非中共党员（395 人）	15.7	84.3
	卡方检验　$X^2=8.608$，$df=1$，$Sig=0.003$		

第三节　社区卫生环境

社区卫生环境是社区精神文明面貌的组成部分，也是社区精神面貌的具体表现。社区卫生环境的好坏直接关系到社区居民整体利益。社区在建设和发展的过程中，以提高社区居民的生活环境和精神文明为宗旨，为居民营造一个优美、舒适、方便和适于居住的空间，建设管理有序、环境优美、生活便利、人际关系和谐的新型社区。

加强社区环境卫生的建设，要多措并举：

第一，建立健全各项规章制度。成立了环境卫生领导小组网络，制定各项规章制度和措施，强调保洁员上岗职责和考核制度，使社区的卫生工作有组织、有计划地进行。

第二，营造一个优美、整洁的人居环境。社区主管环境卫生负责人每天对社区的环境卫生进行巡查，每周抽查，发现问题及时处理，要求保洁员每天必须按时完成自己管区的卫生，地面保持干净整洁。社区在小区居民的大力支持和配合下，狠抓社区环境卫生管理，每月对社区卫生死角进行集中清理，小区墙面上的张贴物、广告及树木上的悬挂物都及时被清除，垃圾做到日产日清。从一个烟头、一片纸屑、一口痰抓起，从垃圾箱、乱堆乱放入手，彻底狠抓并落到实处，进一步加大社区环境卫生管理力度，创造卫生、文明、和谐的社区卫生环境。

第三，大力加强环境卫生宣传。为构建和谐社会，创造整洁、优美、舒适的环境，开展经常性、群众性的宣传教育活动，提高居民的环保低碳意识。尤其针对一些拆迁安置小区，诸如从农村居民转变到社区居民的，有些居民还未习惯小区生活，会把农村的一些习惯带到小区来，如随地抛垃圾、房前屋后堆放柴草、饲养家禽等。为使社区环境卫生工作做得更细更好，社区在小区每个楼道安装宣传栏，宣传栏里有社区热线电话、便民服务联系电话、居民公约，平时利用广场舞、文艺晚会等场地宣传环保、健康、安全、消灭“四害”等知识。

第四，加强垃圾分类宣传活动。为将垃圾分类工作做好做实，引导居民积极参与垃圾分类的行动，以“垃圾分类进社区，绿色环保入人心”为主题，开展垃圾分类宣传活动。社区志愿者向居民介绍垃圾分类相关知识，发放垃圾分类宣传单，方便居民更加详尽地掌握垃圾分类技巧。活动现场设置垃圾分类环节，让居民们现场对废旧电池、过期药品、塑料袋、玻璃瓶等垃圾进行分类，帮助居民加深印象。垃圾分类宣传活动增强了社区居民对垃圾分类知识的了解，提高了社区居民自觉爱护环境卫生的环保意识，让社区居民在潜移默化中变成了绿色环保理念的积极践行者。

北京市东城区北新桥街道海运仓、十三条、门楼社区每周都组织“周末卫生大扫除”活动，为推动爱国卫生运动深入开展和提升街区环境卫生质量作出了表率。海运仓社区在前期入户摸底的基础上，将本次周末卫生大扫除活动集中在清理仓夹道5号楼和海运仓胡同12号院。其中，仓夹道5号楼楼道内堆积的废弃物及周边卫生死角严重影响居民生活，楼西侧的自行车车棚内有部分废弃自行车、墙角堆积物，卫生状况堪忧，也存在一定消防隐患。本次周末卫生大扫除活动，共清运垃圾1.5吨，对改善社区卫生环境，巩固新冠肺炎疫情防控成果发挥了重要作用。周末大扫除活动不仅美化了环境，得到周围居民的认可，更增强了党员的责任意识、服务意识。使党员服务群众、奉献社区的形象深入人心①。

为更好地了解调查对象对所在社区卫生环境的看法，课题组在调查问卷中设置了相关问题，让调查对象对社区卫生环境作出评价。问卷调查结果见表2.3.1：54.4%的调查对象表示“很好”，23.7%的调查对象表示“比较好”，15.5%的调查对象表示“一般”，6.5%的调查对象表示“不太好”和“很不好”。由此可以判断出：从总体上来说，调查对象对所在社区卫生环境

① 加强社区卫生治理营造干净居住环境［EB/OL］.东城文明网——北新桥街道，http://bj.wenming.cn/dc/wmcj/202005/t20200525_5608507.shtml，2020-05-25.

的评价是很高的。

表 2.3.1　调查对象对所在社区卫生环境的评价

	样本数（人）	比例（%）
很好	278	54.4
比较好	121	23.7
一般	79	15.5
不太好	23	4.5
很不好	10	1.9
合计	511	100.0

通过将调查对象的性别、年龄、婚姻状况、户籍类型、居住地属性、居住地位置、政治面貌、居住形式、居住结构、居住时间、受教育程度、社区干部属性、月均收入、家庭年收入等特征与调查对象对所在社区卫生环境的评价进行交互分析，结果发现：调查对象的性别、户籍类型、居住地属性、居住地位置、政治面貌、居住时间、月均收入与该问题的交互分析存在显著性差异。具体来说见表 2.3.2：

（1）从性别的角度来看，不同性别的调查对象对该问题的认知存在显著差异（$X^2 = 6.319$，$df = 1$，$Sig = 0.012$），在 0.05 水平上显著。分析结果显示：男性调查对象表示“好”的比例（82.3%）高于女性调查对象表示“好”的比例（73.1%）。由此我们可以推出结论：男性对所在社区卫生环境的评价高于女性。

（2）从户籍类型的角度来看，农业户口和非农业户口的调查对象对该问题的认知存在显著差异（$X^2 = 10.147$，$df = 1$，$Sig = 0.001$），在 0.05 水平上显著。分析结果显示：农业户口的调查对象表示“好”的比例（81%）明显高于非农业户口调查对象表示“好”的比例（66.3%）。由此我们可以推出结论：农业户口居民对所在社区卫生环境的评价高于非农业户口居民。

（3）从居住地属性的角度来看，农村社区和城市社区的调查对象对该问题的认知存在显著差异（$X^2 = 28.960$，$df = 1$，$Sig = 0$），在 0.01 水平上显著。分析结果显示：农村社区的调查对象表示“好”的比例（84.3%）明显高于城市社区调查对象表示“好”的比例（62.6%）。由此我们可以推出结论：农村社区居民对所在社区卫生环境的评价高于城市社区居民。

（4）从居住地位置的角度来看，居住在城市、城乡接合部、农村的调查对象对该问题的认知存在显著差异（$X^2=18.553$，$df=2$，$Sig=0$），在0.01水平上显著。分析结果显示：居住在城乡接合部和农村的调查对象表示“好”的比例（分别为79.8%和84%）明显高于居住在城市的调查对象表示“好”的比例（65.5%）。由此我们可以推出结论：居住在城乡接合部和农村的居民对所在社区卫生环境的评价高于居住在城市的居民。

（5）从政治面貌的角度来看，不同政治面貌的调查对象对该问题的认知存在显著差异（$X^2=10.06$，$df=1$，$Sig=0.002$），在0.01水平上显著。分析结果显示：中共党员的调查对象表示“好”的比例（88.8%）明显高于非中共党员调查对象表示“好”的比例（74.9%）。由此我们可以推出结论：中共党员对所在社区卫生环境的评价高于非中共党员。

（6）从居住时间的角度来看，不同居住时间的调查对象对该问题的认知存在显著差异（$X^2=18.891$，$df=2$，$Sig=0$），在0.01水平上显著。分析结果显示：居住时间在10年以上的调查对象表示“好”的比例（85%）是最高的，其次是居住时间不满3年的调查对象，居住时间在3—10年的调查对象表示“好”的比例（67.2%）是最低的。由此我们可以推出结论：居住时间对居民社区卫生环境评价的影响表现出先高后低最后又高的趋势。

（7）从月均收入的角度来看，不同月均收入的调查对象对该问题的认知存在显著差异（$X^2=6.745$，$df=2$，$Sig=0.034$），在0.05水平上显著。分析结果显示：月均收入2000—3000元的调查对象表示“好”的比例（83.8%）是最高的，其次是月均收入3000元以上的调查对象（比例为78.7%），月均收入2000元以下的调查对象表示“好”的比例（71.6%）是最低的。由此我们可以推出结论：月均收入对居民社区卫生环境评价的影响表现出先低后高再低的趋势。

表2.3.2　调查对象对所在社区卫生环境评价的显著性差异

		社区卫生环境评价	
		不好（%）	好（%）
性别	男（277人）	17.7	82.3
	女（234人）	26.9	73.1
	卡方检验　$X^2=6.319$，$df=1$，$Sig=0.012$		

续表

		社区卫生环境评价	
		不好（%）	好（%）
户籍类型	农业户口（410 人）	19.0	81.0
	非农业户口（101 人）	33.7	66.3
	卡方检验　$X^2=10.147$，df=1，Sig=0.001		
居住地属性	农村社区（364 人）	15.7	84.3
	城市社区（147 人）	37.4	62.6
	卡方检验　$X^2=28.960$，df=1，Sig=0		
居住地位置	城市（139 人）	34.5	65.5
	城乡接合部（109 人）	20.2	79.8
	农村（263 人）	16.0	84.0
	卡方检验　$X^2=18.553$，df=2，Sig=0		
政治面貌	中共党员（116 人）	11.2	88.8
	非中共党员（395 人）	25.1	74.9
	卡方检验　$X^2=10.060$，df=1，Sig=0.002		
居住时间	不满 3 年（91 人）	27.5	72.5
	3—10 年（134 人）	32.8	67.2
	10 年以上（286 人）	15.0	85.0
	卡方检验　$X^2=18.891$，df=2，Sig=0		
月均收入	2000 元以下（155 人）	28.4	71.6
	2000—3000 元（154 人）	16.2	83.8
	3000 元以上（202 人）	21.3	78.7
	卡方检验　$X^2=6.745$，df=2，Sig=0.034		

第四节　社区绿化环境

作为国家园林城市，青岛市在 2012 年出台了《青岛市城市绿化条例》等一系列规范性政策。其中明确规定和规范了社区绿化的规划、申报、审批和施工、管理方面的行为。该条例第十三条第一款、第二款分别规定建设项目绿地面积占建设项目用地总面积的比例，新建住宅建设项目不低于 30%，城市旧区改建住宅建设项目不低于25%。城市中社区绿化的效果控制已经逐渐被政府和各级园林绿化单位重视。各地实践为做好社区绿化环境，提供了有益的借鉴。

第一，严格执行规划设计要求。首先，必须做到规划设计合理，使规划到位，建设过程中严格执行规划设计要求。如新建住宅建设项目绿化面积占小区总面积的30%，还要按照规划人口居住区人均不低于2平方米、居住小区人均不低于1平方米的标准建设公共绿地，以及城市旧区改建住宅建设项目绿化面积占小区总面积的25%，还要按照规划人口居住区人均不低于1.05平方米、居住小区人均不低于0.7平方米的标准建设公共绿地①，要求必须具有一定数量的游憩康体设施，供居民游憩赏景及进行各类活动的公共绿地。其次，规划要有超前意识，留出一定比例的待建用地；社区绿化规划设计要注重创新，注重经济实用，注重管理，注重绿化设计手法。

第二，增加投资是提高社区绿化水平的重要保障。绿化经费投入一次性使用的办法可能造成绿化水平的参差不齐和管理水平的逐年滑坡。因此，建立稳定的、多元化的小区绿化建设和养护管理资金渠道，是提高新建社区绿化美化水平的重要保障。小区开发商应加大绿化投资力度，同时也要建立多渠道的资金筹集机制，鼓励和引导社会资金用于小区的绿化建设和管理，也是提高新建社区绿化水平的有效途径。

第三，完善绿地养护管理制度，提高新建社区绿化水平。过去由于管理体制不顺，养管主体单位不明确，责任不清，出现了一年绿、二年荒、三年光的现象。为了避免此类现象发生，在房屋产权单位多样化的今天，对新建社区的综合管理，应由开发商组织物业公司进行管理。物业公司可自管，也可委托具有一定实力、资质的专业部门管理，但绿化行政管理单位一定严把质量关，实行养管责任制，明确责任。并执行绿化养护考核标准，加强各项养护措施并进行现场指导和监督。

第四，多管齐下，确保绿地安全是提高社区绿化水平的有效措施。一要强化社区绿化意识，提高公众爱护绿化成果的自觉性，加强对群众进行绿化法规的宣传、教育和引导，特别是对青少年的教育，让他们从小就懂得绿化

---

① 青岛市城市绿化条例［EB/OL］. 中国网——国务院法制办公室网站，http://www.china.com.cn/guoqing/zwxx/2012-07/02/content_25786364.htm，2012-07-02.

的功能和作用。二要加大执法力度，严格依法行政，遏制破坏绿化的违法犯罪行为。三要加强植保和养护技术研究，提高绿地养护的科技含量。为确保社区绿地植保工作的规范有序和实效性，应下大气力做好绿地病虫害预测预报、生物天敌的试验和应用及生物防治方法的推广工作。随着养护管理范围的不断扩大，植保和养护工作量和难度不断扩大，应进一步充实植保养护的专业技术力量。

第五，运用多种植物材料。社区绿地迅速发展加之绿地植物单一品种的反复使用，给人以雷同感。提高社区绿化品位，继续丰富和扩大植物应用品种，建议为绿地增加观花植物，要提倡自然植被，即以铺设的草坪生长高度为标准，允许多品种共存，以降低养护成本。

社区的绿化美化要严格遵循总体规划的原则，体现绿化设计的最佳效果，实行规范的施工程序，强化有力的养护管理措施，加大资金投入和宣传及执法力度，在科学发展的前提下，建管并重，努力贴近生活，创造和谐自然的宜居环境。

为更好地了解调查对象对所在社区绿化环境的看法，课题组在调查问卷中设置了相关的问题，让调查对象对社区绿化环境作出评价。问卷调查结果见表2.4.1：53.4%的调查对象表示“很好”，26%的调查对象表示“比较好”，13.5%的调查对象表示“一般”，7.1%的调查对象表示“不太好”和“很不好”。由此可以判断出：从总体上来说，调查对象对所在社区绿化环境的评价是很高的。

表2.4.1　调查对象对所在社区绿化环境的评价

	样本数（人）	比例（%）
很好	273	53.4
比较好	133	26.0
一般	69	13.5
不太好	28	5.5
很不好	8	1.6
合计	511	100.0

通过将调查对象的性别、年龄、婚姻状况、户籍类型、居住地属性、居住地位置、政治面貌、居住形式、居住结构、居住时间、受教育程度、社区

干部属性、月均收入、家庭年收入等信息与调查对象对所在社区绿化环境的评价进行交互分析，结果见表2.4.2：调查对象的性别、户籍类型、居住地属性、居住地位置、政治面貌、居住时间、月均收入与该问题的交互分析存在显著性差异。具体来说：

（1）从性别的角度来看，不同性别的调查对象对该问题的认知存在显著差异（$X^2=9.354$，df=1，Sig=0.002），在0.01水平上显著。分析结果显示：男性调查对象表示“好”的比例（84.5%）高于女性调查对象表示“好”的比例（73.5%）。由此我们可以推出结论：男性对所在社区绿化环境的评价高于女性。

（2）从户籍类型的角度来看，农业户口和非农业户口的调查对象对该问题的认知存在显著差异（$X^2=6.463$，df=1，Sig=0.011），在0.05水平上显著。分析结果显示：农业户口的调查对象表示“好”的比例（81.7%）明显高于非农业户口调查对象表示“好”的比例（70.3%）。由此我们可以推出结论：农业户口居民对所在社区绿化环境的评价高于非农业户口居民。

（3）从居住地属性的角度来看，农村社区和城市社区的调查对象对该问题的认知存在显著差异（$X^2=27.786$，df=1，Sig=0），在0.01水平上显著。分析结果显示：农村社区的调查对象表示“好”的比例（85.4%）明显高于城市社区调查对象表示“好”的比例（64.6%）。由此我们可以推出结论：农村社区居民对所在社区绿化环境的评价高于城市社区居民。

（4）从居住地位置的角度来看，居住在城市、城乡接合部、农村的调查对象对该问题的认知存在显著差异（$X^2=19.633$，df=2，Sig=0），在0.01水平上显著。分析结果显示：居住在城乡接合部和农村的调查对象表示“好”的比例（分别为78%和86.3%）明显高于居住在城市的调查对象表示“好”的比例（67.6%）。由此我们可以推出结论：居住在城乡接合部和农村的居民对所在社区绿化环境的评价高于居住在城市的居民。

（5）从政治面貌的角度来看，不同政治面貌的调查对象对该问题的认知存在显著差异（$X^2=8.020$，df=1，Sig=0.005），在0.01水平上显著。分析结果显示：中共党员的调查对象表示“好”的比例（88.8%）明显高于非中共党员调查对象表示“好”的比例（76.7%）。由此我们可以推出结论认为：中共党员对所在社区绿化环境的评价高于非中共党员。

（6）从居住时间的角度来看，不同居住时间的调查对象对该问题的认知

存在显著差异（$X^2=13.969$，df=2，Sig=0.001），在0.01水平上显著。分析结果显示：居住时间在10年以上的调查对象表示“好”的比例（85%）是最高的，其次是居住时间不满3年的调查对象，居住时间在3—10年的调查对象表示“好”的比例（69.4%）是最低的。由此我们可以推出结论：居住时间对居民社区绿化环境评价的影响表现出先高后低最后又高的趋势。

（7）从月均收入的角度来看，不同月均收入的调查对象对该问题的认知存在显著差异（$X^2=10.314$，df=2，Sig=0.006），在0.01水平上显著。分析结果显示：月均收入2000—3000元的调查对象表示“好”的比例（87%）是最高的，其次是月均收入3000元以上的调查对象（比例为79.2%），月均收入2000元以下的调查对象表示“好”的比例（72.3%）是最低的。由此我们可以推出结论：月均收入对居民社区绿化环境评价的影响表现出先低后高再低的趋势。

表2.4.2　调查对象对所在社区绿化环境评价的显著性差异

		社区绿化环境评价	
		不好（%）	好（%）
性别	男（277人）	15.5	84.5
	女（234人）	26.5	73.5
	卡方检验　$X^2=9.354$，df=1，Sig=0.002		
户籍类型	农业户口（410人）	18.3	81.7
	非农业户口（101人）	29.7	70.3
	卡方检验　$X^2=6.463$，df=1，Sig=0.011		
居住地属性	农村社区（364人）	14.6	85.4
	城市社区（147人）	35.4	64.6
	卡方检验　$X^2=27.786$，df=1，Sig=0		
居住地位置	城市（139人）	32.4	67.6
	城乡接合部（109人）	22.0	78.0
	农村（263人）	13.7	86.3
	卡方检验　$X^2=19.633$，df=2，Sig=0		
政治面貌	中共党员（116人）	11.2	88.8
	非中共党员（395人）	23.3	76.7
	卡方检验　$X^2=8.020$，df=1，Sig=0.005		

续表

		社区绿化环境评价	
		不好（%）	好（%）
居住时间	不满3年（91人）	23.1	76.9
	3—10年（134人）	30.6	69.4
	10年以上（286人）	15.0	85.0
	卡方检验　$X^2=13.969$，df = 2，Sig = 0.001		
月均收入	2000元以下（155人）	27.7	72.3
	2000—3000元（154人）	13.0	87.0
	3000元以上（202人）	20.8	79.2
	卡方检验　$X^2=10.314$，df = 2，Sig = 0.006		

第五节　社区办公环境

社区工作的最大特点就是每天都要面对面与居民打交道，而且要求做到事无巨细。随着经济社会发展，社区办公环境越来越好，对居民的服务也上了一层楼。未来的社区工作也应当适应新常态的发展要求，从而为居民提供更为便捷的服务。

过去，不少社区办公环境较差，办公条件也十分简陋，人均办公面积小。面对社区工作任务的加重，办理居民事务繁多，社区办公环境严重影响了工作效率。为改变社区办公环境，通过多方筹集资金，对社区办公场地进行改善，以便更好地服务居民。经过改善的社区办公场所，有了宽敞的会议室和服务大厅，心语工作室、图书室、爱心角、法律援助室、维稳室、警备室单独成间，并建有微型消防站，办公面积明显增加。社区附近还有健身器材、百米法制宣传长廊，可以说无论是物质上还是精神层面上，都有了质的提高。

社区“硬件”设施的改善，为服务居民提供了强有力的保障，社区将在此基础上根据自身实际，拓展服务领域，不断满足社区居民日益增长的多元化服务需求。好的办公环境，不仅有利于提高办事效率，而且能最大限度地方便群众办事。

第一，对社区服务大厅内的环境卫生，社区各院落环境进行整改，力争在近期内给前来办事的居民营造一个干净、便利、规范的办事环境。为进一步改善社区的办公环境，提高居民办事便利度，对社区办公场所进行装饰规划及亮化提升，规划提升的重点包括对办公区域进行功能规划、形象升级，对社区服务大厅、阅览室、居民活动室等基础场所增加装饰元素、增设等候区、休息区等便民设施，能为前来办事的居民营造出舒适的环境和轻松愉悦的氛围。

第二，为更好地落实行政效能革命，更好地为辖区居民服务，社区将对社区办公环境进行整理，并完善社区各项办事制度。为了更好地服务居民，社区创新工作方式方法，采取无休工作日、送服务上门、便民服务代办点等形式温暖居民。考虑到不少居民平时要上班只有周末才有时间的情况，社区设立了无休工作日制度，在双休日和节假日安排工作人员值班，以方便居民办事。同时，对于退休、80 岁以上高龄老人等认证工作，社区采取主动联系并上门服务的形式，尽量让居民少跑腿。有些社区还推出了“便民服务代办点”，即在居民区或物业公司设立一个社区代办点，诸如就业证、失业证等可就近在代办点办理，甚至水电燃气费都可以帮忙代缴。

第三，社区将继续加大队伍建设力度，提升工作人员仪表形象，提高社区人员办事效率，增强社区居民幸福感和满意度。

为进一步提升社区管理水平，完善社区基础设施建设，改善社区办公环境，提升为民服务质量，四川省成都市金牛区沙河源街道新桥社区搬入新址，并举行了隆重的挂牌仪式。仪式现场，新桥社区党总支书记介绍说，社区将以乔迁新址为契机，坚持“一切为了群众”的宗旨，利用新的环境新的资源，为居民提供更加优质的服务，努力把新桥社区建设成为最受居民欢迎的便民服务窗口、阳光服务窗口，打造成实力社区、活力社区、魅力社区、国际社区①。

为更好地了解调查对象对所在社区办公环境的看法，课题组在调查问卷中设置了相关问题，让调查对象对社区办公环境作出评价。问卷调查结果见表 2. 5. 1：54. 8% 的调查对象表示“很好”，31. 3% 的调查对象表示“比较好”，9. 0% 的调查对象表示“一般”，4. 9% 的调查对象表示“不太好”和

---

① 成都金牛区．社区办公搬新址　环境优化“大变脸”［EB/OL］．人民网——四川频道，http://sc. people. com. cn/n2/2019/0219/c379469 - 32658174. html，2019 - 02 - 19.

“很不好”。由此可以判断出：从总体上来说，调查对象对所在社区办公环境的评价是很高的。

表 2.5.1 调查对象对所在社区办公环境的评价

	样本数（人）	比例（%）
很好	280	54.8
比较好	160	31.3
一般	46	9.0
不太好	14	2.7
很不好	11	2.2
合计	511	100.0

通过将调查对象的性别、年龄、婚姻状况、户籍类型、居住地属性、居住地位置、政治面貌、居住形式、居住结构、居住时间、受教育程度、社区干部属性、月均收入、家庭年收入等特征与调查对象对所在社区办公环境的评价进行交互分析，结果见表 2.5.2：调查对象的性别、居住地属性、居住地位置、政治面貌、居住时间、月均收入与该问题的交互分析存在显著性差异。具体来说：

（1）从性别的角度来看，不同性别的调查对象对该问题的认知存在显著差异（$X^2=3.694$，df=1，Sig=0.055），在 0.1 水平上显著。分析结果显示：男性调查对象表示“好”的比例（88.8%）高于女性调查对象表示“好”的比例（82.9%）。由此我们可以推出结论：男性对所在社区办公环境的评价高于女性。

（2）从居住地属性的角度来看，农村社区和城市社区的调查对象对该问题的认知存在显著差异（$X^2=10.695$，df=1，Sig=0.001），在 0.01 水平上显著。分析结果显示：农村社区的调查对象表示“好”的比例（89.3%）明显高于城市社区调查对象表示“好”的比例（78.2%）。由此我们可以推出结论：农村社区居民对所在社区办公环境的评价高于城市社区居民。

（3）从居住地位置的角度来看，居住在城市、城乡接合部、农村的调查对象对该问题的认知存在显著差异（$X^2=13.331$，df=2，Sig=0.001），在 0.01 水平上显著。分析结果显示：居住在城乡接合部和农村的调查对象表示“好”的比例（分别为 89% 和 89.7%）明显高于居住在城市的调查对象表示

“好”的比例（77%）。由此我们可以推出结论：居住在城乡接合部和农村的居民对所在社区办公环境的评价高于居住在城市的居民。

（4）从政治面貌的角度来看，不同政治面貌的调查对象对该问题的认知存在显著差异（$X^2=7.749$，df=1，Sig=0.005），在0.01水平上显著。分析结果显示：中共党员的调查对象表示“好”的比例（94%）明显高于非中共党员调查对象表示“好”的比例（83.8%）。由此我们可以推出结论：中共党员对所在社区办公环境的评价高于非中共党员。

（5）从居住时间的角度来看，不同居住时间的调查对象对该问题的认知存在显著差异（$X^2=7.653$，df=2，Sig=0.022），在0.05水平上显著。分析结果显示：居住时间在10年以上的调查对象表示“好”的比例（89.9%）是最高的，居住时间不满3年和居住时间在3—10年的调查对象表示“好”的比例（81.3%）相同。由此我们可以推出结论：居住时间在10年以上的居民对社区办公环境的评价明显高于居住时间在10年以下的。

（6）从月均收入的角度来看，不同月均收入的调查对象对该问题的认知存在显著差异（$X^2=5.793$，df=2，Sig=0.055），在0.1水平上显著。分析结果显示：月均收入2000—3000元的调查对象表示“好”的比例（91.6%）是最高的，其次是月均收入3000元以上的调查对象（比例为84.7%），月均收入2000元以下的调查对象表示“好”的比例（82.6%）是最低的。由此我们可以推出结论：月均收入对居民社区办公环境评价的影响表现出先低后高再低的趋势。

表2.5.2　调查对象对所在社区办公环境评价的显著性差异

		社区办公环境评价	
		不好（%）	好（%）
性别	男（277人）	11.2	88.8
	女（234人）	17.1	82.9
	卡方检验　$X^2=3.694$，df=1，Sig=0.055		
居住地属性	农村社区（364人）	10.7	89.3
	城市社区（147人）	21.8	78.2
	卡方检验　$X^2=10.695$，df=1，Sig=0.001		

续表

		社区办公环境评价	
		不好（%）	好（%）
居住地位置	城市（139 人）	23.0	77.0
	城乡接合部（109 人）	11.0	89.0
	农村（263 人）	10.3	89.7
	卡方检验　$X^2=13.331$，df = 2，Sig = 0.001		
政治面貌	中共党员（116 人）	6.0	94.0
	非中共党员（395 人）	16.2	83.8
	卡方检验　$X^2=7.749$，df = 1，Sig = 0.005		
居住时间	不满 3 年（91 人）	18.7	81.3
	3—10 年（134 人）	18.7	81.3
	10 年以上（286 人）	10.1	89.9
	卡方检验　$X^2=7.653$，df = 2，Sig = 0.022		
月均收入	2000 元以下（155 人）	17.4	82.6
	2000—3000 元（154 人）	8.4	91.6
	3000 元以上（202 人）	15.3	84.7
	卡方检验　$X^2=5.793$，df = 2，Sig = 0.055		

第三章 社区公共资源和服务状况评价

第一节 社区公共教育资源和服务

随着社会系统的不断发展，社会职能的逐渐融合和社会事务的深入联系，以社区为基础分块，整合社区资源共同达到教育目的的模式成为人们所认同的方式。社区在教育服务的提供中起到重要且无法替代的作用，社区扮演了重要的伙伴角色，社区构成了学校变革与学生成长的重要空间[①]。一方面公共教育机构、教育管理机构依附于社区，是社区的重要组成部分，这决定了教育不能独立于社区；另一方面，社区有广泛的资源可供利用，教育必须依靠社会资源才能更好地达到预期的效果。近年来，政府也开始认识到社区的重要作用，教育部2015年工作要点中在德育、体育、美育等几点都着重提到了社区应当大力作为。社区成为全面实施素质教育必不可少的活动载体和实践平台。

以上海市杨浦区延吉新村街道为例，辖区中小学校在社区教育上有着得天独厚的优势，具有丰富的人力、物力资源可供社区整合；同时，中小学校生于社区、长于社区，区域教育大环境、社会教育资源的开放也可助推学校的发展，双方建立资源共享机制，实现了学校社区的互利共赢。

第一，学校向社区开放，满足了社区教育需求。具体举措包括：

一是签订社校合作协议。促成辖区学校的体育场馆、图书馆、教室等设备向社区居民开放，街道为开放场地的学校统一制作“社区居民入场须知”及“运动场地安全警示”牌。街道还委派专人不间断到现场巡查，督促学校

---

① Parents and Community［EB/OL］. http://education. Alberta. Ca/teachers/aisi/Parents. aspx，2011－03－10.

值班人员认真管理和记录，为每支健身团队基本配备教练，使活动人数不断增加，延吉第二初级中学已连续两年获全国场地开放先进单位称号，每逢场地开放日，社区居民可在电子阅览室使用互联网，进行网上浏览、学习；并可在篮球场、乒乓球馆进行身体锻炼；也可在音乐厅进行钢琴演奏；还可在所提供的专用教室进行京剧社团活动。为了保证场地的正常开放和设施的及时维护，整个开放过程都安排了学校的教职员工值班，为社区居民提供良好的服务保障。

二是建立社校互动机制。定期召集各校校长和相关教师召开社区教育文化圈联席会议，研究解决社校互动中的瓶颈和难点问题，落实具体实施项目。每个学校根据社区需求可提供一名任课教师，或是在学校中开设一门课程供社区居民参与或参与街道的一项教育文化活动。按照申报的教育文化内容，街道经过评估认定后，给予一定的资金支持。

三是落实社校课程项目。延吉社区学校将各校参与的课程纳入社区教育课程的总体布局中，由专人落实具体事宜，使中小学校参与“社区教育资源圈”渠道落到实处。学校为居民提供专业的电脑房、美术室、围棋室以及相应的授课教师，参与校际互动课程的学员也越来越多。

第二，社区为学校服务，形成校外教育阵地。具体举措有：

一是开放公共设施。社区内有丰富的文化教育、科普、健身等活动场所，如杨浦公园、延春公园、杨浦体育场（馆）、杨浦科技馆、杨浦青少年科技站、延吉图书馆、出版印刷博物馆、“小世界”广场、居民公共绿地运动场等，这些社会公共文化和体育设施，已100%免费向社会开放，为学校开展课外活动提供了便利。

二是共同开展活动。街道经常联手所属单位和学校一起为学生开展活动，如已举办6年的“延吉内江杯”暑期中学生篮球邀请赛、暑期青少年“小能手”技能大擂台和“节能小当家”活动、已举办三届的“五校联盟”社区青少年创意大赛、杨浦区头脑奥林匹克亲子擂台赛等，丰富了未成年人的业余生活。同时，街道还聘请社区教育志愿者担任辅导员，指导社区青少年开展活动。

三是丰富校外教育。利用寒、暑假积极组织社区内未成年人开展各类素质教育活动，打造“第三学期”。街道结合形势、社区特点，每年假期精心策划各类活动，形成“校弄共建、街校共管”，确保社区青少年快乐健康度假。

辖区内青少年或以学校为单位，或以小区为单位，精心编排创作节目，着力反映校园“一校一品”、小区“一居一品”的特色文化，提升了社区、校区文化的品质和内涵。

第三，社校开展项目合作，塑造教育特色品牌。具体包括：

一是“五校联盟”社区青少年创意大赛。科技周期间，街道联合上海理工大学顾问团和上海理工大学附属中学、上海理工大学附属初级中学、延吉第二初级中学、上海理工大学附属小学、扬帆学校五所中小学举办面向社区的“延吉杯”——五校联盟青少年创意大赛活动。“五校联盟”社区青少年创意大赛为开展中小学生创新实践活动，搭建了实践的平台；为基础教育创新精神、实践能力的培养，开拓了新的路径；为推进杨浦区基础教育创新试验建设，营造了创新的氛围。

二是“绿色畅想”——区校互动助成长课程。此项目由“海星之家”社工师事务所承接，通过对辖区内学校部分班级实施正面成长培训课程，实现青少年自我增能，促进其与朋辈、父母和教师的交往沟通能力。

三是大学生关爱进城务工家庭书香伙伴合作项目。街道妇联、图书馆，每周五学生放学后，联合上海理工大学理学院的大学生志愿者每2—3人成立一个辅导小组，共同对服务点内江路第二小学的30余名四、五年级的外来务工者子女进行无偿全科辅导。街道计生办启动社区青少年“青苹果”行动方案，缓和青春期青少年生理变化所带来的情绪波动，正确引导他们正视自身的变化。街道社发科与“牵手上海”社会组织合作，组织外来务工子弟在上海延吉第二初级中学组成篮球俱乐部，由NIKE上海分公司赞助篮球和球衣，深受学生和家长的欢迎。

为更好地了解调查对象对所在社区公共教育资源和服务的看法，课题组在调查问卷中设置了相关问题，让调查对象对社区公共教育资源和服务作出评价。问卷调查结果见表3.1.1、表3.1.2：在社区公共教育资源的充足程度评价上，55.4%的调查对象表示“很充足”，29.2%的调查对象表示“比较充足”，9.8%的调查对象表示“一般”，5.6%的调查对象表示“不太充足”和“很不充足”；在社区公共教育服务的满意程度评价上，48.5%的调查对象表示“很满意”，33.7%的调查对象表示“比较满意”，12.7%的调查对象表示“一般”，5.1%的调查对象表示“不太满意”和“很不满意”。由此可以判断出：从总体上来说，调查对象对所在社区公共教育资源和服务有着比较高的评价。

表 3.1.1　调查对象对所在社区公共教育资源充足程度的评价

	样本数（人）	比例（%）
很充足	283	55.4
比较充足	149	29.2
一般	50	9.8
不太充足	20	3.9
很不充足	9	1.7
合计	511	100.0

表 3.1.2　调查对象对所在社区公共教育服务满意程度的评价

	样本数（人）	比例（%）
很满意	248	48.5
比较满意	172	33.7
一般	65	12.7
不太满意	19	3.7
很不满意	7	1.4
合计	511	100.0

通过将调查对象的性别、年龄、婚姻状况、户籍类型、居住地属性、居住地位置、政治面貌、居住形式、居住结构、居住时间、受教育程度、社区干部属性、月均收入、家庭年收入等特征与调查对象对所在社区公共教育资源充足程度的评价分别进行交互分析①，结果见表 3.1.3：调查对象的政治面貌、月均收入与社区公共教育资源充足程度的交互分析存在显著性差异。具体来说：

（1）从政治面貌的角度来看，不同政治面貌的调查对象对社区公共教育资源充足程度的认知存在显著差异（$X^2=8.420$，df = 1，Sig = 0.004），在 0.01 水平上显著。分析结果显示：中共党员的调查对象表示“充足”的比例（93.1%）明显高于非中共党员调查对象表示“充足”的比例（82.0%）。由

① 在进行交互分析时，为了使比较的效果更好，课题组对问题的各个选项进行了整合，将“很充足”“比较充足”整合为“充足”，将“一般”“不太充足”“很不充足”整合为“不充足”。课题组对本章中的医疗资源、文化资源、体育资源、就业资源、养老资源都作了同样处理。

此我们可以推出结论：中共党员对所在社区公共教育资源充足程度的评价高于非中共党员。

（2）从月均收入的角度来看，不同月均收入的调查对象对社区公共教育资源充足程度的认知存在显著差异（$X^2=19.535$，$df=2$，$Sig=0.000$），在0.01水平上显著。分析结果显示：月均收入2000—3000元的调查对象表示“充足”的比例（91.6%）是最高的，月均收入2000元以下的调查对象表示“充足”的比例（74.2%）是最低的。由此我们可以推出结论：月均收入相对较高的居民对所在社区公共教育资源充足程度的评价也相对较高。

表3.1.3　调查对象对所在社区公共教育资源充足程度评价的显著性差异

		社区公共教育资源充足程度评价	
		不充足（%）	充足（%）
政治面貌	中共党员（116人）	6.9	93.1
	非中共党员（395人）	18.0	82.0
	卡方检验　$X^2=8.420$，$df=1$，$Sig=0.004$		
月均收入	2000元以下（155人）	25.8	74.2
	2000—3000元（154人）	8.4	91.6
	3000元以上（202人）	12.9	87.1
	卡方检验　$X^2=19.535$，$df=2$，$Sig=0.000$		

通过将调查对象的性别、年龄、婚姻状况、户籍类型、居住地属性、居住地位置、政治面貌、居住形式、居住结构、居住时间、受教育程度、社区干部属性、月均收入、家庭年收入等特征与调查对象对所在社区公共教育服务的评价分别进行交互分析，结果见表3.1.4：调查对象的政治面貌、居住时间、月均收入和居住形式与社区公共教育服务满意程度的交互分析存在显著性差异。具体来说：

（1）从政治面貌的角度来看，不同政治面貌的调查对象对社区公共教育服务满意程度的认知存在显著差异（$X^2=8.654$，$df=1$，$Sig=0.003$），在0.01水平上显著。中共党员的调查对象认为“满意”的比例（91.4%）明显高于非中共党员调查对象表示“满意”的比例（79.5%）。由此我们可以推出结论：中共党员对所在社区公共教育服务满意程度的评价高于非中共党员。

（2）从居住时间的角度来看，不同居住时间的调查对象对社区公共教育服务满意程度的认知存在显著差异（$X^2=8.882$，$df=2$，$Sig=0.012$），在

0.05水平上显著。分析结果显示：居住时间在10年以上的调查对象表示“满意”的比例（85.0%）是最高的，其次是居住时间在3—10年的调查对象（83.6%），居住时间不满3年的调查对象表示“满意”的比例（71.4%）是最低的。由此我们可以推出结论：居住时间越长的居民对社区公共教育服务满意程度评价越高。

（3）从月均收入的角度来看，不同月均收入的调查对象对社区公共教育服务满意程度的认知也存在显著差异（$X^2=8.393$，df=2，Sig=0.015），在0.05水平上显著。月均收入2000—3000元的调查对象表示“满意”的比例（86.4%）是最高的，月均收入2000元以下的调查对象表示“满意”的比例（74.8%）是最低的。由此我们可以推出结论：月均收入相对较高的居民对所在社区公共教育服务满意程度的评价也相对较高。

（4）从居住形式的角度来看，不同居住形式的调查对象对社区公共教育服务满意程度的认知存在显著差异（$X^2=2.785$，df=1，Sig=0.095），在0.1水平上显著。分析结果显示：居住形式为自有住房的调查对象表示“满意”的比例（83.0%）明显高于居住形式为非自有住房的调查对象（72.5%）。由此我们可以推出结论：居住形式更稳定的居民对社区公共教育服务满意程度的评价更高。

表3.1.4 调查对象对所在社区公共教育服务满意程度评价的显著性差异

		社区公共教育服务满意程度评价	
		不满意（%）	满意（%）
政治面貌	中共党员（116人）	8.6	91.4
	非中共党员（395人）	20.5	79.5
	卡方检验　$X^2=8.654$，df=1，Sig=0.003		
居住时间	不满3年（91人）	28.6	71.4
	3—10年（134人）	16.4	83.6
	10年以上（286人）	15.0	85.0
	卡方检验　$X^2=8.882$，df=2，Sig=0.012		

续表

		社区公共教育服务满意程度评价	
		不满意（%）	满意（%）
月均收入	2000 元以下（155 人）	25.2	74.8
	2000—3000 元（154 人）	13.6	86.4
	3000 元以上（202 人）	15.3	84.7
	卡方检验　$X^2=8.393$，df = 2，Sig = 0.015		
居住形式	自有住房（471 人）	17.0	83.0
	非自有住房（40 人）	27.5	72.5
	卡方检验　$X^2=2.785$，df = 1，Sig = 0.095		

第二节　社区公共医疗资源和服务

社区公共医疗资源和服务具有六位一体的功能，即预防、治疗、康复、保健、健康教育和计划生育。六大功能具有服务对象的广泛性和服务形式的综合性两大显著特点。社区公共医疗资源和服务超越了医疗为病人的模式，以积极的健康观防治为一体的过程，提供以社区导向的综合医疗，具有重要的意义。

社区卫生服务是城市公共卫生和基本医疗服务体系的基础，大力发展社区卫生服务对优化卫生资源，方便群众就医，缓解群众“看病难、看病贵”的问题有重要意义。“小病进社区，大病进医院”的分层次就诊已经成为医疗需求的基本趋势①。社区公共卫生服务项目自 2009 年启动以来，在城乡基层医疗卫生机构得到了普遍开展，取得了一定的成效②。

以山东省青岛市市南区政府办社区卫生服务机构为例，各社区卫生服务机构配备门诊医生处方系统，实现就诊信息化。居民到社区就诊首先查询其基本信息是否完善，有无健康档案，信息不完善的居民由电脑录入候诊信息后，由公卫人员完善其基本资料和健康档案，并按照人员类别进行简单的健康教育。信息完善的居民在就诊结束后由全科医生进行简单的健康教育，对

① 赵玫：《中、小城市开展社区卫生服务的探讨》，载《青岛医药卫生》2010 年第 3 期，第 232 页。

② 卫生部：《国家基本公共卫生服务规范（2011 年版）》，2011 年，第 24 页。

慢性病患者进行随访登记、更新信息，将公共卫生服务项目贯穿居民在社区卫生服务机构的全过程。在对青岛市 31 家社区卫生服务机构的调查中发现，共计 555 名社区卫生服务机构工作人员中，专职从事公共卫生工作的仅 39 人，占总工作人员数的 7%，兼职从事公共卫生服务工作的 40 人，占 7%。专兼职人员总计 79 人，占总工作人员的 14%。而在 31 家机构 555 名工作人员中，临床医师共计 171 人，占总人数的 31%，比例远远高于公共卫生人员的配置。所以大多数社区卫生服务机构仍是以门诊医疗为重心，公共卫生服务则在门诊医疗的剩余空间开展。当门诊医疗与公共卫生服务产生冲突时，公共卫生服务则成为冲突下的牺牲品。如何协调门诊医疗与公共卫生工作，既保证社区门诊业务不受影响，又让社区居民切实享受到公共卫生服务，成为许多社区卫生服务机构研究探讨的主要问题[①]。加强社区公共医疗资源和服务，要多措并举：

第一，要大力发展社区卫生服务机构，扩充人员编制，适当增加公共卫生专业人员的名额，或者对从事公共卫生专业但没有专业证书的人员进行规范化培训，减轻社区卫生服务机构全科医生的工作压力。

第二，要完善卫生绩效考核系统，制订有竞争力的、科学合理的绩效考核方案，根据岗位的特异性，实行按岗考核、按劳分配，充分调动社区卫生服务人员的工作积极性，切实起到激励作用，促进基本医疗和公共卫生服务项目平衡发展，确保社区卫生服务各项工作高效、持续、健康发展。

第三，要加强公共卫生服务项目的宣传工作。提高社区卫生服务工作人员对公共卫生工作的思想认识，从根本上认识到公共卫生工作在社区卫生服务机构的重要性，把日常工作与公共卫生工作相结合，为社区居民提供更为有效、便捷的卫生服务，切实起到健康守门人的作用。以社区为范围的服务，了解人群健康问题的来龙去脉；以社区背景观察健康问题，以系统论将健康问题还原于原位，暴露涉及的全部因素；以社区为范围，医生关心健康人群、求助者和病人，这样方能维护居民的健康，将预防、疾患、传播方式包括其中，社区预防较个人诊治对人群更有意义；以社区为范围的服务，能合理利用卫生资源，动员群防群治，最大限度地满足居民的健康需求；以社区为范围的服务，

① 赵菲菲、赵宏、王福建，等:《社区公共卫生服务一体化模式的探讨》，载《青岛医药卫生》2013 年第 1 期，第 81—82 页。

能控制疾病在社区的流行；社区基层医疗，是“人人享有卫生保健”的途径。

为更好地了解调查对象对所在社区公共医疗资源和服务的看法，课题组在调查问卷中设置了相关问题，让调查对象对社区公共医疗资源和服务作出评价。问卷调查结果见表 3. 2. 1、表 3. 2. 2，在社区公共医疗资源的充足程度上，46. 6% 的调查对象表示“很充足”，34. 6% 的调查对象表示“比较充足”，12. 8% 的调查对象表示“一般”，6. 0% 的调查对象表示“不太充足”和“很不充足”；在社区公共医疗服务的满意程度上，38. 0% 的调查对象表示“很满意”，42. 5% 的调查对象表示“比较满意”，12. 9% 的调查对象表示“一般”，6. 6% 的调查对象表示“不太满意”和“很不满意”。由此可以判断出：从总体上来说，调查对象对所在社区公共医疗资源和服务有着比较高的评价。

表 3. 2. 1　调查对象对所在社区公共医疗资源充足程度的评价

	样本数（人）	比例（%）
很充足	238	46. 6
比较充足	177	34. 6
一般	65	12. 8
不太充足	17	3. 3
很不充足	14	2. 7
合计	511	100. 0

表 3. 2. 2　调查对象对所在社区公共医疗服务满意程度的评价

	样本数（人）	比例（%）
很满意	194	38. 0
比较满意	217	42. 5
一般	66	12. 9
不太满意	19	3. 7
很不满意	15	2. 9
合计	511	100. 0

通过将调查对象的性别、年龄、婚姻状况等特征与调查对象对所在社区公共医疗资源和服务的评价分别进行交互分析，结果见表 3. 2. 3：调查对象的性别、政治面貌、月均收入和社区干部属性与社区公共医疗资源充足程度的交互分析存在显著性差异，具体来说：

（1）从性别的角度来看，不同性别的调查对象对该问题的认知存在显著差异（$X^2=4.222$，$df=1$，$Sig=0.040$），在0.05水平上显著。分析结果显示：男性调查对象表示“充足”的比例（84.5%）高于女性调查对象表示“充足”的比例（77.4%）。由此我们可以推出结论：男性对所在社区公共医疗资源充足程度的评价高于女性。

（2）从政治面貌的角度来看，不同政治面貌的调查对象对该问题的认知存在显著差异（$X^2=8.514$，$df=1$，$Sig=0.004$），在0.01水平上显著。分析结果显示：中共党员的调查对象表示“充足”的比例（90.5%）高于非中共党员调查对象表示“充足”比例（78.5%）。由此我们可以推出结论：中共党员对所在社区公共医疗资源充足程度的评价高于非中共党员。

（3）从月均收入的角度来看，不同月均收入的调查对象对该问题的认知存在显著差异（$X^2=10.080$，$df=2$，$Sig=0.006$），在0.01水平上显著。分析结果显示：月均收入2000—3000元的调查对象表示“充足”的比例（85.1%）是最高的，其次是月均收入3000元以上的调查对象（84.7%），月均收入2000元以下的调查对象表示“充足”的比例（72.9%）是最低的。由此我们可以推出结论：月均收入对居民社区公共医疗资源充足程度评价的影响表现出先低后高最后又低的趋势。

（4）从社区干部属性的角度来看，不同社区干部属性的调查对象对该问题的认知存在显著差异（$X^2=4.447$，$df=1$，$Sig=0.035$），在0.05水平上显著。分析结果显示：当过社区干部的调查对象表示“充足”的比例（92.2%）高于没有当过社区干部的调查对象表示“充足”比例（80.0%）。由此我们可以推出结论：当过社区干部的调查对象对所在社区公共医疗资源充足程度的评价比没有当过社区干部的调查对象更高。

表3.2.3　调查对象对所在社区公共医疗资源充足程度评价的显著性差异

		社区公共医疗资源充足程度评价	
		不充足（%）	充足（%）
性别	男（277人）	15.5	84.5
	女（234人）	22.6	77.4
	卡方检验　$X^2=4.222$，$df=1$，$Sig=0.040$		

续表

		社区公共医疗资源充足程度评价	
		不充足（%）	充足（%）
政治面貌	中共党员（116 人）	9.5	90.5
	非中共党员（395 人）	21.5	78.5
	卡方检验　$X^2=8.514$，df = 1，Sig = 0.004		
月均收入	2000 元以下（155 人）	27.1	72.9
	2000—3000 元（154 人）	14.9	85.1
	3000 元以上（202 人）	15.3	84.7
	卡方检验　$X^2=10.080$，df = 2，Sig = 0.006		
社区干部属性	没有当过（460 人）	20.0	80.0
	当过（51 人）	7.8	92.2
	卡方检验　$X^2=4.447$，df = 1，Sig = 0.035		

调查对象的性别、居住地属性、居住地位置、政治面貌、家庭年收入和月均收入与社区公共医疗服务满意程度的交互分析存在显著性差异，具体来说（见表 3.2.4）：

（1）从性别的角度来看，不同性别的调查对象对该问题的认知存在显著差异（$X^2=4.246$，df = 1，Sig = 0.039），在 0.05 水平上显著。分析结果显示：男性调查对象表示“满意”的比例（83.8%）高于女性调查对象表示“满意”的比例（76.5%）。由此我们可以推出结论：男性对所在社区公共医疗服务满意程度的评价高于女性。

（2）从居住地属性的角度来看，农村社区和城市社区的调查对象对该问题的认知存在显著差异（$X^2=3.174$，df = 1，Sig = 0.075），在 0.1 水平上显著。分析结果显示：农村社区的调查对象表示“满意”的比例（82.4%）明显高于城市社区调查对象表示“满意”的比例（75.5%）。由此我们可以推出结论：农村社区居民对所在社区公共医疗服务满意程度的评价高于城市社区居民。

（3）从居住地位置的角度来看，居住在城市、城乡接合部、农村的调查对象对该问题的认知存在显著差异（$X^2=5.108$，df = 2，Sig = 0.078），在 0.1 水平上显著。分析结果显示：居住在城乡接合部和农村的调查对象表示“满意”的比例（分别为 78.9% 和 84.0%）明显高于居住在城市的调查对象表示“满意”比例（74.8%）。由此我们可以推出结论：居住在城乡接合部和农村的居民对所在社区公共医疗服务满意程度的评价高于居住在城市的居民。

（4）从政治面貌的角度来看，不同政治面貌的调查对象对该问题的认知存在显著差异（$X^2=8.113$，df=1，Sig=0.004），在0.01水平上显著。分析结果显示：中共党员的调查对象表示“满意”的比例（89.7%）明显高于非中共党员调查对象表示“满意”的比例（77.7%）。由此我们可以推出结论：中共党员对所在社区公共医疗服务满意程度的评价高于非中共党员。

（5）从家庭年收入的角度来看，不同家庭年收入的调查对象对该问题的认知存在显著差异（$X^2=4.920$，df=2，Sig=0.085），在0.1水平上显著。分析结果显示：家庭年收入5万—10万元的调查对象表示“满意”的比例（85.1%）是最高的，其次是家庭年收入10万元以上的调查对象（比例为81.3%），家庭年收入5万元以下的调查对象表示“满意”的比例（76.7%）是最低的。由此我们可以推出结论：家庭年收入对居民社区公共医疗服务满意程度评价的影响表现出先低后高最后又低的趋势。

（6）从月均收入的角度来看，不同月均收入的调查对象对该问题的认知存在显著差异（$X^2=7.574$，df=2，Sig=0.023），在0.05水平上显著。分析结果显示：月均收入3000元以上的调查对象表示“满意”的比例（85.1%）是最高的，其次是月均收入2000—3000元的调查对象（比例为81.2%），月均收入2000元以下的调查对象表示“满意”的比例（73.5%）是最低的。由此我们可以推出结论认为：月均收入越高的居民对所在社区公共医疗服务满意程度的评价也越高。

表3.2.4　调查对象对所在社区公共医疗服务满意程度评价的显著性差异

		社区公共医疗服务满意程度评价	
		不满意（%）	满意（%）
性别	男（277人）	16.2	83.8
	女（234人）	23.5	76.5
	卡方检验　$X^2=4.246$，df=1，Sig=0.039		
居住地属性	农村社区（364人）	17.6	82.4
	城市社区（147人）	24.5	75.5
	卡方检验　$X^2=3.174$，df=1，Sig=0.075		

续表

		社区公共医疗服务满意程度评价	
		不满意（%）	满意（%）
居住地位置	城市（139 人）	25.2	74.8
	城乡接合部（109 人）	21.1	78.9
	农村（263 人）	16.0	84.0
	卡方检验　$X^2=5.108$，df = 2，Sig = 0.078		
政治面貌	中共党员（116 人）	10.3	89.7
	非中共党员（395 人）	22.3	77.7
	卡方检验　$X^2=8.113$，df = 1，Sig = 0.004		
家庭年收入	不满 5 万（253 人）	23.3	76.7
	5 万—10 万（194 人）	14.9	85.1
	10 万以上（64 人）	18.8	81.3
	卡方检验　$X^2=4.920$，df = 2，Sig = 0.085		
月均收入	2000 元以下（155 人）	26.5	73.5
	2000—3000 元（154 人）	18.8	81.2
	3000 元以上（202 人）	14.9	85.1
	卡方检验　$X^2=7.574$，df = 2，Sig = 0.023		

第三节　社区公共文化资源和服务

社区公共文化服务建设是加强基层社会治理的课题之一。我国数量巨大的城市社区，是维系城市正常运转的社会生活载体；而公共文化服务供给运营，则是其用以满足群众精神文化消费需求并实施国家核心价值观引领的社会化、常态化平台和抓手。

在全球化态势深入演进、移动互联技术和大数据云计算应用越发普及、国家现代公共文化服务体系建设亟待优化完善的背景下，客观面对世情国情复杂多变的压力挑战，切实把握新时代背景下的文化发展。以城市社区公共文化服务供给运营机制创新为突破口，聚焦服务功能拓展、要素资源整合、条线内外协调共建、实体运管能级提升等关键环节，一方面努力攻克文化平台资源和产品服务供需脱节等供给侧结构性矛盾，尽力规避“政府失灵”“市场失灵”及“社会失灵”等运营风险；另一方面主动顺应文化跨界融合互动发展、文化管理与文化治理并重共举、多样化社会力量参与生产供给等发展趋势，力争实现城市社区公共文化服务供给运营新突破，这正是当今社区公共文化服务供给应当谋求的创新策略[①]。

浙江省杭州市下城区依托近5年来的社区公共文化服务实践，总结出一系列创新机制，在社区公共文化服务资源共享共建、建立健全公共文化服务保障体系、提升公共服务能力和水平等方面，走出了一条务实管用的路子。

为解决城市社区人口密度大、公共文化资源有限的难题，2015年以来，下城区每年为社区文化做“体检”，通过7大类30项指标的科学分析，提供有针对性的社区文化发展报告，为社区文化建设精准把脉。几年来，下城区花大力气提升改造社区文化设施55处，创建社区星级文化家园58个，改建、新建社区文化场地27809平方米，建成标准化服务的样板社区20个，开展各类文化服务活动5000余场，不断提升居民享受公共文化服务的获得感和满意度[②]。

针对发现的问题，下城区还推出“群众需求评价反馈机制”，通过需求征集—精准供给—评价反馈的运行机制，充分发挥基层自治组织和文化志愿者的力量，全方位整合区、街道、社区三级公共文化资源，提供“订单式”“定制式”公共文化服务。

2018年，下城区的“社区公共文化服务动态评估体系建设”入围第四批国家公共文化服务体系示范项目创建资格名单。自入围以来，下城区不断深化体制机制创新。对公共文化服务投入有限、阵地有限、能力有限等问题，下城区摸清文化家底，“整合部门资源、聚合社会力量、融合文旅发展”，成立文化艺术商圈联盟。联盟成员既有文化馆、书画院、博物馆等文化艺术单位，又有热心开办公益培训、公益展览的商业综合体。

为更好地服务百姓，依托智慧文化云、城市大脑等智能化平台，下城区还研发了首个掌上社区文化云平台，老百姓足不出户即可在线查询文化服务

---

① 徐清泉：《社区公共文化服务创新策略：城市社区公共文化服务供给运营机制创新研究》，上海社会科学院出版社，2019年版。

② 杭州下城区完善评估机制社区公共文化服务瞄准精细需求［EB/OL］. 人民网，http://paper. people. com. cn/rmrbwap/html/2020 - 10/09/nw. D110000renmrb_20201009_5 - 14. htm，2020 - 10 - 09.

信息，实现预约报名、众筹活动、积分兑换等功能，享受数字阅读、展览讲座、艺术培训等资源，实现社交短视频自我展示，还能提交需求、评价服务，真正实现文化需求从常态反馈到实时呼应的转变。

为更好地了解调查对象对所在社区公共文化资源和服务的看法，课题组在调查问卷中设置了相关问题，让调查对象对社区公共文化资源和服务作出评价。问卷调查结果见表3.3.1、表3.3.2，在社区公共文化资源的充足程度上，42.7%的调查对象表示“很充足”，31.5%的调查对象表示“比较充足”，19.0%的调查对象表示“一般”，6.8%的调查对象表示“不太充足”和“很不充足”；在社区公共文化服务的满意程度上，42.3%的调查对象表示“很满意”，34.1%的调查对象表示“比较满意”，16.0%的调查对象表示“一般”，7.6%的调查对象表示“不太满意”和“很不满意”。由此可以判断出：从总体上来说，调查对象对所在社区公共文化资源和服务有着比较高的评价。

表3.3.1　调查对象对所在社区公共文化资源充足程度的评价

	样本数（人）	比例（%）
很充足	218	42.7
比较充足	161	31.5
一般	97	19.0
不太充足	22	4.3
很不充足	13	2.5
合计	511	100.0

表3.3.2　调查对象对所在社区公共文化服务满意程度的评价

	样本数（人）	比例（%）
很满意	216	42.3
比较满意	174	34.1
一般	82	16.0
不太满意	23	4.5
很不满意	16	3.1
合计	511	100.0

通过将调查对象的性别、年龄、婚姻状况、户籍类型、居住地属性、居住地位置、政治面貌、居住形式、居住结构、居住时间、受教育程度、社区

干部属性、月均收入、家庭年收入等特征与调查对象对所在社区公共文化资源和服务的评价分别进行交互分析，结果见表3.3.3：调查对象的性别、居住地属性、居住地位置、政治面貌、月均收入、居住时间、居住形式和社区干部属性与社区公共文化资源充足程度的交互分析存在显著性差异，具体来说：

（1）从性别的角度来看，不同性别的调查对象对该问题的认知存在显著差异（$X^2=4.583$，$df=1$，$Sig=0.032$），在0.05水平上显著。分析结果显示：男性调查对象表示"充足"的比例（78.0%）高于女性调查对象表示"充足"的比例（69.7%）。由此我们可以推出结论：男性对所在社区公共文化资源充足程度的评价高于女性。

（2）从居住地属性的角度来看，农村社区和城市社区的调查对象对该问题的认知存在显著差异（$X^2=9.808$，$df=1$，$Sig=0.002$），在0.01水平上显著。分析结果显示：农村社区的调查对象表示"充足"的比例（78.0%）明显高于城市社区调查对象表示"充足"的比例（64.6%）。由此我们可以推出结论：农村社区居民对所在社区公共文化资源充足程度评价高于城市社区居民。

（3）从居住地位置的角度来看，居住在城市、城乡接合部、农村的调查对象对该问题的认知存在显著差异（$X^2=17.392$，$df=2$，$Sig=0.000$），在0.01水平上显著。分析结果显示：居住在城乡接合部和农村的调查对象表示"充足"的比例（分别为73.4%和81.0%）明显高于居住在城市的调查对象表示"充足"的比例（61.9%）。由此我们可以推出结论：居住在城乡接合部和农村的居民对所在社区公共文化资源充足程度的评价高于居住在城市的居民。

（4）从政治面貌的角度来看，不同政治面貌的调查对象对该问题的认知存在显著差异（$X^2=11.352$，$df=1$，$Sig=0.001$），在0.01水平上显著。分析结果显示：中共党员的调查对象表示"充足"的比例（86.2%）高于非中共党员调查对象表示"充足"的比例（70.6%）。由此我们可以推出结论：中共党员对所在社区公共文化资源充足程度的评价高于非中共党员。

（5）从月均收入的角度来看，不同月均收入的调查对象对该问题的认知存在显著差异（$X^2=14.376$，$df=2$，$Sig=0.001$），在0.01水平上显著。分析结果显示：月均收入2000—3000元的调查对象表示"充足"的比例（82.5%）是最高的，其次是月均收入3000元以上的调查对象（75.7%），月均收入2000元以下的调查对象表示"充足"的比例（63.9%）是最低的。由此我们可以推出结论：月均收入对居民社区公共文化资源充足程度评价的影响表现出先低后高最后又低的趋势。

（6）从居住时间的角度来看，不同居住时间的调查对象对该问题的认知存在显著差异（$X^2 = 16.407$，$df = 2$，$Sig = 0.000$），在0.01水平上显著。分析结果显示：居住时间在10年以上的调查对象表示“充足”的比例（81.1%）是最高的，其次是居住时间不满3年的调查对象（比例为65.9%），居住时间在3—10年的调查对象表示“充足”的比例（64.9%）是最低的。由此我们可以推出结论：居住时间对居民社区公共文化资源充足程度评价的影响表现出先高后低最后又高的趋势。

（7）从居住形式的角度来看，不同居住形式的调查对象对社区公共文化资源充足程度的认知存在显著差异（$X^2 = 8.323$，$df = 1$，$Sig = 0.004$），在0.01水平上显著。分析结果显示：居住形式为自有住房的调查对象表示“充足”的比例（75.8%）明显高于居住形式为非自有住房的调查对象（55.0%）。由此我们可以推出结论：居住形式更稳定的居民对社区公共文化资源充足程度的评价更高。

（8）从社区干部属性的角度来看，不同社区干部属性的调查对象对该问题的认知存在显著差异（$X^2 = 3.044$，$df = 1$，$Sig = 0.081$），在0.1水平上显著。分析结果显示：当过社区干部的调查对象表示“充足”的比例（84.3%）高于没有当过社区干部的调查对象表示“充足”的比例（73.0%）。由此我们可以推出结论：当过社区干部的调查对象对所在社区公共文化资源充足程度的评价比没有当过社区干部的调查对象更高。

表3.3.3 调查对象对所在社区公共文化资源充足程度评价的显著性差异

		社区公共文化资源充足程度评价	
		不充足（%）	充足（%）
性别	男（277人）	22.0	78.0
	女（234人）	30.3	69.7
	卡方检验 $X^2 = 4.583$，$df = 1$，$Sig = 0.032$		
居住地属性	农村社区（364人）	22.0	78.0
	城市社区（147人）	35.4	64.6
	卡方检验 $X^2 = 9.808$，$df = 1$，$Sig = 0.002$		

续表

		社区公共文化资源充足程度评价	
		不充足（%）	充足（%）
居住地位置	城市（139 人）	38.1	61.9
	城乡接合部（109 人）	26.6	73.4
	农村（263 人）	19.0	81.0
	卡方检验 $X^2=17.392$，df = 2，Sig = 0.000		
政治面貌	中共党员（116 人）	13.8	86.2
	非中共党员（395 人）	29.4	70.6
	卡方检验 $X^2=11.352$，df = 1，Sig = 0.001		
月均收入	2000 元以下（155 人）	36.1	63.9
	2000—3000 元（154 人）	17.5	82.5
	3000 元以上（202 人）	24.3	75.7
	卡方检验 $X^2=14.376$，df = 2，Sig = 0.001		
居住时间	不满 3 年（91 人）	34.1	65.9
	3—10 年（134 人）	35.1	64.9
	10 年以上（286 人）	18.9	81.1
	卡方检验 $X^2=16.407$，df = 2，Sig = 0.000		
居住形式	自有住房（471 人）	24.2	75.8
	非自有住房（40 人）	45.0	55.0
	卡方检验 $X^2=8.323$，df = 1，Sig = 0.004		
社区干部属性	没有当过（460 人）	27.0	73.0
	当过（51 人）	15.7	84.3
	卡方检验 $X^2=3.044$，df = 1，Sig = 0.081		

调查对象的性别、居住地属性、居住地位置、政治面貌、月均收入、居住时间、居住形式和居住结构与社区公共文化服务满意程度的交互分析存在显著性差异，具体见表 3.3.4：

（1）从性别的角度来看，不同性别的调查对象对该问题的认知存在显著差异（$X^2=3.220$，df = 1，Sig = 0.073），在 0.1 水平上显著。分析结果显示：男性调查对象表示“满意”的比例（79.4%）高于女性调查对象表示“满意”的比例（72.6%）。由此我们可以推出结论：男性对所在社区公共文化服务满意程度的评价高于女性。

（2）从居住地属性的角度来看，农村社区和城市社区的调查对象对该问题的认知存在显著差异（$X^2 = 7.855$，$df = 1$，$Sig = 0.005$），在 0.01 水平上显著。分析结果显示：农村社区的调查对象表示“满意”的比例（79.7%）明显高于城市社区调查对象表示“满意”的比例（68.0%）。由此我们可以推出结论：农村社区居民对所在社区公共文化服务满意程度的评价高于城市社区居民。

（3）从居住地位置的角度来看，居住在城市、城乡接合部、农村的调查对象对该问题的认知存在显著差异（$X^2 = 8.844$，$df = 2$，$Sig = 0.012$），在 0.05 水平上显著。分析结果显示：居住在城乡接合部和农村的调查对象表示“满意”的比例（分别为 74.3% 和 81.4%）明显高于居住在城市的调查对象表示“满意”的比例（68.3%）。由此我们可以推出结论：居住在城乡接合部和农村的居民对所在社区公共文化服务满意程度的评价高于居住在城市的居民。

（4）从政治面貌的角度来看，不同政治面貌的调查对象对该问题的认知存在显著差异（$X^2 = 16.735$，$df = 1$，$Sig = 0.000$），在 0.01 水平上显著。分析结果显示：中共党员的调查对象表示“满意”的比例（90.5%）明显高于非中共党员调查对象表示“满意”的比例（72.2%）。由此我们可以推出结论认为：中共党员对所在社区公共文化服务满意程度的评价高于非中共党员。

（5）从月均收入的角度来看，不同月均收入的调查对象对该问题的认知存在显著差异（$X^2 = 16.949$，$df = 2$，$Sig = 0.000$），在 0.01 水平上显著。分析结果显示：月均收入 2000—3000 元和月均收入 3000 元以上的调查对象表示“满意”的比例分别为 86.4% 和 76.2%，而月均收入 2000 元以下的调查对象表示“满意”的比例为 66.5%。由此我们可以推出结论：月均收入相对较高的居民对所在社区公共文化服务满意程度的评价也更高。

（6）从居住时间的角度来看，不同居住时间的调查对象对该问题的认知存在显著差异（$X^2 = 13.510$，$df = 2$，$Sig = 0.001$），在 0.01 水平上显著。分析结果显示：居住时间在 10 年以上的调查对象表示“满意”的比例（81.8%）是最高的，其次是居住时间在 3—10 年的调查对象（比例为 73.1%），居住时间不满 3 年的调查对象表示“充足”的比例（63.7%）是最低的。由此我们可以推出结论：居住时间对居民社区公共文化服务满意程度评价的影响表现出随着时间的增长而增高的趋势。

（7）从居住形式的角度来看，不同居住形式的调查对象对社区公共文化服务满意程度的认知存在显著差异（$X^2=8.506$，df = 1，Sig = 0.004），在0.01水平上显著。分析结果显示：居住形式为自有住房的调查对象表示“满意”的比例（77.9%）明显高于居住形式为非自有住房的调查对象（57.5%）。由此我们可以推出结论：居住形式更稳定的居民对社区公共文化服务满意程度的评价更高。

（8）从居住结构的角度来看，不同居住结构的调查对象对社区公共文化服务满意程度的认知存在显著差异（$X^2=4.722$，df = 1，Sig = 0.030），在0.05水平上显著。分析结果显示：居住结构为单独居住的调查对象表示“满意”的比例（88.5%）明显高于居住结构为非单独居住的调查对象（74.9%）。由此我们可以推出结论：居住结构为单独居住的居民对社区公共文化服务满意程度的评价更高。

表 3.3.4　调查对象对所在社区公共文化服务满意程度评价的显著性差异

		社区公共文化服务满意程度评价	
		不满意（%）	满意（%）
性别	男（277 人）	20.6	79.4
	女（234 人）	27.4	72.6
	卡方检验　$X^2=3.220$，df = 1，Sig = 0.073		
居住地属性	农村社区（364 人）	20.3	79.7
	城市社区（147 人）	32.0	68.0
	卡方检验　$X^2=7.855$，df = 1，Sig = 0.005		
居住地位置	城市（139 人）	31.7	68.3
	城乡接合部（109 人）	25.7	74.3
	农村（263 人）	18.6	81.4
	卡方检验　$X^2=8.844$，df = 2，Sig = 0.012		
政治面貌	中共党员（116 人）	9.5	90.5
	非中共党员（395 人）	27.8	72.2
	卡方检验　$X^2=16.735$，df = 1，Sig = 0.000		

续表

		社区公共文化服务满意程度评价	
		不满意（%）	满意（%）
月均收入	2000元以下（155人）	33.5	66.5
	2000—3000元（154人）	13.6	86.4
	3000元以上（202人）	23.8	76.2
	卡方检验　$X^2=16.949$，df = 2，Sig = 0.000		
居住时间	不满3年（91人）	36.3	63.7
	3—10年（134人）	26.9	73.1
	10年以上（286人）	18.2	81.8
	卡方检验　$X^2=13.510$，df = 2，Sig = 0.001		
居住形式	自有住房（471人）	22.1	77.9
	非自有住房（40人）	42.5	57.5
	卡方检验　$X^2=8.506$，df = 1，Sig = 0.004		
居住结构	单独居住（52人）	11.5	88.5
	非单独居住（459人）	25.1	74.9
	卡方检验　$X^2=4.722$，df = 1，Sig = 0.030		

第四节　社区公共体育资源和服务

自20世纪90年代开始，我国各地社区陆续开展了社区公共体育服务，这一带有共享性、非营利性和社会服务性质的公共体育服务提高了社区群众的身体素质，帮助人们养成了良好的体育锻炼习惯。国务院在《全民健身计划（2011—2015年）》中要求："地方各级人民政府将城市社区体育工作作为社区建设的基本内容，统筹规划，加大投入，以城市街道和居住社区公共体育设施建设为重点，不断改善社区居民体育健身环境和条件，提供基本公共服务。"

在全民健身和全民建设小康社会的今天，打造社区公共体育服务体系已经成为我国构建和谐社会的重要任务，也是党和国家群众事业的重要组成部分。党的十八大明确提出："普及科学知识，弘扬科学精神，提高全民科学素养。广泛开展全民健身运动，促进群众体育和竞技体育全面发展。"提高社区公共体育服务是当前党和国家对社区服务的一大要求，对进一步丰富社区公共体育服务的途径和服务成效，具有十分重要的意义。

随着社会经济的飞速发展和人民生活水平的不断提高，人们对社区公共体育服务的需求不断增长，导致当前我国社区公共体育服务供需面临如下困境：第一，当前社区公共体育建设无论是经费上还是设施资源上都存在缺口；第二，社区无法提供相应的公共体育指导员，也没有相应的公共体育科学指导服务；第三，社区公共体育服务的供给还处于初级阶段，无论是经费投入还是设施建设方面均存在着很大的不足，无法保证社区内每个居民都能享有社区公共体育福利；第四，不少社区的公共体育设施对外开放时间较短，激化了居民需求与设施不足之间的矛盾。

上海市长宁区天山路街道党工委、办事处高度重视体育工作，通过阵地建设、队伍建设、项目建设等积极推进社区体育工作，打造“家门口”的公共体育服务圈。天山路街道结合街道实际，夯实基础、大胆探索，主要从以下三个方面有效地扩大了公共体育服务供给，极大地满足了居民健身和健康需求。

第一，建立和完善了社区体育公共服务管理模式。天山路街道社区体育公共服务模式是六级组织网络体系：街道党工委—街道办事处—职能科室—居委会—文体干部—健身团队。街道还充分发挥社会组织在社区体育公共服务中的作用，成立了体育俱乐部，对体育活动进行有效指导和更好的服务。

第二，扩大体育服务范围，推出各类体育服务项目。在全民健身思潮的引导下，天山路街道开展满足不同年龄、不同人群需求的广播操、广场舞、排球类、卡丁车等各式各样的群众体育活动或竞赛。街道连续 7 年举办“天山杯”气排球比赛，形成天山气排球群众体育活动特色并在市区有一定影响力。街道先后荣获 2010—2016 年上海市全民健身先进社区、2014—2015 年上海市健身气功星级站点、2016 年长宁区第六届运动会突出贡献奖单位等多项荣誉称号。2019 年承办全国老年气排球比赛。在这样丰富多彩的活动和比赛氛围中以及街道大力扶持下，群众性体育团队如雨后春笋般繁荣起来。目前，天山路街道的气排球、拳操等各类体育团队已达 36 个，社区拥有体育指导员 149 人，对群众体育活动进行具体指导。

第三，夯实基础，加强公共体育设施、场所建设。天山路街道在反复调查研究、了解需求的基础上，在体育健身点方面合理布局，满足居民健身的需求。目前，辖区内已建成32个健身苑点，2个市民篮球场，3条市民健身步道，3个健身气功站点（其中1个为星级站点）。同时，通过购买第三方服务的方式保证健身器材、设施维修和养护，保证健身器材的正常使用以及群众健身的安全。

天山路街道还通过“政府搭台提供场地、社会力量参与管理”的方式，积极打造了能同时服务老年、中青年、青少年以及残障人群的市民健身房，让老百姓得实惠，受到居民的广泛欢迎，来这里健身的人络绎不绝，成为“网红”市民健身房①。

上海市长宁区天山路街道的成功案例具有重要的启示：

第一，要充分发挥政府在社区体育公共服务体系建设中的指导和主导作用。政府的主导和指导作用是通过街道和居委会等基层部门的治理来实现的，街道和居委会要以各种体育活动为平台，开展各种积极向上的体育活动，增强社区居民体质，丰富社区居民生活。还要注重培养、扶持、监督和治理，从而形成系统化、科学化的社区公共体育服务体系。

第二，要把社区公共体育服务体系纳入整个社区发展和社区治理体系中统筹考虑。整合各类体育资源，不断优化公共体育服务体系，并充分发挥公共体育服务在社区治理中的积极作用，两者实现良性的互动和循环。

为更好地了解调查对象对所在社区公共体育资源和服务的看法，课题组在调查问卷中设置了相关问题，让调查对象对社区公共体育资源和服务作出评价。问卷调查结果见表3.4.1、表3.4.2：在社区公共体育资源的充足程度上，38.7%的调查对象表示“很充足”，28.0%的调查对象表示“比较充足”，24.5%的调查对象表示“一般”，8.8%的调查对象表示“不太充足”和“很不充足”；在社区公共体育服务的满意程度上，36.0%的调查对象表示“很满意”，32.1%的调查对象表示“比较满意”，23.1%的调查对象表示“一般”，8.8%的调查对象表示“不太满意”和“很不满意”。由此可以判断出：从总体上来说，调查对象对所在社区公共体育资源和服务有着比较高的评价。

① 天山路街道精准构建三位一体的社区公共体育服务网络满足居民健身和健康需求[EB/OL]. 潇湘晨报——天山路街道服务办，https://baijiahao.baidu.com/s?id=1679681335607129418&wfr=spider&for=pc，2020-10-05.

表 3.4.1 调查对象对所在社区公共体育资源充足程度的评价

	样本数（人）	比例（%）
很充足	198	38.7
比较充足	143	28.0
一般	125	24.5
不太充足	25	4.9
很不充足	20	3.9
合计	511	100.0

表 3.4.2 调查对象对所在社区公共体育服务满意程度的评价

	样本数（人）	比例（%）
很满意	184	36.0
比较满意	164	32.1
一般	118	23.1
不太满意	31	6.1
很不满意	14	2.7
合计	511	100.0

通过将调查对象的性别、年龄、婚姻状况、户籍类型、居住地属性、居住地位置、政治面貌、月均收入、居住结构、居住时间、受教育程度、社区干部属性、居住形式、家庭年收入等特征与调查对象对所在社区公共体育资源和服务的评价分别进行交互分析，结果见表 3.4.3：调查对象的居住地属性、居住地位置、政治面貌、月均收入、居住时间和居住形式与社区公共体育资源充足程度的交互分析存在显著性差异，具体来说：

（1）从居住地属性的角度来看，农村社区和城市社区的调查对象对该问题的认知存在显著差异（$X^2=9.803$，$df=1$，$Sig=0.002$），在 0.01 水平上显著。分析结果显示：农村社区的调查对象表示“充足”的比例（70.9%）明显高于城市社区调查对象表示“充足”的比例（56.5%）。由此我们可以推出结论：农村社区居民对所在社区公共体育资源充足程度的评价高于城市社区居民。

（2）从居住地位置的角度来看，居住在城市、城乡接合部、农村的调查对象对该问题的认知存在显著差异（$X^2=12.659$，$df=2$，$Sig=0.002$），在

0.01 水平上显著。分析结果显示：居住在城乡接合部和农村的调查对象表示“充足”的比例（分别为 69.7% 和 71.9%）明显高于居住在城市的调查对象表示“充足”的比例（54.7%）。由此我们可以推出结论：居住在城乡接合部和农村的居民对所在社区公共体育资源充足程度的评价高于居住在城市的居民。

（3）从政治面貌的角度来看，不同政治面貌的调查对象对该问题的认知存在显著差异（$X^2 = 10.695$，df = 1，Sig = 0.001），在 0.01 水平上显著。分析结果显示：中共党员的调查对象表示“充足”的比例（79.3%）高于非中共党员调查对象表示“充足”的比例（63.0%）。由此我们可以推出结论：中共党员对所在社区公共体育资源充足程度的评价高于非中共党员。

（4）从月均收入的角度来看，不同月均收入的调查对象对该问题的认知存在显著差异（$X^2 = 20.732$，df = 2，Sig = 0.000），在 0.01 水平上显著。分析结果显示：月均收入 2000—3000 元的调查对象表示“充足”的比例（78.6%）是最高的，其次是月均收入 3000 元以上的调查对象（67.3%），月均收入 2000 元以下的调查对象表示“充足”的比例（54.2%）是最低的。由此我们可以推出结论：月均收入对居民社区公共体育资源充足程度评价的影响表现出先低后高最后又低的趋势。

（5）从居住时间的角度来看，不同居住时间的调查对象对该问题的认知存在显著差异（$X^2 = 19.434$，df = 2，Sig = 0.000），在 0.01 水平上显著。分析结果显示：居住时间在 10 年以上的调查对象表示“充足”的比例（74.5%）是最高的，其次是居住时间在 3—10 年的调查对象（比例为 60.4%），居住时间不满 3 年的调查对象表示“充足”的比例（51.6%）是最低的。由此我们可以推出结论：居住时间越长的居民对社区公共体育资源充足程度评价越高。

（6）从居住形式的角度来看，不同居住形式的调查对象对社区公共体育资源充足程度的认知存在显著差异（$X^2 = 11.478$，df = 1，Sig = 0.001），在 0.01 水平上显著。分析结果显示：居住形式为自有住房的调查对象表示“充足”的比例（68.8%）明显高于居住形式为非自有住房的调查对象（42.5%）。由此我们可以推出结论：居住形式更稳定的居民对社区公共体育资源充足程度的评价更高。

表 3.4.3　调查对象对所在社区公共体育资源充足程度评价的显著性差异

		社区公共体育资源充足程度评价	
		不充足（%）	充足（%）
居住地属性	农村社区（364 人）	29.1	70.9
	城市社区（147 人）	43.5	56.5
	卡方检验　$X^2=9.803$，df = 1，Sig = 0.002		
居住地位置	城市（139 人）	45.3	54.7
	城乡接合部（109 人）	30.3	69.7
	农村（263 人）	28.1	71.9
	卡方检验　$X^2=12.659$，df = 2，Sig = 0.002		
政治面貌	中共党员（116 人）	20.7	79.3
	非中共党员（395 人）	37.0	63.0
	卡方检验　$X^2=10.695$，df = 1，Sig = 0.001		
月均收入	2000 元以下（155 人）	45.8	54.2
	2000—3000 元（154 人）	21.4	78.6
	3000 元以上（202 人）	32.7	67.3
	卡方检验　$X^2=20.732$，df = 2，Sig = 0.000		
居住时间	不满 3 年（91 人）	48.4	51.6
	3—10 年（134 人）	39.6	60.4
	10 年以上（286 人）	25.5	74.5
	卡方检验　$X^2=19.434$，df = 2，Sig = 0.000		
居住形式	自有住房（471 人）	31.2	68.8
	非自有住房（40 人）	57.5	42.5
	卡方检验　$X^2=11.478$，df = 1，Sig = 0.001		

调查对象的居住地属性、居住地位置、政治面貌、月均收入、居住时间和居住形式与社区公共体育服务满意程度的交互分析存在显著性差异，具体来说（见表 3.4.4）：

（1）从居住地属性的角度来看，农村社区和城市社区的调查对象对该问题的认知存在显著差异（$X^2=7.555$，df = 1，Sig = 0.006），在 0.01 水平上显著。分析结果显示：农村社区的调查对象表示“满意”的比例（71.7%）明显高于城市社区调查对象表示“满意”的比例（59.2%）。由此我们可以推出结论：农村社区居民对所在社区公共体育服务满意程度的评价高于城市社区居民。

（2）从居住地位置的角度来看，居住在城市、城乡接合部、农村的调查对象对该问题的认知存在显著差异（$X^2=7.518$，df = 2，Sig = 0.023），在 0.05 水平上显著。分析结果显示：居住在城乡接合部和农村的调查对象表示“满意”的比例（分别为 69.7% 和 72.2%）明显高于居住在城市的调查对象表示“满意”的比例（59.0%）。由此我们可以推出结论：居住在城乡接合部和农村的居民对所在社区公共体育服务满意程度的评价高于居住在城市的居民。

（3）从政治面貌的角度来看，不同政治面貌的调查对象对该问题的认知存在显著差异（$X^2=8.679$，df = 1，Sig = 0.003），在 0.01 水平上显著。分析结果显示：中共党员的调查对象表示“满意”的比例（79.3%）明显高于非中共党员调查对象表示“满意”的比例（64.8%）。由此我们可以推出结论：中共党员对所在社区公共体育服务满意程度的评价高于非中共党员。

（4）从月均收入的角度来看，不同月均收入的调查对象对该问题的认知存在显著差异（$X^2=16.127$，df = 2，Sig = 0.000），在 0.01 水平上显著。分析结果显示：月均收入 2000—3000 元和月均收入 3000 元以上的调查对象表示“满意”的比例分别为 77.9% 和 69.3%，而月均收入 2000 元以下的调查对象表示“满意”的比例为 56.8%。由此我们可以推出结论：月均收入相对较高的居民对所在社区公共体育服务满意程度的评价也更高。

（5）从居住时间的角度来看，不同居住时间的调查对象对该问题的认知存在显著差异（$X^2=15.012$，df = 2，Sig = 0.001），在 0.01 水平上显著。分析结果显示：居住时间在 10 年以上的调查对象表示“满意”的比例（74.8%）是最高的，其次是居住时间在 3—10 年的调查对象（比例为 62.7%），居住时间不满 3 年的调查对象表示“满意”的比例（54.9%）是最低的。由此我们可以推出结论：居住时间越长，居民对社区公共体育服务满意程度评价越高。

（6）从居住形式的角度来看，不同居住形式的调查对象对社区公共文化服务满意程度的认知存在显著差异（$X^2=13.094$，df = 1，Sig = 0.000），在 0.01 水平上显著。分析结果显示：居住形式为自有住房的调查对象表示“满意”的比例（70.3%）明显高于居住形式为非自有住房的调查对象

（42.5%）。由此我们可以推出结论：居住形式更稳定的居民对社区公共体育服务满意程度的评价更高。

表 3.4.4 调查对象对所在社区公共体育服务满意程度评价的显著性差异

		社区公共体育服务满意程度评价	
		不满意（%）	满意（%）
居住地属性	农村社区（364 人）	28.3	71.7
	城市社区（147 人）	40.8	59.2
	卡方检验 $X^2=7.555$，df = 1，Sig = 0.006		
居住地位置	城市（139 人）	41.0	59.0
	城乡接合部（109 人）	30.3	69.7
	农村（263 人）	27.8	72.2
	卡方检验 $X^2=7.518$，df = 2，Sig = 0.023		
政治面貌	中共党员（116 人）	20.7	79.3
	非中共党员（395 人）	35.2	64.8
	卡方检验 $X^2=8.679$，df = 1，Sig = 0.003		
月均收入	2000 元以下（155 人）	43.2	56.8
	2000—3000 元（154 人）	22.1	77.9
	3000 元以上（202 人）	30.7	69.3
	卡方检验 $X^2=16.127$，df = 2，Sig = 0.000		
居住时间	不满 3 年（91 人）	45.1	54.9
	3—10 年（134 人）	37.3	62.7
	10 年以上（286 人）	25.2	74.8
	卡方检验 $X^2=15.012$，df = 2，Sig = 0.001		
居住形式	自有住房（471 人）	29.7	70.3
	非自有住房（40 人）	57.5	42.5
	卡方检验 $X^2=13.094$，df = 1，Sig = 0.000		

第五节　社区公共就业资源和服务

党的十九大报告提出："就业是最大的民生。要坚持就业优先战略和积极就业政策，实现更高质量和更充分就业。"[①] 充分就业社区工作正是更高质量和更充分就业方面的一个直接而有效的探索，也是当前落实和践行党的十九大关于"更加充分就业"和"全方位公共就业服务"的一项具体举措。多年来，各地积累了很好的工作基础和宝贵经验，为实现党的十九大更高质量和更充分就业目标作出不懈努力。

2006年，按照中央提出构建小康社会要实现比较充分就业目标的要求，人力资源和社会保障部（以下简称人社部）及时总结地方自发创建充分就业社区活动的经验，在全国进行推广。2010年，在各地普遍开展充分就业社区工作的基础上，人社部启动了创建国家级充分就业社区和省（自治区、直辖市）充分就业星级社区的工作，提出了每两年组织一批国家级充分就业社区申报认定和定期复查、动态管理的工作安排[②]。

在总结各地工作经验的基础上，中国就业培训技术指导中心组织出版了《全国充分就业社区风采录》。该书汇集了部分第四批国家级充分就业社区开展建设工作的经验做法，其目的是让国家级充分就业社区间相互借鉴，取长补短，更是通过这一系列经验的总结，让国家级充分就业社区切实起到示范带头作用，让正在向国家级充分就业社区目标而努力的社区能学到好的经验做法。

2017年广西新增5个社区被人社部评为国家级充分就业的社区。其中南宁市西乡塘区华强街道华强社区内有南宁市规模最大的小商品批发零售集散地，社区劳动保障工作站充分利用商圈优势，利用再就业优惠政策开展就业帮扶和小额贷款工作，通过全方位动态管理就业服务，发挥基层公共服务平

---

① 习近平：《决胜全面建成小康社会夺取新时代中国特色社会主义伟大胜利——在中国共产党第十九次全国代表大会上的报告》，人民出版社，2017年版。

② 指导中心出版《全国充分就业社区风采录》[EB/OL]．中国就业培训技术指导中心，人力资源和社会保障部职业技能鉴定中心，http://cettic.mohrss.gov.cn/zxzx/nzxdt/2019-09/16/content_467136.htm，2019-09-16.

台功能。2016 年，新增就业 345 人，就业率保持在 97% 以上，失业率控制在 3.6% 以下[①]。

为进一步帮助辖区失业人员、就业援助对象早日实现就业和稳定就业，安徽省滁州市胜利社区多管齐下，合力搭建援助平台，扎实做好公共就业服务。

第一，社区积极发挥阳光就业网等平台作用，加大就业援助工作宣传力度，采取上门入户或电话、微信等方式，对失业人员介绍就业优惠政策，享受政策的条件和办理程序等，并耐心解答他们询问的问题。

第二，制订一对一帮扶计划。社区对登记的失业人员和认定就业援助对象实行动态管理，对于每一名人员的需求和特点，制订一对一帮扶计划，全面落实帮扶就业政策，并实行跟踪服务，使未就业人员及时就业获得更具针对性的重点帮助。

第三，多渠道开展公共就业服务。根据就业援助对象的技能特点和就业意愿，在失业人员登记期间，至少提供 3 次公共就业服务，对认定后的就业援助对象还未能就业的至少提供 3 次就业援助服务，提供职业介绍、职业培训等各类公共就业服务，为拓宽就业渠道，还动员辖区内企业提供适合困难群体的就业岗位，例如保安、保洁等公益性岗位[②]。

河南省濮阳市人社局为深入开展“双报到双服务”活动，在康居社区便民服务中心安装了公共就业自助终端机和信息发布屏，方便居民就近享受到公共就业服务。市各类招聘信息在信息发布屏的滚动播放，方便广大求职者直观获取岗位信息摘要及企业联系方式。求职者只需将二代身份证或社保卡放在公共就业自助终端机读卡区进行操作就可以：①在线找工作；②查询市内职业技能培训的开班情况并进行网上报名；③认证成功的企业，修改发布招聘岗位，搜索人才、查阅简历并发送面试邀请；④查询人社部门最新公告、政策法规、招聘会资讯、便民服务、各级公共就业服务机构的联系方式。公共就业自助终端机和信息发布屏的安装使用为社区居民享受公共就业服务提

---

① 广西新增五个国家级充分就业社区［EB/OL］. 中国政府网——广西日报，http://www.gov.cn/xinwen/2017-06/03/content_5199476.htm，2017-06-03.

② 胜利社区扎实做好公共就业服务［EB/OL］. 滁州网，http://www.chuzhou.cn/2019/0416/385695.shtml，2019-04-16.

供了极大便利[①]。

为更好地了解调查对象对所在社区公共就业资源和服务的看法，课题组在调查问卷中设置了相关问题，让调查对象对社区公共就业资源和服务作出评价。问卷调查结果见表3.5.1、表3.5.2：在社区公共就业资源的充足程度上，34.2%的调查对象表示“很充足”，32.3%的调查对象表示“比较充足”，20.4%的调查对象表示“一般”，13.1%的调查对象表示“不太充足”和“很不充足”；在社区公共就业服务的满意程度上，35.6%的调查对象表示“很满意”，32.9%的调查对象表示“比较满意”，20.9%的调查对象表示“一般”，10.6%的调查对象表示“不太满意”和“很不满意”。由此可以判断出：从总体上来说，调查对象对所在社区公共就业资源和服务有着比较高的评价。

表3.5.1　调查对象对所在社区公共就业资源充足程度的评价

	样本数（人）	比例（%）
很充足	175	34.2
比较充足	165	32.3
一般	104	20.4
不太充足	45	8.8
很不充足	22	4.3
合计	511	100.0

表3.5.2　调查对象对所在社区公共就业服务满意程度的评价

	样本数（人）	比例（%）
很满意	182	35.6
比较满意	168	32.9
一般	107	20.9
不太满意	28	5.5
很不满意	26	5.1
合计	511	100.0

① 市人社局多渠道助力社区居民公共就业服务［EB/OL］．濮阳市人力资源和社会保障局——管理中心，http://www.hapy.hrss.gov.cn/show.asp? id=3748，2018-01-30.

通过将调查对象的性别、年龄、婚姻状况、户籍类型、居住地属性、居住地位置、政治面貌、居住形式、居住结构、居住时间、受教育程度、社区干部属性、月均收入、家庭年收入等特征与调查对象对所在社区公共就业资源和服务的评价分别进行交互分析，结果发现：调查对象的性别、居住地位置、政治面貌、月均收入、居住时间、居住形式、婚姻状况、户籍类型和居住地属性与社区公共就业资源充足程度的交互分析存在显著性差异，具体来说：

（1）从性别的角度来看，不同性别的调查对象对该问题的认知存在显著差异（$X^2=4.843$，df = 1，Sig = 0.028），在 0.05 水平上显著。分析结果显示：男性调查对象表示“充足”的比例（70.8%）高于女性调查对象表示“充足”的比例（61.5%）。由此我们可以推出结论：男性对所在社区公共就业资源充足程度的评价高于女性。

（2）从居住地位置的角度来看，居住在城市、城乡接合部、农村的调查对象对该问题的认知存在显著差异（$X^2=11.190$，df = 2，Sig = 0.004），在 0.01 水平上显著。分析结果显示：居住在城乡接合部和农村的调查对象表示“充足”的比例（分别为 67.9% 和 71.9%）明显高于居住在城市的调查对象表示“充足”的比例（55.4%）。由此我们可以推出结论：居住在城乡接合部和农村的居民对所在社区公共就业资源充足程度的评价高于居住在城市的居民。

（3）从政治面貌的角度来看，不同政治面貌的调查对象对该问题的认知存在显著差异（$X^2=10.998$，df = 1，Sig = 0.001），在 0.01 水平上显著。分析结果显示：中共党员的调查对象表示“充足”的比例（79.3%）高于非中共党员调查对象表示“充足”的比例（62.8%）。由此我们可以推出结论：中共党员对所在社区公共就业资源充足程度的评价高于非中共党员。

（4）从月均收入的角度来看，不同月均收入的调查对象对该问题的认知存在显著差异（$X^2=13.757$，df = 2，Sig = 0.001），在 0.01 水平上显著。分析结果显示：月均收入 2000—3000 元的调查对象表示“充足”的比例（76.0%）是最高的，其次是月均收入 3000 元以上的调查对象（67.3%），月均收入 2000 元以下的调查对象表示“充足”的比例（56.1%）是最低的。由此我们可以推出结论：月均收入对居民社区公共就业资源充足程度评价的影响表现出先低后高最后又低的趋势。

（5）从居住时间的角度来看，不同居住时间的调查对象对该问题的认知存在显著差异（$X^2=13.878$，df = 2，Sig = 0.001），在 0.01 水平上显著。分析结果显示：居住时间在 10 年以上的调查对象表示“充足”的比例（73.4%）是最高的，其次是居住时间在 3—10 年的调查对象（比例为 58.2%），居住时间不满 3 年的调查对象表示“充足”的比例（57.1%）是最低的。由此我们可以推出结论：居住时间越长的居民对社区就业资源充足程度评价越高。

（6）从居住形式的角度来看，不同居住形式的调查对象对社区公共就业资源充足程度的认知存在显著差异（$X^2=7.063$，df = 1，Sig = 0.008），在 0.01 水平上显著。分析结果显示：居住形式为自有住房的调查对象表示“充足”的比例（68.2%）明显高于居住形式为非自有住房的调查对象（47.5%）。由此我们可以推出结论：居住形式更稳定的居民对社区公共就业资源充足程度的评价更高。

（7）从婚姻状况的角度来看，不同婚姻状况的调查对象对该问题的认知存在显著差异（$X^2=3.660$，df = 1，Sig = 0.056），在 0.1 水平上显著。分析结果显示：未婚的调查对象表示“充足”的比例（79.5%）高于已婚的调查对象表示“充足”的比例（65.3%）。由此我们可以推出结论：未婚居民对所在社区公共就业资源充足程度的评价高于已婚居民。

（8）从户籍类型的角度来看，不同户籍类型的调查对象对该问题的认知存在显著差异（$X^2=2.874$，df = 1，Sig = 0.090），在 0.1 水平上显著。分析结果显示：农业户口的调查对象表示“充足”的比例（68.3%）高于非农业户口的调查对象表示“充足”的比例（59.4%）。由此我们可以推出结论：农业户口居民对所在社区公共就业资源充足程度的评价高于非农业户口居民。

（9）从居住地属性的角度来看，农村社区和城市社区的调查对象对该问题的认知存在显著差异（$X^2=9.405$，df = 1，Sig = 0.002），在 0.01 水平上显著。分析结果显示：农村社区的调查对象表示“充足”的比例（70.6%）明显高于城市社区调查对象表示“充足”的比例（56.5%）。由此我们可以推出结论：农村社区居民对所在社区公共就业资源充足程度评价高于城市社区居民。

表 3.5.3　调查对象对所在社区公共就业资源充足程度评价的显著性差异

		社区公共就业资源充足程度评价	
		不充足（%）	充足（%）
性别	男（277 人）	29.2	70.8
	女（234 人）	38.5	61.5
	卡方检验　$X^2=4.843$，df=1，Sig=0.028		
居住地位置	城市（139 人）	44.6	55.4
	城乡接合部（109 人）	32.1	67.9
	农村（263 人）	28.1	71.9
	卡方检验　$X^2=11.190$，df=2，Sig=0.004		
政治面貌	中共党员（116 人）	20.7	79.3
	非中共党员（395 人）	37.2	62.8
	卡方检验　$X^2=10.998$，df=1，Sig=0.001		
月均收入	2000 元以下（155 人）	43.9	56.1
	2000—3000 元（154 人）	24.0	76.0
	3000 元以上（202 人）	32.7	67.3
	卡方检验　$X^2=13.757$，df=2，Sig=0.001		
居住时间	不满 3 年（91 人）	42.9	57.1
	3—10 年（134 人）	41.8	58.2
	10 年以上（286 人）	26.6	73.4
	卡方检验　$X^2=13.878$，df=2，Sig=0.001		
居住形式	自有住房（471 人）	31.8	68.2
	非自有住房（40 人）	52.5	47.5
	卡方检验　$X^2=7.063$，df=1，Sig=0.008		
婚姻状况	未婚（44 人）	20.5	79.5
	已婚（467 人）	34.7	65.3
	卡方检验　$X^2=3.660$，df=1，Sig=0.056		
户籍类型	农业户口（410 人）	31.7	68.3
	非农业户口（101 人）	40.6	59.4
	卡方检验　$X^2=2.874$，df=1，Sig=0.090		

续表

		社区公共就业资源充足程度评价	
		不充足（%）	充足（%）
居住地属性	农村社区（364 人）	29.4	70.6
	城市社区（147 人）	43.5	56.5
	卡方检验　$X^2=9.405$，df = 1，Sig = 0.002		

调查对象的性别、居住地位置、政治面貌、月均收入、居住时间、居住形式、居住结构、居住地属性和家庭年收入与社区公共就业服务满意程度的交互分析存在显著性差异，具体来说（见表 3.5.4）：

（1）从性别的角度来看，不同性别的调查对象对该问题的认知存在显著差异（$X^2=7.443$，df = 1，Sig = 0.006），在 0.01 水平上显著。分析结果显示：男性调查对象表示“满意”的比例（73.6%）高于女性调查对象表示“满意”的比例（62.4%）。由此我们可以推出结论：男性对所在社区公共就业服务满意程度的评价高于女性。

（2）从居住地位置的角度来看，居住在城市、城乡接合部、农村的调查对象对该问题的认知存在显著差异（$X^2=9.719$，df = 2，Sig = 0.008），在 0.01 水平上显著。分析结果显示：居住在城乡接合部和农村的调查对象表示“满意”的比例（分别为 69.7% 和 73.4%）明显高于居住在城市的调查对象表示“满意”的比例（58.3%）。由此我们可以推出结论：居住在城乡接合部和农村的居民对所在社区公共就业服务满意程度的评价高于居住在城市的居民。

（3）从政治面貌的角度来看，不同政治面貌的调查对象对该问题的认知存在显著差异（$X^2=15.914$，df = 1，Sig = 0.000），在 0.01 水平上显著。分析结果显示：中共党员的调查对象表示“满意”的比例（83.6%）明显高于非中共党员调查对象表示“满意”的比例（64.1%）。由此我们可以推出结论：中共党员对所在社区公共就业服务满意程度的评价高于非中共党员。

（4）从月均收入的角度来看，不同月均收入的调查对象对该问题的认知存在显著差异（$X^2=16.168$，df = 2，Sig = 0.000），在 0.01 水平上显著。分析结果显示：月均收入 3000 元以上的调查对象表示“满意”的比例为 75.2%，月均收入 2000—3000 元的调查对象表示“满意”的比例为 72.1%，而月均收入 2000 元以下的调查对象表示“满意”的比例为 56.1%。由此我们可以推出结论：月均收入越高的居民对所在社区就业服务满意程度的评价也就越高。

（5）从居住时间的角度来看，不同居住时间的调查对象对该问题的认知存在显著差异（$X^2=9.831$，$df=2$，$Sig=0.007$），在0.01水平上显著。分析结果显示：居住时间在10年以上的调查对象表示“满意”的比例（74.1%）是最高的，其次是居住时间在3—10年的调查对象（比例为62.7%），居住时间不满3年的调查对象表示“满意”的比例（59.3%）是最低的。由此我们可以推出结论：居住时间越长，对居民社区就业服务满意程度评价就越高。

（6）从居住形式的角度来看，不同居住形式的调查对象对社区公共文化服务满意程度的认知存在显著差异（$X^2=5.144$，$df=1$，$Sig=0.023$），在0.05水平上显著。分析结果显示：居住形式为自有住房的调查对象表示“满意”的比例（69.9%）明显高于居住形式为非自有住房的调查对象（52.5%）。由此我们可以推出结论：居住形式更稳定的居民对社区公共就业服务满意程度的评价更高。

（7）从居住结构的角度来看，不同居住结构的调查对象对社区公共文化服务满意程度的认知存在显著差异（$X^2=6.973$，$df=1$，$Sig=0.008$），在0.01水平上显著。分析结果显示：居住结构为单独居住的调查对象表示“满意”的比例（84.6%）明显高于居住结构为非单独居住的调查对象（66.7%）。由此我们可以推出结论：居住结构为单独居住的居民对社区公共就业服务满意程度的评价比非单独居住的居民更高。

（8）从居住地属性的角度来看，农村社区和城市社区的调查对象对该问题的认知存在显著差异（$X^2=8.288$，$df=1$，$Sig=0.004$），在0.01水平上显著。分析结果显示：农村社区的调查对象表示“满意”的比例（72.3%）明显高于城市社区调查对象表示“满意”的比例（59.2%）。由此我们可以推出结论：农村社区居民对所在社区公共就业服务满意程度的评价高于城市社区居民。

（9）从家庭年收入的角度来看，不同家庭年收入的调查对象对该问题的认知存在显著差异（$X^2=6.741$，$df=2$，$Sig=0.034$），在0.05水平上显著。分析结果显示：家庭年收入10万元以上的调查对象表示“满意”的比例为76.6%，家庭年收入5万—10万元表示“满意”的比例为72.7%，而家庭年收入5万元以下的调查对象表示“满意”的比例为63.2%。由此我们可以推出结论：家庭年收入越高的居民对所在社区就业服务满意程度的评价也就越高。

表 3.5.4　调查对象对所在社区公共就业服务满意程度评价的显著性差异

		社区公共就业服务满意程度评价	
		不满意（%）	满意（%）
性别	男（277 人）	26.4	73.6
	女（234 人）	37.6	62.4
	卡方检验　$X^2=7.443$，df = 1，Sig = 0.006		
居住地位置	城市（139 人）	41.7	58.3
	城乡接合部（109 人）	30.3	69.7
	农村（263 人）	26.6	73.4
	卡方检验　$X^2=9.719$，df = 2，Sig = 0.008		
政治面貌	中共党员（116 人）	16.4	83.6
	非中共党员（395 人）	35.9	64.1
	卡方检验　$X^2=15.914$，df = 1，Sig = 0.000		
月均收入	2000 元以下（155 人）	43.9	56.1
	2000—3000 元（154 人）	27.9	72.1
	3000 元以上（202 人）	24.8	75.2
	卡方检验　$X^2=16.168$，df = 2，Sig = 0.000		
居住时间	不满 3 年（91 人）	40.7	59.3
	3—10 年（134 人）	37.3	62.7
	10 年以上（286 人）	25.9	74.1
	卡方检验　$X^2=9.831$，df = 2，Sig = 0.007		
居住形式	自有住房（471 人）	30.1	69.9
	非自有住房（40 人）	47.5	52.5
	卡方检验　$X^2=5.144$，df = 1，Sig = 0.023		
居住结构	单独居住（52 人）	15.4	84.6
	非单独居住（459 人）	33.3	66.7
	卡方检验　$X^2=6.973$，df = 1，Sig = 0.008		
居住地属性	农村社区（364 人）	27.7	72.3
	城市社区（147 人）	40.8	59.2
	卡方检验　$X^2=8.288$，df = 1，Sig = 0.004		

续表

		社区公共就业服务满意程度评价	
		不满意（%）	满意（%）
家庭年收入	5 万元以下（253 人）	36.8	63.2
	5 万—10 万元（194 人）	27.3	72.7
	10 万元以上（64 人）	23.4	76.6
	卡方检验　$X^2=6.741$，$df=2$，$Sig=0.034$		

第六节　社区公共养老资源和服务

“十三五”时期是我国全面建成小康社会决胜阶段，也是我国老龄事业改革发展和养老体系建设的重要战略窗口期。党的十九大报告提出了“积极应对人口老龄化，构建养老、孝老、敬老政策体系和社会环境，推进医养结合，加快老龄事业和产业发展”的要求。目前政府各部门及市场、社会各方在社区为老服务领域实际上投入了大量的政策与资源，尤其是政府各部门以部门主导形成的各种老年福利公共政策。

现阶段，居家养老虽然为大多数家庭所接受，但往往有现实难处，这为社区养老服务等新兴的行业兴起与发展提供了现实的机遇。在国家鼓励、老年人需要、中青年无闲暇的情况下，社区养老服务业有着发展的肥沃土壤。此外，传统的文化观念与机构养老的参差不齐客观上有利于社区养老服务发展。在相当部分的中国人眼中，福利院等机构养老意味着家庭关系的物理与心理分隔，使相当一部分老年人心理上不愿意接受，子女也在家庭关系和人际交往上背负较大的心理负担。社区是老年人日常生活的主要空间，熟悉感强，认同度高，以社区服务的形式为居家的老人提供养老服务，具有兼顾家庭生活、社区生活和养老服务的融合优势，可接受性明显高于机构养老。

社区公共养老资源通过政府扶持、社会参与、市场运作，逐步建立以家庭养老为核心，社区服务为依托，专业化服务为依靠，向居家老人提供生活照料、医疗保健、精神慰藉、文化娱乐等为主要内容的服务。然而，现有体制下不同的政府部门由于各自的职能与功能定位不同，不同部门出台的养老政策之间出现权责交叉、界限不明确、资源投入的重叠与缝隙并存等现象。

政策的碎片化导致为老服务资源的分散化，造成大量的资源投入却无法切实有效地满足社区老年人的需求。

2015 年 11 月以来，涵盖养老服务供给体系、保障体系、政策支撑体系、需求评估体系、行业监管体系“五位一体”的上海市老年人照护统一需求评估体系在全市各区县社区推开，积累了丰富的实践经验①。

第一，探索推进全市性养老服务平台及运作机制建设。着眼于整合社会服务资源、提升社区居家养老服务质量，建立基于全市老年人照护统一需求评估体系的大数据平台，整合共享各区已有评估数据，减少重复评估，给予老人享有本市各区照护服务资源的自主选择权。从评估的有效分级对应，将各种养老资源进行整合，以更好地满足老年人多元化、连续性的需求。

第二，整合社会多元力量，完善社区居家养老助餐服务。对于老年人最需要、最迫切的居家养老服务类别之一的助餐服务，政府部门可将专业营养研究机构、食品产销供货企业、社区周边餐饮企业、配送企业等社会力量纳入老年助餐服务体系和平台，通过政策倾斜与资金支持赋予社会助餐机构和企业更多的资源，推动社会力量构建便捷高效优质的社区助餐服务网络。

第三，借助电子病历共享平台，健全社区医疗保健服务。基于电子病历平台，首先可以更好地完善社区医院的服务内容，方便社区医院医生快速调取老年病人此前在其他医院就诊的病历和处方信息，建立老年人健康档案，提供定期检查身体的服务等。其次，鼓励社区专业服务机构联合社区卫生中心等组织，针对老人的多样化需求开展全人服务，并根据老年人健康状况分别做好与养老院、老年护理医院、医院、临终关怀服务机构的延伸性服务对接，开展专业慢性病干预、老人饮食营养指导、康复理疗等活动。最后，推进专门针对失能、失智老年人的整合性服务，通过建立失能、失智老年人的有效数据，鼓励护理机构提升护理员技能，为失能、失智老年人的家庭照顾者提供系统的照护技巧培训及定期的喘息服务等。

第四，发挥公益性与专业性机构的作用，强化老年人心理慰藉服务。针对新形势下老年人心理疾病增加的实际，建议增设老年心理干预项目，充分

---

① 关于进一步加强服务资源整合，促进社区养老服务质量提升的建议［EB/OL］．中国人民政治协商会议上海市委员会，http://shszx.eastday.com/node2/node5368/node5376/node5388/u1ai99616.html，2017－08－17.

利用各卫生服务中心和现有社会组织的专业优势，通过健康讲座、社区宣传栏等形式加强宣传，对各种心理疾病的预防和控制知识进行普及，采取心理辅导、康复治疗等措施，缓解病情，提高老年人的心理健康指数。

为更好地了解调查对象对所在社区公共养老资源和服务的看法，课题组在调查问卷中设置了相关问题，让调查对象对社区公共养老资源和服务作出评价。问卷调查结果见表3.6.1、表3.6.2，在社区公共养老资源的充足程度上，35.4%的调查对象表示“很充足”，30.9%的调查对象表示“比较充足”，19.0%的调查对象表示“一般”，14.7%的调查对象表示“不太充足”和“很不充足”；在社区公共养老服务的满意程度上，38.0%的调查对象表示“很满意”，33.3%的调查对象表示“比较满意”，19.0%的调查对象表示“一般”，9.7%的调查对象表示“不太满意”和“很不满意”。由此可以判断出：从总体上来说，调查对象对所在社区养老就业资源和服务有着比较高的评价。

表3.6.1 调查对象对所在社区公共养老资源充足程度的评价

	样本数（人）	比例（%）
很充足	181	35.4
比较充足	158	30.9
一般	97	19.0
不太充足	46	9.0
很不充足	29	5.7
合计	511	100.0

表3.6.2 调查对象对所在社区公共养老服务满意程度的评价

	样本数（人）	比例（%）
很满意	194	38.0
比较满意	170	33.3
一般	97	19.0
不太满意	34	6.7
很不满意	16	3.0
合计	511	100.0

通过将调查对象的性别、年龄、婚姻状况、户籍类型、居住地属性、居

住地位置、政治面貌、居住形式、居住结构、居住时间、受教育程度、社区干部属性、月均收入、家庭年收入等特征与调查对象对所在社区公共养老资源和服务的评价分别进行交互分析，结果见表3.6.3：调查对象的居住地位置、政治面貌、居住形式、居住结构、居住时间和月均收入与社区公共养老资源充足程度的交互分析存在显著性差异，具体来说：

（1）从居住地位置的角度来看，居住在城市、城乡接合部、农村的调查对象对该问题的认知存在显著差异（$X^2=4.692$，df = 2，Sig = 0.096），在0.1水平上显著。分析结果显示：居住在城乡接合部和农村的调查对象表示“充足”的比例（分别为65.1%和70.3%）明显高于居住在城市的调查对象表示“充足”的比例（59.7%）。由此我们可以推出结论：居住在城乡接合部和农村的居民对所在社区公共养老资源充足程度的评价高于居住在城市的居民。

（2）从政治面貌的角度来看，不同政治面貌的调查对象对该问题的认知存在显著差异（$X^2=22.120$，df = 1，Sig = 0.000），在0.01水平上显著。分析结果显示：中共党员的调查对象表示“充足”的比例（84.5%）高于非中共党员调查对象表示“充足”的比例（61.0%）。由此我们可以推出结论：中共党员对所在社区公共养老资源充足程度的评价高于非中共党员。

（3）从居住形式的角度来看，不同居住形式的调查对象对社区公共养老资源充足程度的认知存在显著差异（$X^2=11.046$，df = 1，Sig = 0.001），在0.01水平上显著。分析结果显示：居住形式为自有住房的调查对象表示“充足”的比例（68.4%）明显高于居住形式为非自有住房的调查对象（42.5%）。由此我们可以推出结论：居住形式更稳定的居民对社区公共养老资源充足程度的评价更高。

（4）从居住结构的角度来看，不同居住结构的调查对象对该问题的认知存在显著差异（$X^2=5.397$，df = 1，Sig = 0.020），在0.05水平上显著。分析结果显示：单独居住的调查对象表示“充足”的比例（80.8%）明显高于非单独居住的调查对象表示“充足”的比例（64.7%）。由此我们可以推出结论：单独居住的社区居民对所在社区公共养老资源充足程度评价高于非单独居住的社区居民。

（5）从居住时间的角度来看，不同居住时间的调查对象对该问题的认知存在显著差异（$X^2=5.379$，df = 2，Sig = 0.068），在0.1水平上显著。分析结果显示：居住时间在10年以上的调查对象表示“充足”的比例（70.6%）是最高的，其次是居住时间不满3年的调查对象表示“充足”的比例（61.5%），居住时间在3—10年的调查对象（比例为60.4%）是最低的。由此我们可以推出结论：居住时间对社区养老资源充足程度评价的影响呈现先高后低又高的趋势。

（6）从月均收入的角度来看，不同月均收入的调查对象对该问题的认知存在显著差异（$X^2 = 10.847$，$df = 2$，$Sig = 0.004$），在0.01水平上显著。分析结果显示：月均收入2000—3000元的调查对象表示“充足”的比例（72.7%）是最高的，其次是月均收入3000元以上的调查对象（69.3%），月均收入2000元以下的调查对象表示“充足”的比例（56.1%）是最低的。由此我们可以推出结论：月均收入对居民社区公共养老资源充足程度评价的影响表现出先低后高最后又低的趋势。

表3.6.3 调查对象对所在社区公共养老资源充足程度评价的显著性差异

		社区公共养老资源充足程度评价	
		不充足（%）	充足（%）
居住地位置	城市（139人）	40.3	59.7
	城乡接合部（109人）	34.9	65.1
	农村（263人）	29.7	70.3
	卡方检验 $X^2 = 4.692$，$df = 2$，$Sig = 0.096$		
政治面貌	中共党员（116人）	15.5	84.5
	非中共党员（395人）	39.0	61.0
	卡方检验 $X^2 = 22.120$，$df = 1$，$Sig = 0.000$		
居住形式	自有住房（471人）	31.6	68.4
	非自有住房（40人）	57.5	42.5
	卡方检验 $X^2 = 11.046$，$df = 1$，$Sig = 0.001$		
居住结构	单独居住（52人）	19.2	80.8
	非单独居住（459人）	35.3	64.7
	卡方检验 $X^2 = 5.397$，$df = 1$，$Sig = 0.020$		

续表

		社区公共养老资源充足程度评价	
		不充足（%）	充足（%）
居住时间	不满3年（91人）	38.5	61.5
	3—10年（134人）	39.6	60.4
	10年以上（286人）	29.4	70.6
	卡方检验　$X^2=5.379$，df=2，Sig=0.068		
月均收入	2000元以下（155人）	43.9	56.1
	2000—3000元（154人）	27.3	72.7
	3000元以上（202人）	30.7	69.3
	卡方检验　$X^2=10.847$，df=2，Sig=0.004		

调查对象的居住地属性、居住地位置、政治面貌、居住形式、居住时间、社区干部属性和月均收入与社区公共养老服务满意程度的交互分析存在显著性差异，具体来说：

（1）从居住地属性的角度来看，农村社区和城市社区的调查对象对该问题的认知存在显著差异（$X^2=5.348$，df=1，Sig=0.021），在0.05水平上显著。分析结果显示：农村社区的调查对象表示“满意”的比例（74.2%）明显高于城市社区调查对象表示“满意”的比例（63.9%）。由此我们可以推出结论：农村社区居民对所在社区公共养老服务满意程度的评价高于城市社区居民。

（2）从居住地位置的角度来看，居住在城市、城乡接合部、农村的调查对象对该问题的认知存在显著差异（$X^2=8.058$，df=2，Sig=0.018），在0.05水平上显著。分析结果显示：居住在城乡接合部和农村的调查对象表示“满意”的比例（分别为70.6%和76.0%）明显高于居住在城市的调查对象表示“满意”的比例（62.6%）。由此我们可以推出结论：居住在城乡接合部和农村的居民对所在社区公共养老服务满意程度的评价高于居住在城市的居民。

（3）从政治面貌的角度来看，不同政治面貌的调查对象对该问题的认知存在显著差异（$X^2=20.419$，df=1，Sig=0.000），在0.01水平上显著。分析结果显示：中共党员的调查对象表示“满意”的比例（87.9%）明显高于非中共党员调查对象表示“满意”的比例（66.3%）。由此我们可以推出结论：中共党员对所在社区公共养老服务满意程度的评价高于非中共党员。

（4）从居住形式的角度来看，不同居住形式的调查对象对社区公共养老服务满意程度的认知存在显著差异（$X^2=9.548$，df = 1，Sig = 0.002），在0.01水平上显著。分析结果显示：居住形式为自有住房的调查对象表示“满意”的比例（73.0%）明显高于居住形式为非自有住房的调查对象表示“满意”的比例（50.0%）。由此我们可以推出结论：居住形式更稳定的居民对社区公共养老服务满意程度的评价更高。

（5）从居住时间的角度来看，不同居住时间的调查对象对该问题的认知存在显著差异（$X^2=9.284$，df = 2，Sig = 0.010），在0.05水平上显著。分析结果显示：居住时间在10年以上的调查对象表示“满意”的比例（76.6%）是最高的，其次是居住时间在3—10年的调查对象（比例为65.7%），居住时间不满3年的调查对象表示“满意”的比例（62.6%）是最低的。由此我们可以推出结论：居住时间越长，对居民社区养老服务满意程度评价就越高。

（6）从社区干部属性的角度来看，不同社区干部属性的调查对象对社区公共养老服务满意程度的认知存在显著差异（$X^2=3.419$，df = 1，Sig = 0.064），在0.1水平上显著。分析结果显示：当过社区干部的调查对象表示“满意”的比例（82.4%）明显高于没当过社区干部的调查对象（70.0%）。由此我们可以推出结论：当过社区干部的居民对社区公共养老服务满意程度的评价比没当过社区干部的居民更高。

（7）从月均收入的角度来看，不同月均收入的调查对象对该问题的认知存在显著差异（$X^2=23.883$，df = 2，Sig = 0.000），在0.01水平上显著。分析结果显示：月均收入3000元以上的调查对象表示“满意”的比例为75.2%，月均收入2000—3000元表示“满意”的比例为80.5%，而月均收入2000元以下的调查对象表示“满意”的比例为56.8%。由此我们可以推出结论：月均收入对居民所在社区养老服务满意程度评价的影响呈现先低后高最后又低的趋势。

表 3.6.4 调查对象对所在社区公共养老服务满意程度评价的显著性差异

		社区公共养老服务满意程度评价	
		不满意（%）	满意（%）
居住地属性	农村社区（364 人）	25.8	74.2
	城市社区（147 人）	36.1	63.9
	卡方检验 $X^2=5.348$，df = 1，Sig = 0.021		
居住地位置	城市（139 人）	37.4	62.6
	城乡接合部（109 人）	29.4	70.6
	农村（263 人）	24.0	76.0
	卡方检验 $X^2=8.058$，df = 2，Sig = 0.018		
政治面貌	中共党员（116 人）	12.1	87.9
	非中共党员（395 人）	33.7	66.3
	卡方检验 $X^2=20.419$，df = 1，Sig = 0.000		
居住形式	自有住房（471 人）	27.0	73.0
	非自有住房（40 人）	50.0	50.0
	卡方检验 $X^2=9.548$，df = 1，Sig = 0.002		
居住时间	不满 3 年（91 人）	37.4	62.6
	3—10 年（134 人）	34.3	65.7
	10 年以上（286 人）	23.4	76.6
	卡方检验 $X^2=9.284$，df = 2，Sig = 0.010		
社区干部属性	没有当过社区干部（460 人）	30.0	70.0
	当过社区干部（51 人）	17.6	82.4
	卡方检验 $X^2=3.419$，df = 1，Sig = 0.064		
月均收入	2000 元以下（155 人）	43.2	56.8
	2000—3000 元（154 人）	19.5	80.5
	3000 元以上（202 人）	24.8	75.2
	卡方检验 $X^2=23.883$，df = 2，Sig = 0.000		

第四章　社区治理能力评价

第一节　社区居民参与程度

党的十九大提出新的社会治理格局，要求社会治理重心逐渐向基层转移。社区是我国社会治理的最基本的单元，是沟通国家、社会以及个人的重要“桥梁”，也是实现我国治理体系和治理能力现代化的“关键一步”。社区居民是社区治理的主体之一，社区居民参与积极性不仅是社区治理的需要，也是加快社区整体治理能力提升的关键所在。因此，创新城市社会治理体系，打造自治共治、共建共享社会治理格局，需要居民的广泛参与。

各地在优化社区居民参与程度方面进行了各种尝试和探索，积累了丰富的实践经验，具体举措如下：

第一，增强居民社区参与意识。一方面，开展社区参与的宣传教育活动。全面、积极、深入、持续的宣传教育活动可以让居民深入了解社区组织活动的性质，社区居民参与程度的重要性，以及互相协调、互相帮助、互相交流沟通对于促进社区良好发展的重要意义；另一方面，建立社区参与奖励、激励制度，对积极参与社区组织活动的居民给予奖励，激发居民的社区参与积极性。

第二，完善社区现有条件，丰富社区组织活动形式。完善健全社区内基本设施设备，如基本的健身器材、文化娱乐活动室、快递签收柜等，满足居民的基本需要。首先，社区活动要创新工作方式和活动内容，让每个居民充分参与。其次，社区居民委员会的换届选举应该公开、公正、透明，让居民实时了解选举进度。最后，要开通咨询、举报渠道，杜绝不公平现象发生，让社区居民共同监督，使社区更好、更和谐发展。

第三，建立健全社区社会组织。社区工作人员可以通过志愿者团队的招募和建设，开展文体娱乐活动等，吸引社区居民来参与社区组织活动。一方面，充分利用社区现有资源，为社区居民提供便民利民服务；另一方面应争取实现多样化的社区服务模式，不断拓展社区服务的领域、范围，不断探究社区服务的新方法、新途径。此外，可以组建社区文体队伍，让社区文体主力军有机会参与社区组织活动，动员更多社区居民一起参与社区组织活动。社区文化是一个社区的灵魂所在，活动内容丰富多样、活动形式健康向上的社区组织活动不仅能促进邻里关系、和谐沟通，更是教育居民、培养居民的重要形式。

第四，社区工作人员定期考察评估居民需求。社区和谐良好发展需要遵循“以人为本”的工作原则，以社区居民的实际需求来组织社区活动。让社区居民自己成为社区组织活动的主力军，让他们自由发挥自己的特长，减轻社区居民的不自在感，消除社区居民“不自由、被束缚”的想法。让居民参与社区组织活动的设计、计划、实施过程，真正做到民主，同时让居民理解社区工作人员的工作处境，互相理解、互相沟通。

第五，完善居民社区参与制度保障。建立健全社区内各类活动的预告和通知机制。社区内大小各类活动和重大事项贴于公告栏，确保社区居民的知情权。尊重民主决策，社区内大小事务决策过程公开、透明，让居民实时跟进了解。听取社区居民提供的关于社区参与的实质性意见或者建议，营造民主、和谐的社区氛围。健全落实民主监督。充分听取、采纳社区居民的建议和意见，所有事务执行公开透明制度，准时、及时公开重要事项的实施过程、决策结果，社区工作人员主动接受社区居民的监督，以发展更优质的社区服务系统和社区组织活动。

为更好地了解调查对象对所在社区居民参与程度的看法，课题组在调查问卷中设置了相关问题，让调查对象对社区居民参与程度作出评价。问卷调查结果见表4.1.1：47.4%的调查对象表示“很符合”，34.2%的调查对象表示“比较符合”，12.9%的调查对象表示“一般”，只有5.5%的调查对象表示“不太符合”和“很不符合”。由此可以判断出：从总体上来说，调查对象对所在社区居民参与程度评价是很高的。

表 4.1.1 调查对象对所在社区居民参与程度的评价

	样本数（人）	比例（%）
很符合	242	47.4
比较符合	175	34.2
一般	66	12.9
不太符合	17	3.3
很不符合	11	2.2
合计	511	100.0

通过将调查对象的性别、年龄、婚姻状况、户籍类型、居住地属性、居住地位置、政治面貌、居住形式、居住结构、居住时间、受教育程度、社区干部属性、月均收入、家庭年收入等特征与调查对象对所在社区居民参与程度的评价进行交互分析[①]，结果见表 4.1.2：调查对象的性别、居住地属性、居住地位置、政治面貌、居住形式、居住时间、月均收入与该问题的交互分析存在显著性差异。具体来说：

（1）从性别的角度来看，不同性别的调查对象对该问题的认知存在显著差异（$X^2=4.211$，df = 1，Sig = 0.040），在 0.05 水平上显著。分析结果显示：男性调查对象表示“符合”的比例（84.8%）高于女性调查对象表示“符合”的比例（77.8%）。由此我们可以推出结论：男性对所在社区居民参与程度的评价高于女性。

（2）从居住地属性的角度来看，农村社区和城市社区的调查对象对该问题的认知存在显著差异（$X^2=9.098$，df = 1，Sig = 0.003），在 0.01 水平上显著。分析结果显示：农村社区的调查对象表示“符合”的比例（84.9%）明显高于城市社区调查对象表示“符合”的比例（73.5%）。由此我们可以推出结论：农村社区居民对所在社区居民参与程度的评价高于城市社区居民。

（3）从居住地位置的角度来看，居住在城市、城乡接合部、农村的调查对象对该问题的认知存在显著差异（$X^2=10.753$，df = 2，Sig = 0.005），在 0.1 水平上显著。分析结果显示：居住在城乡接合部和农村的调查对象表示

① 在进行交互分析时，为了使比较的效果更好，课题组对问题的各个选项进行了整合，将“很符合”“比较符合”整合为“符合”，将“一般”“不太符合”“很不符合”整合为“不符合”。课题组对本章中的其他交互分析都作了同样处理。

“符合”的比例（分别为82.6%和85.9%）明显高于居住在城市的调查对象表示“符合”比例（72.7%）。由此我们可以推出结论：居住在城乡接合部和农村的居民对所在社区居民参与程度的评价高于居住在城市的居民。

（4）从政治面貌的角度来看，不同政治面貌的调查对象对该问题的认知存在显著差异（$X^2=7.941$，df=1，Sig=0.005），在0.01水平上显著。分析结果显示：中共党员的调查对象表示“符合”的比例（90.5%）明显高于非中共党员调查对象表示“符合”的比例（79.0%）。由此我们可以推出结论：中共党员对所在社区居民参与程度的评价高于非中共党员。

（5）从居住形式的角度来看，不同居住形式的调查对象对该问题的认知存在显著差异（$X^2=3.893$，df=1，Sig=0.048），在0.05水平上显著。分析结果显示：居住形式为自有住房的调查对象表示“符合”的比例（86.8%）明显高于非自有住房的调查对象表示“符合”比例（82.8%）。由此我们可以推出结论：居住形式为自有住房的居民对所在社区居民参与程度的评价高于非自有住房居民。

（6）从居住时间的角度来看，不同居住时间的调查对象对该问题的认知存在显著差异（$X^2=11.685$，df=2，Sig=0.003），在0.01水平上显著。分析结果显示：居住时间在10年以上的调查对象表示“符合”的比例（86.0%）是最高的，其次是居住时间在3—10年的调查对象（比例为79.9%），居住时间不满3年的调查对象表示“符合”的比例（70.3%）是最低的。由此我们可以推出结论：居住时间对所在社区居民参与程度的评价随着居住时间的增加而增高的趋势。

（7）从月均收入的角度来看，不同月均收入的调查对象对该问题的认知存在显著差异（$X^2=14.807$，df=2，Sig=0.001），在0.01水平上显著。分析结果显示：月均收入3000元以上的调查对象表示“符合”的比例（86.1%）是最高的，其次是月均收入2000—3000元的调查对象（比例为85.7%），月均收入2000元以下的调查对象表示“符合”的比例（71.6%）是最低的。由此我们可以推出结论：月均收入越高的居民对所在社区居民参与程度的评价也越高。

表 4.1.2　调查对象对所在社区居民参与程度评价的显著性差异

		社区居民参与程度评价	
		不符合（%）	符合（%）
性别	男（277 人）	15.2	84.8
	女（234 人）	22.2	77.8
	卡方检验　$X^2=4.211$，df = 1，Sig = 0.040		
居住地属性	农村社区（364 人）	15.1	84.9
	城市社区（147 人）	26.5	73.5
	卡方检验　$X^2=9.098$，df = 1，Sig = 0.003		
居住地位置	城市（139 人）	27.3	72.7
	城乡接合部（109 人）	17.4	82.6
	农村（263 人）	14.1	85.9
	卡方检验　$X^2=10.753$，df = 2，Sig = 0.005		
政治面貌	中共党员（116 人）	9.5	90.5
	非中共党员（395 人）	21.0	79.0
	卡方检验　$X^2=7.941$，df = 1，Sig = 0.005		
居住形式	自有住房（471 人）	13.2	86.8
	非自有住房（40 人）	17.2	82.8
	卡方检验　$X^2=3.893$，df = 1，Sig = 0.048		
居住时间	不满 3 年（91 人）	29.7	70.3
	3—10 年（134 人）	20.1	79.9
	10 年以上（286 人）	14.0	86.0
	卡方检验　$X^2=11.685$，df = 2，Sig = 0.003		
月均收入	2000 元以下（155 人）	28.4	71.6
	2000—3000 元（154 人）	14.3	85.7
	3000 元以上（202 人）	13.9	86.1
	卡方检验　$X^2=14.807$，df = 2，Sig = 0.001		

第二节　社区民主协商程度

早在2015年，中共中央就出台了《关于加强社会主义协商民主建设的意见》。党的十九届四中全会把它和社会治理体系更加有机地融合起来，提出“完善党委领导、政府负责、民主协商、社会协同、公众参与、法治保障、科技支撑的社会治理体系”，新的体系中增加了“民主协商、科技支撑”。[①] 社区民主协商是党和政府为引导居民在社区治理上实现自我管理、自我服务、自我教育、自我监督而设立的，通过理性讨论使居民的思想发生变化，最后由居民针对社区内公共事务商讨出解决问题的方案。

社区民主协商，也就是基层协商，具有以下几个鲜明的特点：

第一，社区的民主协商是全过程民主的发端。2019年11月，习近平总书记在上海市长宁区虹桥街道古北市民中心考察社区治理和服务的情况。古北社区是上海第一代国际社区，古北市民议事会正在召开一场别开生面的法律草案意见建议的征询会。习近平总书记和参加征询会的中外居民代表亲切交流，询问了他们的征集的意见情况。习总书记说，中国的民主是全过程的民主。社区民主协商是民主的群众参与基础，是全过程民主的开端，也是政治参与的开端。社区民主协商可以体现出每一位居民的参与意识和参与能力，代表更广泛的民意，激发居民的主人翁意识，通过制度渠道实现更高层次的参与[②]。

第二，社区的民主协商是积累社会资本的有效途径。社会资本的3个关键词就是信任、规范和网络。基层民主协商是构建信任很好的方式，大家对一件涉及大家的事情进行协商，可以很好地促进沟通、协作；协商也是有规范、规则的，民主协商会发育出鲜明的社区文化，人人有责、人人尽责、人人享有就不会是空话。基层民主协商可以有力地促进社会资本的积累。

第三，社区民主协商可以促进社区居民的社区意识、国家意识和政治意识。社区的民主协商是非常务实的、可以体验的民主，协商的都是社区居民

---

① 《中国共产党第十九届中央委员会第四次全体会议公报》，人民出版社，2019年版。

② 跟着习主席去看看上海这几个地方有何特别？. 海外网——看看新闻网，http://china. huanqiu. com/article/9CakrnKoKOy. html，2020 - 01 - 07.

的身边事、具体事，这样的民主对于老百姓来讲是看得见、摸得着、身处其中体验得到的。

第四，社区的民主协商是可以大胆创新的领域。2015年《中共中央关于加强社会主义协商民主建设的意见》之中把7种协商渠道分为3类，其中第二类是“积极开展”类，这里面就有基层协商。社区民主协商就是基层协商。社区民主协商主要协商的都是老百姓的身边事、具体事，涉及老百姓的具体利益、具体体验，包容性很强，不大可能犯严重错误，所以可以大胆创新。安徽等全国很多地方都在推“社区协商示范点”，取得了很多成功经验。

社区民主协商的内容主要是涉及共有物权（特定范围特定人群共有）的事，不是公共物权、私人物权的公共品是民主协商的核心内容。社区的大多数事既不是政府的，也不是私人的，而是社区居民共有的，像楼道、小花园等公共部位，维修基金等公共资金，宠物扰民等公共话题……这样的事由不得政府强制，需要大家民主协商、达成共识、一起推动。民主协商的内容不涉及国家大政方针政策，可以交给老百姓来协商自治，有钱出钱，有力出力，可以有效地降低社区治理成本，是社区治理应该强化的事。成都市推动院落自治十几年之后，群访事件是各个大城市最低的，就是因为成都市大力地推动基层民主协商，推进“还权、赋能、归位”，把居民应有的权利还给居民，让他们民主协商，提升他们民主协商的能力[①]。

社区民主协商既充分调动了居民参与社区治理的积极性和主动性，有效落实了居民的知情权、参与权、管理权和监督权，又做到了急群众之所急、想群众之所想、解群众之所难，切实解决了服务居民的“最后一公里”。各地的实践经验表明，优化社区民主协商，需要做到：

第一，社区民主协商应该是真正的全过程的民主，不能有利的就协商，不利的就不协商，或者前期征求意见协商，后面就不管不顾自说自话了，这不符合社区治理的规律。要尊重每一个参与者、议事者，不能形式主义，要促进真正的民主参与。

第二，协商要能落地、有实效。“协商于民”最终还是要“协商为民”。协商要能改变社区，解决难题。如果协商没有作用了，大家就都不愿意参与了。

---

① 如何做好社区的民主协商？［EB/OL］. 社工周刊，https://www.socialworkweekly.cn/thingking/11152.html，2019－11－24.

第三，要有一系列的制度创新，包括议事制度。一些好的案例、好的技术要总结经验，大力推广，支持专业的民主协商机构的发展，促进社区民主协商的整体能力和水平不断提升。

为更好地了解调查对象对所在社区民主协商程度的看法，课题组在调查问卷中设置了相关问题，让调查对象对社区居民民主协商程度作出评价。问卷调查结果见表4.2.1：42.9%的调查对象表示“很符合”，36.0%的调查对象表示“比较符合”，12.9%的调查对象表示“一般”，只有8.2%的调查对象表示“不太符合”和“很不符合”。由此可以判断出：从总体上来说，调查对象对所在社区民主协商程度的评价是较高的。

表4.2.1　调查对象对所在社区民主协商程度的评价

	样本数（人）	比例（%）
很符合	219	42.9
比较符合	184	36.0
一般	66	12.9
不太符合	24	4.7
很不符合	18	3.5
合计	511	100.0

通过将调查对象的性别、年龄、婚姻状况、户籍类型、居住地属性、居住地位置、政治面貌、居住形式、居住结构、居住时间、受教育程度、社区干部属性、月均收入、家庭年收入等特征与调查对象对所在社区民主协商程度的评价进行交互分析，结果见表4.2.2：居住地属性、居住地位置、政治面貌、居住形式、月均收入和家庭年收入与该问题的交互分析存在显著性差异。具体来说：

（1）从居住地属性的角度来看，农村社区和城市社区的调查对象对该问题的认知存在显著差异（$X^2=6.847$，$df=1$，$Sig=0.009$），在0.01水平上显著。分析结果显示：农村社区的调查对象表示“符合”的比例（81.9%）明显高于城市社区调查对象表示“符合”的比例（71.4%）。由此我们可以推出结论：农村社区居民对所在社区民主协商程度的评价高于城市社区居民。

（2）从居住地位置的角度来看，居住在城市、城乡接合部、农村的调查对象对该问题的认知存在显著差异（$X^2=6.754$，$df=2$，$Sig=0.034$），在

0.05 水平上显著。分析结果显示：居住在城乡接合部和农村的调查对象表示“符合”的比例（分别为 76.1% 和 83.3%）明显高于居住在城市的调查对象表示“符合”的比例（72.7%）。由此我们可以推出结论：居住在城乡接合部和农村的居民对社区民主协商程度的评价高于居住在城市的居民。

（3）从政治面貌的角度来看，不同政治面貌的调查对象对该问题的认知存在显著差异（$X^2=12.224$，df = 1，Sig = 0.000），在 0.01 水平上显著。分析结果显示：中共党员的调查对象表示“符合”的比例（90.5%）明显高于非中共党员调查对象表示“符合”的比例（75.4%）。由此我们可以推出结论：中共党员对社区民主协商程度的评价高于非中共党员。

（4）从居住形式的角度来看，不同居住形式的调查对象对该问题的认知存在显著差异（$X^2=3.363$，df = 1，Sig = 0.067），在 0.1 水平上显著。分析结果显示：居住形式为自有住房的调查对象表示“符合”的比例（79.8%）明显高于非自有住房的调查对象表示“符合”的比例（67.5%）。由此我们可以推出结论：居住形式为自有住房的居民对社区民主协商程度的评价高于非自有住房居民。

（5）从月均收入的角度来看，不同月均收入的调查对象对该问题的认知存在显著差异（$X^2=11.399$，df = 2，Sig = 0.003），在 0.01 水平上显著。分析结果显示：月均收入 2000—3000 元的调查对象表示“符合”的比例（83.8%）是最高的，其次是月均收入 3000 元以上的调查对象（比例为 82.2%），月均收入 2000 元以下的调查对象表示“符合”的比例（69.7%）是最低的。由此我们可以推出结论：月均收入对居民对社区民主协商程度的评价的影响呈现出先低后高再低的趋势。

（6）从家庭年收入的角度来看，不同家庭年收入的调查对象对该问题的认知存在显著差异（$X^2=4.866$，df = 2，Sig = 0.088），在 0.1 水平上显著。分析结果显示：家庭年收入在 10 万元以上的调查对象表示“符合”的比例（87.5%）是最高的，其次是家庭年收入 5 万—10 万元的调查对象（比例是 80.4%），家庭年收入在 5 万元以下的调查对象表示“符合”的比例（75.5%）是最低的。由此我们可以推出结论：家庭年收入越高的居民对社区民主协商程度的评价也越高。

表 4.2.2　调查对象对所在社区民主协商程度的评价的显著性差异

		社区民主协商程度评价	
		不符合（%）	符合（%）
居住地属性	农村社区（364 人）	18.1	81.9
	城市社区（147 人）	28.6	71.4
	卡方检验　$X^2=6.847$，df = 1，Sig = 0.009		
居住地位置	城市（139 人）	27.3	72.7
	城乡接合部（109 人）	23.9	76.1
	农村（263 人）	16.7	83.3
	卡方检验　$X^2=6.754$，df = 2，Sig = 0.034		
政治面貌	中共党员（116 人）	9.5	90.5
	非中共党员（395 人）	24.6	75.4
	卡方检验　$X^2=12.224$，df = 1，Sig = 0.000		
居住形式	自有住房（471 人）	20.2	79.8
	非自有住房（40 人）	32.5	67.5
	卡方检验　$X^2=3.363$，df = 1，Sig = 0.067		
月均收入	2000 元以下（155 人）	30.3	67.9
	2000—3000 元（154 人）	16.2	83.8
	3000 元以上（202 人）	17.8	82.2
	卡方检验　$X^2=11.399$，df = 2，Sig = 0.003		
家庭年收入	5 万元以下（253 人）	24.5	75.5
	5 万—10 万元（194 人）	19.6	80.4
	10 万元以上（64 人）	12.5	87.5
	卡方检验　$X^2=4.866$，df = 2，Sig = 0.088		

第三节　社区人才队伍建设

习近平总书记强调要加大改革落实工作力度，把《关于深化人才发展体制机制改革的意见》落到实处，聚天下英才而用之。融合社区人才进入社区治理和管理，为社区工作注入新活力，是拓展基层社区工作的一个重要课题。社区人才队伍建设始终要坚持党管人才原则，充分发挥党组织在人才培养、引进、使用、评价、激励中的主导作用，给予社区人才一定的发展和创新空间和平台，更加有效地发挥他们的优势。

社区人才队伍建设包括：社区党支部的党员干部队伍建设，社区管理的专职人才队伍建设，社区群众团队建设。三者融合的社区人才队伍建设是社区自治管理的重要保障①。

第一，社区党支部的党员干部队伍建设。社区党员干部是人民群众的表率，要加强党员干部以问题为导向的实干精神，保持亲民。没有与老百姓零距离地接触，不能深刻理解老百姓的酸甜苦辣，不能真切体会老百姓的艰难困苦，就不能为老白姓办实事。“得民心者得天下”，只有真正跟群众摸爬滚打过的人，才能融入群众当中，赢得群众的支持与信任。只有通过在基层的历练，才能处理好新时期的“鱼水”关系，才能当好党和人民联系的纽带，推动社区的各项工作。

第二，社区管理的专职人才队伍建设。社区专职工作人员的培养要拓展渠道，优化方式，提高其专职人员的素质，给予社区人才多方式的引导和鼓励，让他们自己探索工作中的潜能和岗位的优势，激发他们对工作的热情。同时注重其个体差异、能力趋向，适合个性化发展，优化人才的长处、弥补弱势，最大限度地发挥人才作用。社区基层工作是开展人的工作，它更具有灵活性、多样性，它需要多元化的人才去充实、完善，不应该将社区工作模式化，更要注重个性、注重特色，这才是基层社区工作的创新发展之路。

第三，社区群众团队建设。群众人才团队的建设至关重要。社区是居民生活的地方，应该形成良好的居民自治环境。社区就是一个小社会，社区群众团队是社区建设的人才。要引导社区群众团队发挥积极作用，形成一套长效管理机制。

山东省淄博市张店区公园街道为适应新形势下的社区建设，努力建设一支素质高、能力强、作风扎实、热心为民的社区工作者队伍，“五步走”强化社区人才队伍建设的尝试和探索，取得了显著的成效。

第一，建立优中择优的人才选拔机制。坚持知事识人、依事择人，把年龄、学历、履历、政治倾向、工作表现、工作能力、服务态度等作为核心要

① 社区基层人才队伍的创新活力［EB/OL］. 人民网——上海频道，http://sh.people.com.cn/n2/2016/0527/c373056-28413246.html，2016-05-27.

素综合考察，严堵说情风；采取自愿报名一批、社区上报一批、街道统筹一批、事业需要一批的方式，科学确定参训名单；坚持事业为上、公道正派、按需培训，重点考虑“该训谁”而不是“谁该训”，不搞将就凑合、论资排辈、内部平衡，不搞安慰性、安置性、照顾性安排；围绕发现、储备、培养、使用，形成全链条的制度举措，坚持全方位、多角度、近距离考察识别，全面地、辩证地、历史地客观选拔，打造一支数量充足、结构合理、素质优良的后备干部队伍，逐步改善社区工作者上岗走过场、到岗瞎摸索、疑问无处解等旧习，切实解决社区工作者后继乏人急拿现找、矮中选高、降格以求、新老交替不畅、到岗工作不顺、班子服务意识弱化等疑难杂症，在更大范围、更宽视野把更合适的人选出来。

第二，开展科学专业的社区人才培训工作。设立专业化岗位培训，全方位拓展培训内容：拓展到城市社区管理、城市居民工作等各个领域；培训的方式多元化，不仅做到对书面知识的培训，更拓展到以科学为导向的业务知识培训、实践操作培训。街道创新思路，针对社工年龄、教育、面对群众层次不同等，先后聘请不同的专业人员对社区工作者开展包含社区管理、矛盾化解、社区矫正与老年人服务、残疾人服务等各类培训 14 次，参学人员累计达 80 余人次。还邀请了全区优秀社会工作人才、社会学领域的学者专家为社会工作人才进行了专业培训。街道不断完善社会人才培训长效机制，将社会工作人才培育工作列入年度主要工作任务，鼓励和支持社区工作人员参加全国社会工作者职业水平考试。

第三，建立综合客观的人才考评机制。健全考核管理体系，通过采取年度考核与日常考核、定量考核与定性考核、主管部门考评与群众评议相结合的方式，对社区专职工作人员实施综合考核，考核结果作为续约、解聘、奖惩和岗位调整的重要依据。逐步加大居民满意度测评在考核中的权重，社区工作者的业绩由居民说了算。首先是明确社区工作考核标准。在社区工作人员队伍中建立目标管理责任制，使得工作职责分配更加明确，充分落实到每一名社区工作人员中，以免出现推诿、重复现象。建立逐级负责制，充分调动本社区所拥有的各项资源，建立健全居民参与机制。其次是公平应用考核结果。奖励或提升优秀的社区工作人员，淘汰那些不适合社区工作的工作人员。

第四，建立多岗锻炼的人才轮换机制。遵循“一专多能、一岗多责”的原则，鼓励社区工作者在社区内不同岗位、不同网格交流或跨社区交流，实现了由专职型人才向复合型人才的转变。坚持缺什么练什么，把轮岗实践锻炼作为重要手段，既重视安排优秀社区干部到情况最复杂、矛盾最突出的社区和岗位摔打锻炼，更注重随时开展思想交锋，就服务群众和复杂敏感的问题表明立场、亮明态度，在举旗亮剑中增强与歪风邪气、不良风气作斗争的本领，弥补知识弱项、能力短板、经验盲区；坚持弱什么补什么，把换岗交流培养作为重要方式，加大机关和社区、先进社区与后进社区、社区与企业之间等交流培训的力度，健全双向交流、柔性流动机制，推动社区干部骨干在干中学、在干中提升，实现学做互进、德才相长。

第五，建立多措并举的人才激励机制。"三激励"，以精神、岗位、物质三激励方式吸引人才、留住人才。依托社区骨干教育培训中长期规划和年度计划，明确阶段性目标任务，使社区干部长远发展有目标、有动力、有方法、有激励、有监督、有保障，做到责权利相结合、奖惩分明。改进业绩考核办法，注重专业能力测评，强化约束、评价和激励功能，量才施用、以事用人、用当其时。定期对社区基层工作人员开展思想教育工作，努力提高他们的思想道德修养和文化素养，树立正确的三观①。

为更好地了解调查对象对所在社区人才队伍建设的看法，课题组在调查问卷中设置了相关问题，让调查对象对社区人才队伍作出评价。问卷调查见表4.3.1：40.1%的调查对象表示"很符合"，35.4%的调查对象表示"比较符合"，18.2%的调查对象表示"一般"，只有6.3%的调查对象表示"不太符合"和"很不符合"。由此可以判断出：从总体上来说，调查对象对所在社区人才队伍建设的评价是很高的。

表4.3.1　调查对象对所在社区人才队伍建设的评价

	样本数（人）	比例（%）
很符合	205	40.1
比较符合	181	35.4
一般	93	18.2

① 公园街道."五步走"强化社区人才队伍建设［EB/OL］.张店区人民政府网——公园街道办事处，http://www.zhangdian.gov.cn/art/2019/11/11/art_6430_1795171.html，2019-11-11.

续表

	样本数（人）	比例（%）
不太符合	19	3.7
很不符合	13	2.6
合计	511	100.0

通过将调查对象的性别、年龄、婚姻状况、户籍类型、居住地属性、居住地位置、政治面貌、居住形式、居住结构、居住时间、受教育程度、社区干部属性、月均收入、家庭年收入等特征与调查对象对所在社区人才队伍的评价进行交互分析，结果见表4.3.2：性别、居住地属性、居住地位置、政治面貌、居住结构、居住时间和月均收入与该问题的交互分析存在显著性差异。具体来说：

（1）从性别的角度来看，不同性别的调查对象对该问题的认知存在显著差异（$X^2=6.946$，df = 1，Sig = 0.008），在0.01水平上显著。分析结果显示：男性调查对象表示“符合”的比例（80.1%）高于女性调查对象表示“符合”的比例（70.1%）。由此我们可以推出结论：男性对所在社区人才队伍建设的评价高于女性。

（2）从居住地属性的角度来看，农村社区和城市社区的调查对象对该问题的认知存在显著差异（$X^2=7.493$，df = 1，Sig = 0.006），在0.01水平上显著。分析结果显示：农村社区的调查对象表示“符合”的比例（78.8%）明显高于城市社区调查对象表示“符合”的比例（67.3%）。由此我们可以推出结论：农村社区居民对所在社区人才队伍建设的评价高于城市社区居民。

（3）从居住地位置的角度来看，居住在城市、城乡接合部、农村的调查对象对该问题的认知存在显著差异（$X^2=6.491$，df = 2，Sig = 0.039），在0.05水平上显著。分析结果显示：居住在城乡接合部和农村的调查对象表示“符合”的比例（分别为78.0%和78.7%）明显高于居住在城市的调查对象表示“符合”的比例（67.6%）。由此我们可以推出结论：居住在城乡接合部和农村的居民对所在社区人才队伍建设的评价高于居住在城市的居民。

（4）从政治面貌的角度来看，不同政治面貌的调查对象对该问题的认知存在显著差异（$X^2=6.498$，df = 1，Sig = 0.011），在0.05水平上显著。分析结果显示：中共党员的调查对象表示“符合”的比例（84.5%）明显高于非中共党员调查对象表示“符合”的比例（72.9%）。由此我们可以推出结论：中共党员对社区人才队伍建设的评价高于非中共党员。

（5）从居住结构的角度来看，不同居住结构的调查对象对该问题的认知存在显著差异（$X^2=5.232$，$df=1$，$Sig=0.022$），在0.05水平上显著。分析结果显示：居住结构为单独居住的调查对象表示“符合”的比例（88.5%）明显高于非单独居住的调查对象表示“符合”的比例（74.1%）。由此我们可以推出结论：居住结构为单独居住的居民对社区人才队伍建设的评价高于非单独居住的居民。

（6）从居住时间的角度来看，不同居住时间的调查对象对该问题的认知存在显著差异（$X^2=5.694$，$df=2$，$Sig=0.058$），在0.1水平上显著。分析结果显示：居住时间在10年以上的调查对象表示“符合”的比例（79.4%）是最高的，其次是居住时间在3—10年的调查对象（比例为72.4%），居住时间不满3年的调查对象表示“符合”的比例（68.1%）是最低的。由此我们可以推出结论：居住时间对所在社区人才队伍建设的评价表现出随着居住时间的增加而增高的趋势。

（7）从月均收入的角度来看，不同月均收入的调查对象对该问题的认知存在显著差异（$X^2=10.353$，$df=2$，$Sig=0.006$），在0.01水平上显著。分析结果显示：月均收入2000—3000元的调查对象表示“符合”的比例（81.2%）是最高的，其次是月均收入3000元以上的调查对象（比例为78.2%），月均收入2000元以下的调查对象表示“符合”的比例（66.5%）是最低的。由此我们可以推出结论：月均收入对居民对社区人才队伍建设的评价的影响呈现出先低后高再低的趋势。

表4.3.2　调查对象对所在社区人才队伍建设评价的显著性差异

		社区人才队伍建设评价	
		不符合（%）	符合（%）
性别	男（277人）	19.9	80.1
	女（234人）	29.9	70.1
	卡方检验　$X^2=6.946$，$df=1$，$Sig=0.008$		

续表

		社区人才队伍建设评价	
		不符合（%）	符合（%）
居住地属性	农村社区（364 人）	21.2	78.8
	城市社区（147 人）	32.7	67.3
	卡方检验　$X^2=7.493$，df=1，Sig=0.006		
居住地位置	城市（139 人）	32.4	67.6
	城乡接合部（109 人）	22.0	78.0
	农村（263 人）	21.3	78.7
	卡方检验　$X^2=6.491$，df=2，Sig=0.039		
政治面貌	中共党员（116 人）	15.5	84.5
	非中共党员（395 人）	27.1	72.9
	卡方检验　$X^2=6.498$，df=1，Sig=0.011		
居住结构	单独居住（52 人）	11.5	88.5
	非单独居住（459 人）	25.9	74.1
	卡方检验　$X^2=5.232$，df=1，Sig=0.022		
居住时间	不满 3 年（91 人）	31.9	68.1
	3—10 年（134 人）	27.6	72.4
	10 年以上（286 人）	20.6	79.4
	卡方检验　$X^2=5.694$，df=2，Sig=0.058		
月均收入	2000 元以下（155 人）	33.5	66.5
	2000—3000 元（154 人）	18.8	81.2
	3000 元以上（202 人）	21.8	78.2
	卡方检验　$X^2=10.353$，df=2，Sig=0.006		

第四节　社区信息化程度

为更好地了解调查对象对所在社区信息化程度的看法，课题组在调查问卷中设置了相关问题，让调查对象对社区信息化程度作出评价。问卷调查结果见表4.4.1：46.2%的调查对象表示“很符合”，34.1%的调查对象表示“比较符合”，14.1%的调查对象表示“一般”，只有5.6%的调查对象表示

“不太符合”和“很不符合”。由此可以判断出：从总体上来说，调查对象对所在社区信息化程度的评价是很高的。

表 4.4.1　调查对象对所在社区信息化程度的评价

	样本数（人）	比例（%）
很符合	236	46.2
比较符合	174	34.1
一般	72	14.1
不太符合	23	4.5
很不符合	6	1.1
合计	511	100.0

通过将调查对象的性别、年龄、婚姻状况、户籍类型、居住地属性、居住地位置、政治面貌、居住形式、居住结构、居住时间、受教育程度、社区干部属性、月均收入、家庭年收入等特征与调查对象对社区信息化程度的评价进行交互分析，结果见表 4.4.2：性别、居住地属性、居住地位置、政治面貌和月均收入与该问题的交互分析存在显著性差异。具体来说：

（1）从性别的角度来看，不同性别的调查对象对该问题的认知存在显著差异（$X^2=3.806$，df = 1，Sig = 0.051），在 0.1 水平上显著。分析结果显示：男性调查对象表示“符合”的比例（83.4%）高于女性调查对象表示“符合”的比例（76.5%）。由此我们可以推出结论：男性对所在社区信息化程度的评价高于女性。

（2）从居住地属性的角度来看，农村社区和城市社区的调查对象对该问题的认知存在显著差异（$X^2=3.801$，df = 1，Sig = 0.051），在 0.1 水平上显著。分析结果显示：农村社区的调查对象表示“符合”的比例（82.4%）明显高于城市社区调查对象表示“符合”的比例（74.8%）。由此我们可以推出结论：农村社区居民对所在社区信息化程度的评价高于城市社区居民。

（3）从居住地位置的角度来看，居住在城市、城乡接合部、农村的调查对象对该问题的认知存在显著差异（$X^2=5.783$，df = 2，Sig = 0.056），在 0.1 水平上显著。分析结果显示：居住在城乡接合部和农村的调查对象表示“符合”的比例（分别为 81.7% 和 83.3%）明显高于居住在城市的调查对象表示“符合”比例（73.4%）。由此我们可以推出结论：居住在城乡接合部和农村的居民对所在社区信息化程度的评价高于居住在城市的居民。

（4）从政治面貌的角度来看，不同政治面貌的调查对象对该问题的认知存在显著差异（$X^2=13.641$，$df=1$，$Sig=0.000$），在0.01水平上显著。分析结果显示：中共党员的调查对象表示“符合”的比例（92.2%）明显高于非中共党员调查对象表示“符合”的比例（76.7%）。由此我们可以推出结论：中共党员对社区信息化程度的评价高于非中共党员。

（5）从月均收入的角度来看，不同月均收入的调查对象对该问题的认知存在显著差异（$X^2=8.044$，$df=2$，$Sig=0.018$），在0.05水平上显著。分析结果显示：月均收入2000—3000元的调查对象表示“符合”的比例（86.4%）是最高的，其次是月均收入3000元以上的调查对象（比例为80.7%），月均收入2000元以下的调查对象表示“符合”的比例（73.5%）是最低的。由此我们可以推出结论：月均收入对居民对社区信息化程度的评价的影响呈现出先低后高再低的趋势。

表4.4.2　调查对象对所在社区信息化程度评价的显著性差异

		社区信息化程度评价	
		不符合（%）	符合（%）
性别	男（277人）	16.6	83.4
	女（234人）	23.5	76.5
	卡方检验　$X^2=3.806$，$df=1$，$Sig=0.051$		
居住地属性	农村社区（364人）	17.6	82.4
	城市社区（147人）	25.2	74.8
	卡方检验　$X^2=3.801$，$df=1$，$Sig=0.051$		
居住地位置	城市（139人）	26.6	73.4
	城乡接合部（109人）	18.3	81.7
	农村（263人）	16.7	83.3
	卡方检验　$X^2=5.783$，$df=2$，$Sig=0.056$		
政治面貌	中共党员（116人）	7.8	92.2
	非中共党员（395人）	23.3	76.7
	卡方检验　$X^2=13.641$，$df=1$，$Sig=0.000$		

续表

		社区信息化程度评价	
		不符合（%）	符合（%）
月均收入	2000 元以下（155 人）	26.5	73.5
	2000—3000 元（154 人）	13.6	86.4
	3000 元以上（202 人）	19.3	80.7
	卡方检验　$X^2=8.044$，df = 2，Sig = 0.018		

第五节　社区法治化程度

为更好地了解调查对象对所在社区法治化程度的看法，课题组在调查问卷中设置了相关问题，让调查对象对社区法治化程度作出评价。问卷调查结果见表 4.5.1：50.9% 的调查对象表示"很符合"，31.1% 的调查对象表示"比较符合"，11.2% 的调查对象表示"一般"，只有 6.8% 的调查对象表示"不太符合"和"很不符合"。由此可以判断出：从总体上来说，调查对象对所在社区法治化程度的评价是很高的。

表 4.5.1　调查对象对所在社区法治化程度的评价

	样本数（人）	比例（%）
很符合	260	50.9
比较符合	159	31.1
一般	57	11.2
不太符合	20	3.9
很不符合	15	2.9
合计	511	100.0

通过将调查对象的性别、年龄、婚姻状况、户籍类型、居住地属性、居住地位置、政治面貌、居住形式、居住结构、居住时间、受教育程度、社区干部属性、月均收入、家庭年收入等特征与调查对象对社区法治化程度的评价进行交互分析，结果见表 4.5.2：居住地属性、居住地位置、政治面貌、居住形式、居住时间和月均收入与该问题的交互分析存在显著性差异。具体来说：

（1）从居住地属性的角度来看，农村社区和城市社区的调查对象对该问题的认知存在显著差异（$X^2=7.179$，df = 1，Sig = 0.007），在 0.01 水平上显著。分析结果显示：农村社区的调查对象表示“符合”的比例（84.9%）明显高于城市社区调查对象表示“符合”的比例（74.8%）。由此我们可以推出结论：农村社区居民对所在社区法治化程度的评价高于城市社区居民。

（2）从居住地位置的角度来看，居住在城市、城乡接合部、农村的调查对象对该问题的认知存在显著差异（$X^2=6.902$，df = 2，Sig = 0.033），在 0.05 水平上显著。分析结果显示：居住在城乡接合部和农村的调查对象表示“符合”的比例（分别为 80.7% 和 85.9%）明显高于居住在城市的调查对象表示“符合”的比例（75.5%）。由此我们可以推出结论：居住在城乡接合部和农村的居民对所在社区法治化的评价高于居住在城市的居民。

（3）从政治面貌的角度来看，不同政治面貌的调查对象对该问题的认知存在显著差异（$X^2=10.670$，df = 1，Sig = 0.000），在 0.01 水平上显著。分析结果显示：中共党员的调查对象表示“符合”的比例（92.2%）明显高于非中共党员调查对象表示“符合”的比例（79%）。由此我们可以推出结论：中共党员对社区法治化程度的评价高于非中共党员。

（4）从居住形式的角度来看，不同居住形式的调查对象对该问题的认知存在显著差异（$X^2=4.230$，df = 1，Sig = 0.040），在 0.05 水平上显著。分析结果显示：居住形式为自有住房的调查对象表示“符合”的比例（83.0%）明显高于非自有住房的调查对象表示“符合”的比例（70.0%）。由此我们可以推出结论：居住形式为自有住房的居民对社区法治化程度的评价高于非自有住房居民。

（5）从居住时间的角度来看，不同居住时间的调查对象对该问题的认知存在显著差异（$X^2=6.625$，df = 2，Sig = 0.036），在 0.05 水平上显著。分析结果显示：居住时间在 10 年以上的调查对象表示“符合”的比例（85.7%）是最高的，其次是居住时间在 3—10 年的调查对象（比例为 79.1%），居住时间不满 3 年的调查对象表示“符合”的比例（74.7%）是最低的。由此我们可以推出结论：居住时间对社区法治化程度的评价表现出随着居住时间的增长而增高的趋势。

（6）从月均收入的角度来看，不同月均收入的调查对象对该问题的认知存在显著差异（$X^2=6.369$，df = 2，Sig = 0.041），在 0.05 水平上显著。分析结果显示：月均收入 2000—3000 元的调查对象表示"符合"的比例（87.7%）是最高的，其次是月均收入 3000 元以上的调查对象（比例为 81.7%），月均收入 2000 元以下的调查对象表示"符合"的比例（76.8%）是最低的。由此我们可以推出结论：月均收入对居民对社区法治化程度的评价的影响呈现出先低后高再低的趋势。

表 4.5.2　调查对象对所在社区法治化程度评价的显著性差异

		社区法治化程度评价	
		不符合（%）	符合（%）
居住地属性	农村社区（364 人）	15.1	84.9
	城市社区（147 人）	25.2	74.8
	卡方检验　$X^2=7.179$，df = 1，Sig = 0.007		
居住地位置	城市（139 人）	24.5	75.5
	城乡接合部（109 人）	19.3	80.7
	农村（263 人）	14.1	85.9
	卡方检验　$X^2=6.902$，df = 2，Sig = 0.033		
政治面貌	中共党员（116 人）	7.8	92.2
	非中共党员（395 人）	21.0	79.0
	卡方检验　$X^2=10.670$，df = 1，Sig = 0.001		
居住形式	自有住房（471 人）	17.0	83.0
	非自有住房（40 人）	30.0	70.0
	卡方检验　$X^2=4.230$，df = 1，Sig = 0.040		
居住时间	不满 3 年（91 人）	25.3	74.7
	3—10 年（134 人）	20.9	79.1
	10 年以上（286 人）	14.3	85.7
	卡方检验　$X^2=6.625$，df = 2，Sig = 0.036		
月均收入	2000 元以下（155 人）	23.2	76.8
	2000—3000 元（154 人）	12.3	87.7
	3000 元以上（202 人）	18.3	81.7
	卡方检验　$X^2=6.369$，df = 2，Sig = 0.041		

第六节　社区信息公开透明度

为更好地了解调查对象对所在社区信息公开透明度的看法，课题组在调查问卷中设置了相关问题，让调查对象对社区信息公开透明度作出评价。问卷调查结果见表4.6.1：46.6%的调查对象表示“很符合”，34.4%的调查对象表示“比较符合”，9.8%的调查对象表示“一般”，只有9.2%的调查对象表示“不太符合”和“很不符合”。由此可以判断出：从总体上来说，调查对象对所在社区信息公开透明度的评价是很高的。

表4.6.1　调查对象对所在社区信息公开透明度的评价

	样本数（人）	比例（%）
很符合	238	46.6
比较符合	176	34.4
一般	50	9.8
不太符合	20	3.9
很不符合	27	5.3
合计	511	100.0

通过将调查对象的性别、年龄、婚姻状况、户籍类型、居住地属性、居住地位置、政治面貌、居住形式、居住结构、居住时间、受教育程度、社区干部属性、月均收入、家庭年收入等特征与调查对象对社区信息公开透明度的评价进行交互分析，结果见表4.6.2：居住地位置、政治面貌、居住形式、居住结构、居住时间和月均收入与该问题的交互分析存在显著性差异。具体来说：

（1）从居住地位置的角度来看，居住在城市、城乡接合部、农村的调查对象对该问题的认知存在显著差异（$X^2=5.941$，$df=2$，$Sig=0.051$），在0.1水平上显著。分析结果显示：居住在城乡接合部和农村的调查对象表示“符合”的比例（分别为83.5%和83.7%）明显高于居住在城市的调查对象表示“符合”的比例（74.1%）。由此我们可以推出结论：居住在城乡接合部和农村的居民对所在社区信息公开透明度的评价高于居住在城市的居民。

（2）从政治面貌的角度来看，不同政治面貌的调查对象对该问题的认知存在显著差异（$X^2=7.280$，$df=1$，$Sig=0.007$），在 0.01 水平上显著。分析结果显示：中共党员的调查对象表示“符合”的比例（89.7%）明显高于非中共党员调查对象表示“符合”的比例（78.5%）。由此我们可以推出结论：中共党员对社区信息公开透明度的评价高于非中共党员。

（3）从居住形式的角度来看，不同居住形式的调查对象对该问题的认知存在显著差异（$X^2=9.676$，$df=1$，$Sig=0.002$），在 0.01 水平上显著。分析结果显示：居住形式为自有住房的调查对象表示“符合”的比例（82.6%）明显高于非自有住房的调查对象表示“符合”的比例（62.5%）。由此我们可以推出结论：居住形式为自有住房的居民对社区信息公开透明度的评价高于非自有住房居民。

（4）从居住结构的角度来看，不同居住结构的调查对象对该问题的认知存在显著差异（$X^2=4.798$，$df=1$，$Sig=0.028$），在 0.05 水平上显著。分析结果显示：居住结构为单独居住的调查对象表示“符合”的比例（92.3%）明显高于非单独居住的调查对象表示“符合”的比例（79.7%）。由此我们可以推出结论：居住结构为单独居住的居民对社区信息公开透明度的评价高于非单独居住的居民。

（5）从居住时间的角度来看，不同居住时间的调查对象对该问题的认知存在显著差异（$X^2=6.256$，$df=2$，$Sig=0.044$），在 0.05 水平上显著。分析结果显示：居住时间在 10 年以上的调查对象表示“符合”的比例（84.6%）是最高的，其次是居住时间在 3—10 年的调查对象（比例为 78.4%），居住时间不满 3 年的调查对象表示“符合”的比例（73.6%）是最低的。由此我们可以推出结论：居住时间对社区信息公开透明度的评价表现出随着居住时间的增加而增高的趋势。

（6）从月均收入的角度来看，不同月均收入的调查对象对该问题的认知存在显著差异（$X^2=6.234$，$df=2$，$Sig=0.044$），在 0.05 水平上显著。分析结果显示：月均收入 2000—3000 元的调查对象表示“符合”的比例（85.7%）是最高的，其次是月均收入 3000 元以上的调查对象（比例为 82.2%），月均收入 2000 元以下的调查对象表示“符合”的比例（74.8%）是最低的。由此我们可以推出结论：月均收入对居民对社区信息公开透明度的评价的影响呈现出先低后高再低的趋势。

表 4.6.2　调查对象对所在社区信息公开透明度的显著性差异

		社区信息公开透明度评价	
		不符合（%）	符合（%）
居住地位置	城市（139 人）	25.9	74.1
	城乡接合部（109 人）	16.5	83.5
	农村（263 人）	16.3	83.7
	卡方检验　$X^2=5.941$，df = 2，Sig = 0.051		
政治面貌	中共党员（116 人）	10.3	89.7
	非中共党员（395 人）	21.5	78.5
	卡方检验　$X^2=7.280$，df = 1，Sig = 0.007		
居住形式	自有住房（471 人）	17.4	82.6
	非自有住房（40 人）	37.5	62.5
	卡方检验　$X^2=9.676$，df = 1，Sig = 0.002		
居住结构	单独居住（52 人）	7.7	92.3
	非单独居住（459 人）	20.3	79.7
	卡方检验　$X^2=4.798$，df = 1，Sig = 0.028		
居住时间	不满 3 年（155 人）	26.4	73.6
	3—10 年（154 人）	21.6	78.4
	10 年以上（202 人）	15.4	84.6
	卡方检验　$X^2=6.256$，df = 2，Sig = 0.044		
月均收入	2000 元以下（155 人）	25.2	74.8
	2000—3000 元（154 人）	14.3	85.7
	3000 元以上（202 人）	17.8	82.2
	卡方检验　$X^2=6.234$，df = 2，Sig = 0.044		

第七节　社区邻里状况

为更好地了解调查对象对所在社区邻里状况的看法，课题组在调查问卷中设置了相关问题，让调查对象对社区邻里交往很多和社区邻里关系和睦作出评价。问卷调查结果见表 4.7.1：在社区邻里交往很多方面，56.4% 的调查对象表示“很符合”，30.1% 的调查对象表示“比较符合”，11.0% 的调查对象表示“一般”，只有2.5%的调查对象表示“不太符合”和“很不符合”；在社区邻里关系和睦程度上，53.8%的调查对象表示“很符合”，35.0%的调查对象表示“比较符合”，8.6%的调查对象表示“一般”，只有2.6%的调查对象表示“不太符合”和“很不符合”。由此可以判断出：从总体上来说，调查对象对所在社区邻里状况的评价是很高的。

表4.7.1　调查对象对所在社区邻里交往很多的评价

	样本数（人）	比例（%）
很符合	288	56.4
比较符合	154	30.1
一般	56	11.0
不太符合	8	1.6
很不符合	5	0.9
合计	511	100.0

表4.7.2　调查对象对所在社区邻里关系和睦的评价

	样本数（人）	比例（%）
很符合	275	53.8
比较符合	179	35.0
一般	44	8.6
不太符合	11	2.2
很不符合	2	0.4
合计	511	100.0

通过将调查对象的性别、年龄、婚姻状况、户籍类型、居住地属性、居住地位置、政治面貌、居住形式、居住结构、居住时间、受教育程度、社区干部属性、月均收入、家庭年收入等特征与调查对象对所在社区邻里交往很多的评价进行交互分析，结果见表4.7.3：居住地属性、居住地位置、居住形式、居住时间与该问题的交互分析存在显著性差异。具体来说：

（1）从居住地属性的角度来看，农村社区和城市社区的调查对象对该问题的认知存在显著差异（$X^2=5.432$，$df=1$，$Sig=0.020$），在0.05水平上显著。分析结果显示：农村社区的调查对象表示“符合”的比例（88.7%）明显高于城市社区调查对象表示“符合”的比例（81.0%）。由此我们可以推出结论：农村社区居民对所在社区邻里交往很多的评价高于城市社区居民。

（2）从居住地位置的角度来看，居住在城市、城乡接合部、农村的调查对象对该问题的认知存在显著差异（$X^2=7.648$，df = 2，Sig = 0.022），在0.05水平上显著。分析结果显示：居住在城乡接合部和农村的调查对象表示“符合”的比例（分别为87.2%和89.7%）明显高于居住在城市的调查对象表示“符合”的比例（79.9%）。由此我们可以推出结论：居住在城乡接合部和农村的居民对所在社区邻里交往很多的评价高于居住在城市的居民。

（3）从居住形式的角度来看，不同居住形式的调查对象对该问题的认知存在显著差异（$X^2=21.397$，df = 1，Sig = 0.000），在0.01水平上显著。分析结果显示：自有住房的调查对象表示“符合”的比例（88.5%）明显高于非自有住房的调查对象表示“符合”的比例（62.5%）。由此我们可以推出结论：自有住房的居民对所在社区邻里交往很多的评价高于非自有住房的居民。

（4）从居住时间的角度来看，不同居住时间的调查对象对该问题的认知存在显著差异（$X^2=15.742$，df = 2，Sig = 0.000），在0.01水平上显著。分析结果显示：居住时间在10年以上的调查对象表示“符合”的比例（89.5%）是最高的，其次是居住时间3—10年的调查对象（比例为88.8%），居住时间不满3年的调查对象表示“符合”的比例（73.6%）是最低的。由此我们可以推出结论：居住时间对社区邻里交往很多的评价随着居住时间的增加而增高的趋势。

表4.7.3 调查对象对所在社区邻里交往很多的评价的显著性差异

		社区邻里交往很多的评价	
		不符合（%）	符合（%）
居住地属性	农村社区（364人）	11.3	88.7
	城市社区（147人）	19.0	81.0
	卡方检验 $X^2=5.432$，df = 1，Sig = 0.020		
居住地位置	城市（139人）	20.1	79.9
	城乡接合部（109人）	12.8	87.2
	农村（263人）	10.3	89.7
	卡方检验 $X^2=7.648$，df = 2，Sig = 0.022		

		社区邻里交往很多的评价	
		不符合（%）	符合（%）
居住形式	自有住房（471人）	11.5	88.5
	非自有住房（40人）	37.5	62.5
	卡方检验　$X^2=21.397$，df=1，Sig=0.000		
居住时间	不满3年（91人）	26.4	73.6
	3—10年（134人）	11.2	88.8
	10年以上（286人）	10.5	89.5
	卡方检验　$X^2=15.742$，df=2，Sig=0.000		

通过将调查对象的性别、年龄、婚姻状况、户籍类型、居住地属性、居住地位置、政治面貌、居住形式、居住结构、居住时间、受教育程度、社区干部属性、月均收入、家庭年收入等特征与调查对象对所在社区邻里关系和睦评价进行交互分析，结果见表4.7.4：居住地位置、政治面貌、居住形式、居住时间与该问题的交互分析存在显著性差异。具体来说：

（1）从居住地位置的角度来看，居住在城市、城乡接合部、农村的调查对象对该问题的认知存在显著差异（$X^2=4.973$，df=2，Sig=0.087），在0.1水平上显著。分析结果显示：居住在城乡接合部和农村的调查对象表示“符合”的比例（分别为92.7%和89.7%）明显高于居住在城市的调查对象表示“符合”的比例（84.2%）。由此我们可以推出结论：居住在城乡接合部和农村的居民对所在社区邻里关系和睦的评价高于居住在城市的居民。

（2）从政治面貌的角度来看，不同政治面貌的调查对象对该问题的认知存在显著差异（$X^2=5.419$，df=1，Sig=0.020），在0.05水平上显著。分析结果显示：中共党员的调查对象表示“符合”的比例（94.8%）明显高于非中共党员调查对象表示“符合”的比例（87.1%）。由此我们可以推出结论：中共党员对所在社区邻里关系和睦的评价高于非中共党员。

（3）从居住形式的角度来看，不同居住形式的调查对象对该问题的认知存在显著差异（$X^2=11.699$，df=1，Sig=0.001），在0.01水平上显著。分析结果显示：自有住房的调查对象表示“符合”的比例（90.2%）明显高于非自有住房的调查对象表示“符合”的比例（72.5%）。由此我们可以推出结论：自有住房的居民对所在社区邻里关系和睦的评价高于非自有住房的居民。

（4）从居住时间的角度来看，不同居住时间的调查对象对该问题的认知存在显著差异（$X^2=10.566$，$df=2$，$Sig=0.005$），在 0.01 水平上显著。分析结果显示：居住时间在 3—10 年的调查对象表示“符合”的比例（91.0%）是最高的，其次是居住时间 10 年以上的调查对象（比例为 90.9%），居住时间不满 3 年的调查对象表示“符合”的比例（79.1%）是最低的。由此我们可以推出结论：居住时间对居民对社区邻里关系和睦的评价呈现随着居住时间的增加而增高的趋势。

表 4.7.4　调查对象对所在社区邻里关系和睦评价的显著性差异

		社区邻里关系和睦评价	
		不符合（%）	符合（%）
居住地位置	城市（139 人）	15.8	84.2
	城乡接合部（109 人）	7.3	92.7
	农村（263 人）	10.3	89.7
	卡方检验　$X^2=4.973$，$df=2$，$Sig=0.087$		
政治面貌	中共党员（116 人）	5.2	94.8
	非中共党员（395 人）	12.9	87.1
	卡方检验　$X^2=5.419$，$df=1$，$Sig=0.020$		
居住形式	自有住房（471 人）	9.8	90.2
	非自有住房（40 人）	27.5	72.5
	卡方检验　$X^2=11.699$，$df=1$，$Sig=0.001$		
居住时间	不满 3 年（155 人）	20.9	79.1
	3—10 年（154 人）	9.0	91.0
	10 年以上（202 人）	9.1	90.9
	卡方检验　$X^2=10.566$，$df=2$，$Sig=0.005$		

第八节　社区居民诉求状况

为更好地了解调查对象所在社区表达诉求的渠道畅通情况，课题组在调查问卷中设置了“居民表达诉求渠道很畅通”这一问题，让调查对象针对其作出认可度选择。问卷调查结果见表 4.8.1：41.9% 的调查对象表示“很符合”，37.2%的调查对象表示“比较符合”，14.3%的调查对象表示“一般”，6.6%的调查对象表示“不太符合”和“很不符合”。由此可以判断出：从总体上来说，调查对象对所在社区的居民表达诉求渠道的畅通情况的认可度是很高的。

表4.8.1 调查对象对所在社区居民表达诉求渠道很畅通的认可度

	样本数（人）	比例（%）
很符合	214	41.9
比较符合	190	37.2
一般	73	14.3
不太符合	14	2.7
很不符合	20	3.9
合计	511	100.0

通过将调查对象的性别、年龄、婚姻状况、户籍类型、居住地属性、居住地位置、政治面貌、居住形式、居住结构、居住时间、受教育程度、社区干部属性、月均收入、家庭年收入等特征与调查对象对所在社区的居民表达诉求渠道的畅通情况的认可度进行交互分析，结果见表4.8.2：调查对象的性别、居住地属性、居住地位置、政治面貌、居住形式、居住结构、居住时间、月均收入与该问题的交互分析存在显著性差异。具体来说：

（1）从性别的角度来看，不同性别的调查对象对该问题的认知存在显著差异（$X^2=4.764$，df=1，Sig=0.029），在0.05水平上显著。分析结果显示：男性调查对象表示“符合”的比例（82.7%）高于女性调查对象表示“符合”的比例（74.8%）。由此我们可以推出结论：男性对所在社区的居民表达诉求渠道的畅通情况的认可度高于女性。

（2）从居住地属性的角度来看，农村社区和城市社区的调查对象对该问题的认知存在显著差异（$X^2=13.362$，df=1，Sig=0），在0.01水平上显著。分析结果显示：农村社区的调查对象表示“符合”的比例（83.2%）明显高于城市社区调查对象表示“符合”的比例（68.7%）。由此我们可以推出结论：农村社区居民对所在社区的居民表达诉求渠道的畅通情况的认可度高于城市社区居民。

（3）从居住地位置的角度来看，居住在城市、城乡接合部、农村的调查

对象对该问题的认知存在显著差异（$X^2=17.138$，df＝2，Sig＝0），在 0.01 水平上显著。分析结果显示：居住在城乡接合部和农村的调查对象表示“符合”的比例（分别为 82.6% 和 84%）明显高于居住在城市的调查对象表示“符合”的比例（66.9%）。由此我们可以推出结论：居住在城乡接合部和农村的居民对所在社区的居民表达诉求渠道的畅通情况的认可度高于居住在城市的居民。

（4）从政治面貌的角度来看，不同政治面貌的调查对象对该问题的认知存在显著差异（$X^2=4.629$，df＝1，Sig＝0.031），在 0.05 水平上显著。分析结果显示：中共党员的调查对象表示“符合”的比例（86.2%）明显高于非中共党员调查对象表示“符合”的比例（77%）。由此我们可以推出结论认为：中共党员对所在社区的居民表达诉求渠道的畅通情况的认可度高于非中共党员。

（5）从目前的居住形式的角度来看，目前所具有的不同居住形式的调查对象对该问题的认知存在显著差异（$X^2=5.183$，df＝1，Sig＝0.023），在 0.05 水平上显著。分析结果显示：目前居住形式为自有住房的调查对象表示“符合”的比例（80.3%）明显高于非自有住房调查对象表示“符合”的比例（65%）。由此我们可以推出结论：目前的居住形式为自有住房的居民对所在社区的居民表达诉求渠道的畅通情况的认可度高于非自有住房的居民。

（6）从目前的居住结构的角度来看，目前所具有的不同居住结构的调查对象对该问题的认知存在显著差异（$X^2=3.09$，df＝1，Sig＝0.079），在 0.1 水平上显著。分析结果显示：目前居住结构为单独居住的调查对象表示“符合”的比例（88.5%）高于非单独居住的调查对象表示“符合”的比例（78%）。由此我们可以推出结论：目前的居住形式为单独居住的居民对所在社区的居民表达诉求渠道的畅通情况的认可度高于非单独居住的居民。

（7）从居住时间的角度来看，不同居住时间的调查对象对该问题的认知存在显著差异（$X^2=8.3$，df＝2，Sig＝0.016），在 0.05 水平上显著。分析结果显示：居住时间在 10 年以上的调查对象表示“符合”的比例（83.6%）是最高的，其次是居住时间 3—10 年的调查对象（74.6%），居住时间不满 3 年的调查对象表示“符合”的比例（71.4%）是最低的。由此我们可以推出结论：居民对所在社区的居民表达诉求渠道的畅通情况的认可度随着居住时间的增长而呈现递增趋势。

（8）从月均收入的角度来看，不同月均收入的调查对象对该问题的认知存在显著差异（$X^2=12.018$，df=2，Sig=0.002），在0.01水平上显著。分析结果显示：月均收入2000—3000元的调查对象表示“符合”的比例（87%）是最高的，其次是月均收入3000元以上的调查对象（比例为79.2%），月均收入2000元以下的调查对象表示“符合”的比例（71%）是最低的。由此我们可以推出结论：月均收入对居民对所在社区的居民表达诉求渠道的畅通情况的认可度的影响表现出先低后高再低的趋势。

表4.8.2　调查对象对所在社区居民表达诉求渠道很畅通认可度的显著性差异

		居民表达诉求渠道很畅通	
		不符合（%）	符合（%）
性别	男（277人）	17.3	82.7
	女（234人）	25.2	74.8
	卡方检验　$X^2=4.764$，df=1，Sig=0.029		
居住地属性	农村社区（364人）	16.8	83.2
	城市社区（147人）	31.3	68.7
	卡方检验　$X^2=13.362$，df=1，Sig=0		
居住地位置	城市（139人）	33.1	66.9
	城乡接合部（109人）	17.4	82.6
	农村（263人）	16.0	84.0
	卡方检验　$X^2=17.138$，df=2，Sig=0		
政治面貌	中共党员（116人）	13.8	86.2
	非中共党员（395人）	23.0	77.0
	卡方检验　$X^2=4.629$，df=1，Sig=0.031		
居住形式	自有住房（471）	19.7	80.3
	非自有住房（40）	35.0	65.0
	卡方检验　$X^2=5.183$，df=1，Sig=0.023		
居住结构	单独居住（52）	11.5	88.5
	非单独居住（459）	22.0	78.0
	卡方检验　$X^2=3.09$，df=1，Sig=0.079		

续表

		居民表达诉求渠道很畅通	
		不符合（%）	符合（%）
居住时间	不满3年（91人）	28.6	71.4
	3—10年（134人）	25.4	74.6
	10年以上（286人）	16.4	83.6
	卡方检验　$X^2=8.3$，df=2，Sig=0.016		
月均收入	2000元以下（155人）	29	71.0
	2000—3000元（154人）	13.0	87.0
	3000元以上（202人）	20.8	79.2
	卡方检验　$X^2=12.018$，df=2，Sig=0.002		

为更好地了解调查对象所在社区对居民诉求的回应速度，课题组在调查问卷中设置了“社区对居民诉求回应很快”这一问题，让调查对象针对其作出认可度选择。问卷调查结果见表4.8.3：43.8%的调查对象表示“很符合”，32.1%的调查对象表示“比较符合”，15.3%的调查对象表示“一般”，8.8%的调查对象表示“不太符合”和“很不符合”。由此可以判断出：从总体上来说，调查对象对所在社区对居民诉求的回应速度的评价是很高的。

表4.8.3　调查对象对所在社区对居民诉求回应速度快的认可度

	样本数（人）	比例（%）
很符合	224	43.8
比较符合	164	32.1
一般	78	15.3
不太符合	25	4.9
很不符合	20	3.9
合计	511	100.0

通过将调查对象的性别、年龄、婚姻状况、户籍类型、居住地属性、居住地位置、政治面貌、居住形式、居住结构、居住时间、受教育程度、社区干部属性、月均收入、家庭年收入等特征与调查对象对所在社区对居民诉求的回应速度的评价进行交互分析，结果见表4.8.4：调查对象的性别、居住地属性、居住地位置、政治面貌、居住形式、居住结构、居住时间、月均收入

与该问题的交互分析存在显著性差异。具体来说：

（1）从性别的角度来看，不同性别的调查对象对该问题的认知存在显著差异（$X^2=4.038$，df = 1，Sig = 0.044），在 0.05 水平上显著。分析结果显示：男性调查对象表示“符合”的比例（79.4%）高于女性调查对象表示“符合”的比例（71.8%）。由此我们可以推出结论：男性对所在社区对居民诉求的回应速度的评价高于女性。

（2）从居住地属性的角度来看，农村社区和城市社区的调查对象对该问题的认知存在显著差异（$X^2=11.163$，df = 1，Sig = 0.001），在 0.01 水平上显著。分析结果显示：农村社区的调查对象表示“符合”的比例（79.9%）明显高于城市社区调查对象表示“符合”的比例（66%）。由此我们可以推出结论：农村社区居民对所在社区对居民诉求的回应速度的评价高于城市社区居民。

（3）从居住地位置的角度来看，居住在城市、城乡接合部、农村的调查对象对该问题的认知存在显著差异（$X^2=10.446$，df = 2，Sig = 0.005），在 0.01 水平上显著。分析结果显示：最高的是居住在农村的调查对象表示“符合”的比例（80.6%），其次是居住在城乡接合部的调查对象表示“符合”的比例（77.1%），最低的是居住在城市的调查对象表示“符合”的比例（66.2%）。由此我们可以推出结论：居民对所在社区对居民诉求的回应速度的评价由调查对象的居住地从农村到城市呈现出递减的趋势。

（4）从政治面貌的角度来看，不同政治面貌的调查对象对该问题的认知存在显著差异（$X^2=17.473$，df = 1，Sig = 0），在 0.01 水平上显著。分析结果显示：中共党员的调查对象表示“符合”的比例（90.5%）明显高于非中共党员调查对象表示“符合”的比例（71.6%）。由此我们可以推出结论：中共党员对所在社区对居民诉求的回应速度的评价高于非中共党员。

（5）从目前的居住形式的角度来看，目前所具有的不同居住形式的调查对象对该问题的认知存在显著差异（$X^2=8.065$，df = 1，Sig = 0.005），在 0.01 水平上显著。分析结果显示：目前居住形式为自有住房的调查对象表示“符合”的比例（77.5%）明显高于非自有住房调查对象表示“符合”的比例（57.5%）。由此我们可以推出结论：目前的居住形式为自有住房的居民对所在社区对居民诉求的回应速度的评价高于非自有住房的居民。

（6）从目前的居住结构的角度来看，目前所具有的不同居住结构的调查对象对该问题的认知存在显著差异（$X^2=4.975$，df = 1，Sig = 0.026），在0.05水平上显著。分析结果显示：目前居住结构为单独居住的调查对象表示“符合”的比例（88.5%）高于非单独居住的调查对象表示“符合”的比例（74.5%）。由此我们可以推出结论：目前的居住形式为单独居住的居民对所在社区对居民诉求的回应速度的评价高于非单独居住的居民。

（7）从居住时间的角度来看，不同居住时间的调查对象对该问题的认知存在显著差异（$X^2=12.277$，df = 2，Sig = 0.002），在0.01水平上显著。分析结果显示：居住时间在10年以上的调查对象表示“符合”的比例（81.5%）是最高的，其次是居住时间3—10年的调查对象（71.6%），居住时间不满3年的调查对象表示“符合”的比例（64.8%）是最低的。由此我们可以推出结论：居民对所在社区对居民诉求的回应速度的评价随着居住时间的增长而呈现递增趋势。

（8）从月均收入的角度来看，不同月均收入的调查对象对该问题的认知存在显著差异（$X^2=12.327$，df = 2，Sig = 0.002），在0.01水平上显著。分析结果显示：月均收入2000—3000元的调查对象表示“符合”的比例（83.1%）是最高的，其次是月均收入3000元以上的调查对象（比例为77.7%），月均收入2000元以下的调查对象表示“符合”的比例（66.5%）是最低的。由此我们可以推出结论：月均收入对居民对所在社区对居民诉求的回应速度的评价的影响表现出先低后高再低的趋势。

表4.8.4　调查对象对所在社区对居民诉求回应很快认可度的显著性差异

		社区对居民诉求回应很快	
		不符合（%）	符合（%）
性别	男（277人）	20.6	79.4
	女（234人）	28.2	71.8
	卡方检验　$X^2=4.038$，df = 1，Sig = 0.044		
居住地属性	农村社区（364人）	20.1	79.9
	城市社区（147人）	34.0	66.0
	卡方检验　$X^2=11.163$，df = 1，Sig = 0.001		

续表

		社区对居民诉求回应很快	
		不符合（%）	符合（%）
居住地位置	城市（139 人）	33.8	66.2
	城乡接合部（109 人）	22.9	77.1
	农村（263 人）	19.4	80.6
	卡方检验　$X^2=10.446$，df=2，Sig=0.005		
政治面貌	中共党员（116 人）	9.5	90.5
	非中共党员（395 人）	28.4	71.6
	卡方检验　$X^2=17.473$，df=1，Sig=0		
居住形式	自有住房（471 人）	22.5	77.5
	非自有住房（40 人）	42.5	57.5
	卡方检验　$X^2=8.065$，df=1，Sig=0.005		
居住结构	单独居住（52 人）	11.5	88.5
	非单独居住（459 人）	25.5	74.5
	卡方检验　$X^2=4.975$，df=1，Sig=0.026		
居住时间	不满 3 年（91 人）	35.2	64.8
	3—10 年（134 人）	28.4	71.6
	10 年以上（286 人）	18.5	81.5
	卡方检验　$X^2=12.277$，df=2，Sig=0.002		
月均收入	2000 元以下（155 人）	33.5	66.5
	2000—3000 元（154 人）	16.9	83.1
	3000 元以上（202 人）	22.3	77.7
	卡方检验　$X^2=12.327$，df=2，Sig=0.002		

为更好地了解调查对象所在社区对居民诉求的解决情况，课题组在调查问卷中设置了“社区对居民诉求解决很好”这一问题，让调查对象针对其作出认可度选择。问卷调查结果见表 4.8.5：46.8% 的调查对象表示“很符合”，29.4% 的调查对象表示“比较符合”，13.5% 的调查对象表示“一般”，10.3% 的调查对象表示“不太符合”和“很不符合”。由此可以判断出：从总体上来说，调查对象对所在社区对居民诉求的解决情况的评价还是很高的。

表 4.8.5　调查对象对所在社区对居民诉求的解决很好的认可度

	样本数（人）	比例（%）
很符合	239	46.8
比较符合	150	29.4
一般	69	13.5
不太符合	32	6.2
很不符合	21	4.1
合计	511	100.0

通过将调查对象的性别、年龄、婚姻状况、户籍类型、居住地属性、居住地位置、政治面貌、居住形式、居住结构、居住时间、受教育程度、社区干部属性、月均收入、家庭年收入等特征与调查对象对所在社区对居民诉求的解决情况的评价进行交互分析，结果见表 4.8.6：调查对象的性别、居住地属性、居住地位置、政治面貌、居住形式、居住结构、居住时间、月均收入与该问题的交互分析存在显著性差异。具体来说：

（1）从性别的角度来看，不同性别的调查对象对该问题的认知存在显著差异（$X^2=7.482$，$df=1$，$Sig=0.006$），在 0.01 水平上显著。分析结果显示：男性调查对象表示“符合”的比例（80.9%）高于女性调查对象表示“符合”的比例（70.5%）。由此我们可以推出结论：男性对所在社区对居民诉求的解决情况的评价高于女性。

（2）从居住地属性的角度来看，农村社区和城市社区的调查对象对该问题的认知存在显著差异（$X^2=15.015$，$df=1$，$Sig=0$），在 0.01 水平上显著。分析结果显示：农村社区的调查对象表示“符合”的比例（80.8%）明显高于城市社区调查对象表示“符合”的比例（64.6%）。由此我们可以推出结论：农村社区居民对所在社区对居民诉求的解决情况的评价高于城市社区居民。

（3）从居住地位置的角度来看，居住在城市、城乡接合部、农村的调查对象对该问题的认知存在显著差异（$X^2=17.089$，$df=2$，$Sig=0$），在 0.01 水平上显著。分析结果显示：最高的是居住在农村的调查对象表示“符合”的比例（82.5%），其次是居住在城乡接合部的调查对象表示“符合”的比例（76.1%），最低的是居住在城市的调查对象表示“符合”的比例（64%）。由此我们可以推出结论：居民对所在社区对居民诉求的解决情况的评价由调查对象的居住地从农村到城市呈现出递减的趋势。

（4）从政治面貌的角度来看，不同政治面貌的调查对象对该问题的认知存在显著差异（$X^2=8.392$，df = 1，Sig = 0.004），在0.01水平上显著。分析结果显示：中共党员的调查对象表示“符合”的比例（86.2%）明显高于非中共党员调查对象表示“符合”的比例（73.2%）。由此我们可以推出结论：中共党员对所在社区对居民诉求的解决情况的评价高于非中共党员。

（5）从目前的居住形式的角度来看，目前所具有的不同居住形式的调查对象对该问题的认知存在显著差异（$X^2=2.955$，df = 1，Sig = 0.086），在0.1水平上显著。分析结果显示：目前居住形式为自有住房的调查对象表示“符合”的比例（77.1%）明显高于非自有住房调查对象表示“符合”的比例（65%）。由此我们可以推出结论：目前的居住形式为自有住房的居民对所在社区对居民诉求的解决情况的评价高于非自有住房的居民。

（6）从目前的居住结构的角度来看，目前所具有的不同居住结构的调查对象对该问题的认知存在显著差异（$X^2=4.847$，df = 1，Sig = 0.028），在0.05水平上显著。分析结果显示：目前居住结构为单独居住的调查对象表示“符合”的比例（88.5%）高于非单独居住的调查对象表示“符合”的比例（74.7%）。由此我们可以推出结论：目前的居住形式为单独居住的居民对所在社区对居民诉求的解决情况的评价高于非单独居住的居民。

（7）从居住时间的角度来看，不同居住时间的调查对象对该问题的认知存在显著差异（$X^2=7.709$，df = 2，Sig = 0.021），在0.05水平上显著。分析结果显示：居住时间在10年以上的调查对象表示“符合”的比例（80.8%）是最高的，明显高于居住时间3—10年和居住时间不满3年的调查对象表示“符合”的比例（70.1%，70.3%）。由此我们可以推出结论：居住时间在10年以上的居民对所在社区对居民诉求的解决情况的评价明显高于居住时间在10年以下的居民。

（8）从月均收入的角度来看，不同月均收入的调查对象对该问题的认知存在显著差异（$X^2=12.034$，df = 2，Sig = 0.002），在0.01水平上显著。分析结果显示：月均收入2000—3000元的调查对象表示“符合”的比例（83.8%）是最高的，其次是月均收入3000元以上的调查对象（比例为77.2%），月均收入2000元以下的调查对象表示“符合”的比例（67.1%）是最低的。由此我们可以推出结论：月均收入对居民对所在社区对居民诉求的解决情况的评价的影响表现出先低后高再低的趋势。

表 4.8.6　调查对象对所在社区对居民诉求解决很好认可度的显著性差异

		社区对居民诉求解决很好	
		不符合（%）	符合（%）
性别	男（277 人）	19.1	80.9
	女（234 人）	29.5	70.5
	卡方检验　$X^2=7.482$，df = 1，Sig = 0.006		
居住地属性	农村社区（364 人）	19.2	80.8
	城市社区（147 人）	35.4	64.6
	卡方检验　$X^2=15.015$，df = 1，Sig = 0		
居住地位置	城市（139 人）	36.0	64.0
	城乡接合部（109 人）	23.9	76.1
	农村（263 人）	17.5	82.5
	卡方检验　$X^2=17.089$，df = 2，Sig = 0		
政治面貌	中共党员（116 人）	13.8	86.2
	非中共党员（395 人）	26.8	73.2
	卡方检验　$X^2=8.392$，df = 1，Sig = 0.004		
居住形式	自有住房（471）	22.9	77.1
	非自有住房（40）	35.0	65.0
	卡方检验　$X^2=2.955$，df = 1，Sig = 0.086		
居住结构	单独居住（52）	11.5	88.5
	非单独居住（459）	25.3	74.7
	卡方检验　$X^2=4.847$，df = 1，Sig = 0.028		
居住时间	不满 3 年（91 人）	29.7	70.3
	3—10 年（134 人）	29.9	70.1
	10 年以上（286 人）	19.2	80.8
	卡方检验　$X^2=7.709$，df = 2，Sig = 0.021		
月均收入	2000 元以下（155 人）	32.9	67.1
	2000—3000 元（154 人）	16.2	83.8
	3000 元以上（202 人）	22.8	77.2
	卡方检验　$X^2=12.034$，df = 2，Sig = 0.002		

第九节　社区治理能力综合评价

为更好地了解调查对象所在社区的问题解决能力，课题组在调查问卷中设置了“社区问题解决能力强”这一问题，让调查对象针对其作出认可度选择。问卷调查结果见表4.9.1：46.6%的调查对象表示“很符合”，30.8%的调查对象表示“比较符合”，16.2%的调查对象表示“一般”，6.4%的调查对象表示“不太符合”和“很不符合”。由此可以判断出：从总体上来说，调查对象对所在社区的问题解决能力的认可度是很高的。

表4.9.1　调查对象对所在社区问题解决能力强的评价

	样本数（人）	比例（%）
很符合	238	46.6
比较符合	157	30.8
一般	83	16.2
不太符合	16	3.1
很不符合	17	3.3
合计	511	100.0

通过将调查对象的性别、年龄、婚姻状况、户籍类型、居住地属性、居住地位置、政治面貌、居住形式、居住结构、居住时间、受教育程度、社区干部属性、月均收入、家庭年收入等特征与调查对象对所在社区的问题解决能力的认可度进行交互分析，结果见表4.9.2：调查对象的居住地属性、居住地位置、政治面貌、居住形式、居住结构、居住时间、月均收入与该问题的交互分析存在显著性差异。具体来说：

（1）从居住地属性的角度来看，农村社区和城市社区的调查对象对该问题的认知存在显著差异（$X^2=11.649$，df = 1，Sig = 0.001），在0.01水平上显著。分析结果显示：农村社区的调查对象表示“符合”的比例（81.3%）明显高于城市社区调查对象表示“符合”的比例（67.3%）。由此我们可以推出结论：农村社区居民对所在社区的问题解决能力的认可度高于城市社区居民。

（2）从居住地位置的角度来看，居住在城市、城乡接合部、农村的调查对象对该问题的认知存在显著差异（$X^2=10.938$，$df=2$，$Sig=0.004$），在0.01水平上显著。分析结果显示：最高的是居住在农村的调查对象表示“符合”的比例（82.1%），其次是居住在城乡接合部的调查对象表示“符合”的比例（78%），最低的是居住在城市的调查对象表示“符合”的比例（67.6%）。由此我们可以推出结论：居民对所在社区的问题解决能力的认可度由调查对象的居住地从农村到城市呈现出递减的趋势。

（3）从政治面貌的角度来看，不同政治面貌的调查对象对该问题的认知存在显著差异（$X^2=16.954$，$df=1$，$Sig=0$），在0.01水平上显著。分析结果显示：中共党员的调查对象表示“符合”的比例（91.4%）明显高于非中共党员调查对象表示“符合”的比例（73.2%）。由此我们可以推出结论：中共党员对所在社区的问题解决能力的认可度高于非中共党员。

（4）从目前的居住形式的角度来看，目前所具有的不同居住形式的调查对象对该问题的认知存在显著差异（$X^2=5.417$，$df=1$，$Sig=0.02$），在0.05水平上显著。分析结果显示：目前居住形式为自有住房的调查对象表示“符合”的比例（78.6%）明显高于非自有住房调查对象表示“符合”的比例（62.5%）。由此我们可以推出结论：目前的居住形式为自有住房的居民对所在社区的问题解决能力的认可度高于非自有住房的居民。

（5）从目前的居住结构的角度来看，目前所具有的不同居住结构的调查对象对该问题的认知存在显著差异（$X^2=7.431$，$df=1$，$Sig=0.006$），在0.01水平上显著。分析结果显示：目前居住结构为单独居住的调查对象表示“符合”的比例（92.3%）高于非单独居住的调查对象表示“符合”的比例（75.6%）。由此我们可以推出结论：目前的居住形式为单独居住的居民对所在社区的问题解决能力的认可度高于非单独居住的居民。

（6）从居住时间的角度来看，不同居住时间的调查对象对该问题的认知存在显著差异（$X^2=11.855$，$df=2$，$Sig=0.003$），在0.01水平上显著。分析结果显示：居住时间在10年以上的调查对象表示“符合”的比例（82.9%）是最高的，其次是居住时间3—10年的调查对象（71.6%），居住时间不满3年的调查对象表示“符合”的比例（68.1%）是最低的。由此我们可以推出结论：居民对所在社区的问题解决能力的认可度随着居住时间的增长而呈现递增趋势。

（7）从月均收入的角度来看，不同月均收入的调查对象对该问题的认知存在显著差异（$X^2=10.134$，$df=2$，$Sig=0.006$），在0.01水平上显著。分析结果显示：月均收入2000—3000元的调查对象表示“符合”的比例（81.8%）是最高的，其次是月均收入3000元以上的调查对象（比例为80.7%），月均收入2000元以下的调查对象表示“符合”的比例（68.4%）是最低的。由此我们可以推出结论：月均收入对居民对所在社区的问题解决能力的认可度的影响表现出先低后高再低的趋势。

表4.9.2 调查对象对所在社区问题解决能力很强认可度的显著性差异

		社区问题解决能力强	
		不符合（%）	符合（%）
居住地属性	农村社区（364人）	18.7	81.3
	城市社区（147人）	32.7	67.3
	卡方检验 $X^2=11.649$，$df=1$，$Sig=0.001$		
居住地位置	城市（139人）	32.4	67.6
	城乡接合部（109人）	22.0	78.0
	农村（263人）	17.9	82.1
	卡方检验 $X^2=10.938$，$df=2$，$Sig=0.004$		
政治面貌	中共党员（116人）	8.6	91.4
	非中共党员（395人）	26.8	73.2
	卡方检验 $X^2=16.954$，$df=1$，$Sig=0$		
居住形式	自有住房（471人）	21.4	78.6
	非自有住房（40人）	37.5	62.5
	卡方检验 $X^2=5.417$，$df=1$，$Sig=0.02$		
居住结构	单独居住（52人）	7.7	92.3
	非单独居住（459人）	24.4	75.6
	卡方检验 $X^2=7.431$，$df=1$，$Sig=0.006$		
居住时间	不满3年（91人）	31.9	68.1
	3—10年（134人）	28.4	71.6
	10年以上（286人）	17.1	82.9
	卡方检验 $X^2=11.855$，$df=2$，$Sig=0.003$		

续表

		社区问题解决能力强	
		不符合（%）	符合（%）
月均收入	2000 元以下（155 人）	31.6	68.4
	2000—3000 元（154 人）	18.2	81.8
	3000 元以上（202 人）	19.3	80.7
	卡方检验　$X^2=10.134$，df = 2，Sig = 0.006		

为更好地了解调查对象所在社区的纠纷化解能力，课题组在调查问卷中设置了“社区纠纷化解能力强”这一问题，让调查对象针对其作出认可度选择。问卷调查结果见表 4.9.3：50.9% 的调查对象表示“很符合”，28.2% 的调查对象表示“比较符合”，13.9% 的调查对象表示“一般”，7% 的调查对象表示“不太符合”和“很不符合”。由此可以判断出：从总体上来说，调查对象对所在社区的纠纷化解能力的认可度是很高的。

表 4.9.3　调查对象对所在社区纠纷化解能力强的认同度

	样本数（人）	比例（%）
很符合	260	50.9
比较符合	144	28.2
一般	71	13.9
不太符合	21	4.1
很不符合	15	2.9
合计	511	100.0

通过将调查对象的性别、年龄、婚姻状况、户籍类型、居住地属性、居住地位置、政治面貌、居住形式、居住结构、居住时间、受教育程度、社区干部属性、月均收入、家庭年收入等特征与调查对象对所在社区的纠纷化解能力的认可度进行交互分析，结果见表 4.9.4：调查对象居住地属性、居住地位置、政治面貌、居住形式、居住时间与该问题的交互分析存在显著性差异。具体来说：

（1）从居住地属性的角度来看，农村社区和城市社区的调查对象对该问题的认知存在显著差异（$X^2=17.104$，df = 1，Sig = 0），在 0.01 水平上显著。分析结果显示：农村社区的调查对象表示“符合”的比例（83.8%）

明显高于城市社区调查对象表示"符合"的比例（67.3%）。由此我们可以推出结论：农村社区居民对所在社区的纠纷化解能力的认可度高于城市社区居民。

（2）从居住地位置的角度来看，居住在城市、城乡接合部、农村的调查对象对该问题的认知存在显著差异（$X^2=15.649$，df=2，Sig=0），在0.01水平上显著。分析结果显示：最高的是居住在农村的调查对象表示"符合"的比例（85.2%），其次是居住在城乡接合部的调查对象表示"符合"的比例（78%），最低的是居住在城市的调查对象表示"符合"的比例（68.3%）。由此我们可以推出结论：居民对所在社区的纠纷化解能力的认可度由调查对象的居住地从农村到城市呈现出递减的趋势。

（3）从政治面貌的角度来看，不同政治面貌的调查对象对该问题的认知存在显著差异（$X^2=13.756$，df=1，Sig=0），在0.01水平上显著。分析结果显示：中共党员的调查对象表示"符合"的比例（91.4%）明显高于非中共党员调查对象表示"符合"的比例（75.4%）。由此我们可以推出结论：中共党员对所在社区的纠纷化解能力的认可度高于非中共党员。

（4）从目前的居住形式的角度来看，目前所具有的不同居住形式的调查对象对该问题的认知存在显著差异（$X^2=12.186$，df=1，Sig=0），在0.01水平上显著。分析结果显示：目前居住形式为自有住房的调查对象表示"符合"的比例（80.9%）明显高于非自有住房调查对象表示"符合"的比例（57.5%）。由此我们可以推出结论：目前的居住形式为自有住房的居民对所在社区的纠纷化解能力的认可度高于非自有住房的居民。

（5）从居住时间的角度来看，不同居住时间的调查对象对该问题的认知存在显著差异（$X^2=10.485$，df=2，Sig=0.005），在0.01水平上显著。分析结果显示：居住时间在10年以上的调查对象表示"符合"的比例（83.9%）是最高的，其次是居住时间3—10年的调查对象（75.4%），居住时间不满3年的调查对象表示"符合"的比例（69.2%）是最低的。由此我们可以推出结论：居民对所在社区的纠纷化解能力的认可度随着居住时间的增长而呈现递增趋势。

表 4.9.4　调查对象对所在社区纠纷化解能力很强认可度的显著性差异

		社区纠纷化解能力强	
		不符合（%）	符合（%）
居住地属性	农村社区（364 人）	16.2	83.8
	城市社区（147 人）	32.7	67.3
	卡方检验　$X^2 = 17.104$，df = 1，Sig = 0		
居住地位置	城市（139 人）	31.7	68.3
	城乡接合部（109 人）	22.0	78.0
	农村（263 人）	14.8	85.2
	卡方检验　$X^2 = 15.649$，df = 2，Sig = 0		
政治面貌	中共党员（116 人）	8.6	91.4
	非中共党员（395 人）	24.6	75.4
	卡方检验　$X^2 = 13.756$，df = 1，Sig = 0		
居住形式	自有住房（471 人）	19.1	80.9
	非自有住房（40 人）	42.5	57.5
	卡方检验　$X^2 = 12.186$，df = 1，Sig = 0		
居住时间	不满 3 年（91 人）	30.8	69.2
	3—10 年（134 人）	24.6	75.4
	10 年以上（286 人）	16.1	83.9
	卡方检验　$X^2 = 10.485$，df = 2，Sig = 0.005		

为更好地了解调查对象所在社区的公共服务水平，课题组在调查问卷中设置了“社区公共服务水平高”这一问题，让调查对象针对其作出认可度选择。问卷调查结果见表 4.9.5：51.3% 的调查对象表示“很符合”，28.6% 的调查对象表示“比较符合”，12.9% 的调查对象表示“一般”，7.1% 的调查对象表示“不太符合”和“很不符合”。由此可以判断出：从总体上来说，调查对象对所在社区的公共服务水平的认可度是很高的。

表 4.9.5　调查对象对所在社区公共服务水平高的认可度

	样本数（人）	比例（%）
很符合	262	51.3
比较符合	146	28.6

续表

	样本数（人）	比例（%）
一般	66	12.9
不太符合	22	4.3
很不符合	15	2.9
合计	511	100.0

通过将调查对象的性别、年龄、婚姻状况、户籍类型、居住地属性、居住地位置、政治面貌、居住形式、居住结构、居住时间、受教育程度、社区干部属性、月均收入、家庭年收入等特征与调查对象对所在社区的公共服务水平的认可度进行交互分析，结果见表4.9.6：调查对象的性别、居住地属性、居住地位置、政治面貌、居住结构、居住时间、月均收入与该问题的交互分析存在显著性差异。具体来说：

（1）从性别的角度来看，不同性别的调查对象对该问题的认知存在显著差异（$X^2=4.737$，df = 1，Sig = 0.03），在0.05水平上显著。分析结果显示：男性调查对象表示“符合”的比例（83.4%）高于女性调查对象表示“符合”的比例（75.6%）。由此我们可以推出结论：男性对所在社区的公共服务水平的认可度高于女性。

（2）从居住地属性的角度来看，农村社区和城市社区的调查对象对该问题的认知存在显著差异（$X^2=7.671$，df = 1，Sig = 0.006），在0.01水平上显著。分析结果显示：农村社区的调查对象表示“符合”的比例（83%）明显高于城市社区调查对象表示“符合”的比例（72.1%）。由此我们可以推出结论：农村社区居民对所在社区的公共服务水平的认可度高于城市社区居民。

（3）从居住地位置的角度来看，居住在城市、城乡接合部、农村的调查对象对该问题的认知存在显著差异（$X^2=8.861$，df = 2，Sig = 0.012），在0.05水平上显著。分析结果显示：最高的是居住在农村的调查对象表示“符合”的比例（84.4%），其次是居住在城乡接合部的调查对象表示“符合”的比例（78.9%），最低的是居住在城市的调查对象表示“符合”的比例（71.9%）。由此我们可以推出结论：居民对所在社区的公共服务水平的认可度由调查对象的居住地从农村到城市呈现出递减的趋势。

（4）从政治面貌的角度来看，不同政治面貌的调查对象对该问题的认知存在显著差异（$X^2=10.623$，df = 1，Sig = 0.001），在0.01水平上显著。分析结果显示：中共党员的调查对象表示“符合”的比例（90.5%）明显高于非中共党员调查对象表示“符合”的比例（76.7%）。由此我们可以推出结论：中共党员对所在社区的公共服务水平的认可度高于非中共党员。

（5）从目前的居住结构的角度来看，目前所具有的不同居住形式的调查对象对该问题的认知存在显著差异（$X^2=7.446$，df = 1，Sig = 0.006），在0.01水平上显著。分析结果显示：目前居住结构为单独居住的调查对象表示“符合”的比例（94.2%）明显高于非单独居住的调查对象表示“符合”的比例（78.2%）。由此我们可以推出结论：目前的居住结构为单独居住的居民对所在社区的公共服务水平的认可度高于非单独居住的居民。

（6）从居住时间的角度来看，不同居住时间的调查对象对该问题的认知存在显著差异（$X^2=12.217$，df = 2，Sig = 0.002），在0.01水平上显著。分析结果显示：居住时间在10年以上的调查对象表示“符合”的比例（84.6%）是最高的，其次是居住时间3—10年的调查对象（77.6%），居住时间不满3年的调查对象表示“符合”的比例（68.1%）是最低的。由此我们可以推出结论：居民对所在社区的公共服务水平的认可度随着居住时间的增长而呈现递增趋势。

（7）从月均收入的角度来看，不同月均收入的调查对象对该问题的认知存在显著差异（$X^2=10.891$，df = 2，Sig = 0.004），在0.01水平上显著。分析结果显示：月均收入2000—3000元的调查对象表示“符合”的比例（83.8%）是最高的，其次是月均收入3000元以上的调查对象（比例为83.7%），月均收入2000元以下的调查对象表示“符合”的比例（71%）是最低的。由此我们可以推出结论：月均收入对所在社区的公共服务水平的认可度的影响表现出先低后高再低的趋势。

表4.9.6　调查对象对所在社区公共服务水平高认可度的显著性差异

		社区公共服务水平高	
		不符合（%）	符合（%）
性别	男（277人）	16.6	83.4
	女（234人）	24.4	75.6
	卡方检验　$X^2=4.737$，df = 1，Sig = 0.03		

续表

		社区公共服务水平高	
		不符合（%）	符合（%）
居住地属性	农村社区（364人）	17.0	83.0
	城市社区（147人）	27.9	72.1
	卡方检验　$X^2=7.671$，df = 1，Sig = 0.006		
居住地位置	城市（139人）	28.1	71.9
	城乡接合部（109人）	21.1	78.9
	农村（263人）	15.6	84.4
	卡方检验　$X^2=8.861$，df = 2，Sig = 0.012		
政治面貌	中共党员（116人）	9.5	90.5
	非中共党员（395人）	23.3	76.7
	卡方检验　$X^2=10.623$，df = 1，Sig = 0.001		
居住结构	单独居住（52）	5.8	94.2
	非单独居住（459）	21.8	78.2
	卡方检验　$X^2=7.446$，df = 1，Sig = 0.006		
居住时间	不满3年（91人）	31.9	68.1
	3—10年（134人）	22.4	77.6
	10年以上（286人）	15.4	84.6
	卡方检验　$X^2=12.217$，df = 2，Sig = 0.002		
月均收入	2000元以下（155人）	29.0	71.0
	2000—3000元（154人）	16.2	83.8
	3000元以上（202人）	16.3	83.7
	卡方检验　$X^2=10.891$，df = 2，Sig = 0.004		

第五章　社区治理参与主体功能作用评价

第一节　社区党组织功能作用

在社区治理的结构中，社区党组织应该处于核心地位，发挥领导核心作用。社区治理的结构，应该是社区内的党组织、政府、居民委员会、各类组织的结合产品。只有加强社区党组织的领导核心地位，才能够形成良好的社区管理秩序，推进社区的持续发展和制度运作。

党的基层组织建设是党组织的力量根本，只有立足于群众，扎根于群众，才能更好地深入群众、服务群众。社区党组织是党在基层社区层面上的路线、政策的主要策划者和执行者。社区党组织的建设与完善，能够增强党在城市中的阶级基础，能够扩大党在群众中的影响力，能够更好地联系群众、服务群众。

社区党组织作为党的基层单元，除了服务好群众，也应该为社区内的党员提供良好的服务。为党员提供良好的服务，能够让党员在贡献力量、服务群众的同时，感受到党组织的温暖，感受到社会的温暖，从而让党员更有战斗力，让社区党组织更有凝聚力。

在社区基层党组织服务好群众、服务好党员后，自然而然就可以让社区党组织起到服务发展的作用。这种服务发展，是基于科学发展观的发展，能够做到以人为本，全面和谐可持续发展。社区作为整个社会的微观层面，通过服务群众、服务党员，使得本社区的卫生、安全、文化等各方面得到了长足的发展，促进居民安居乐业，打造文明、祥和的安居环境，减少了社会治理成本[①]，为社区、社会发展奠定了良好的基石。

① 马兆明、刘秀华：《社区党组织在社区治理中的功能定位》，载《山东社会科学》2006年第7期，第144—147页。

例如，昆明市五华区创新社区党建[①]，把区域位置、院落楼宇、居民户数等作为依据，划分了392个网格，依托四级民情责任区，实行街道社区干部包街包巷包户责任制，精准掌握社区居民住户、公共户单位、社会组织等基础信息，全面了解社情民意、突发事件和矛盾焦点等各种情况，实现了管理全覆盖。通过加强街道为民服务中心和社区为民服务站建设，全面开展了就业、科技、文体、卫生、法律、教育、计生、社会救助、养老助残和家政服务“十进社区”活动，打造“15分钟服务圈”，以在职党员进社区活动为抓手，3898名机关事业单位在职党员到社区报到，认岗领责；组建81支社区党员志愿服务队伍，志愿服务内容已涵盖为民服务的各个方面。同时，根据不同群体的服务需求提供个性化和点对点服务，创建了“有事我帮您”“温馨家园”“四点半学校”“电超市”和“社区心理健康促进室”等一批服务品牌，以服务群众的实际效果赢得居民的认可。

为更好地了解调查对象对所在社区党组织功能作用的看法，课题组在调查问卷中设置了相关问题，让调查对象对社区党组织功能作用作出评价。问卷调查结果见表5.1.1：55.6%的调查对象表示“很满意”，28.6%的调查对象表示“比较满意”，10.2%的调查对象表示“一般”，只有5.6%的调查对象表示“不太满意”和“很不满意”。由此可以判断出：从总体上来说，调查对象对所在社区党组织功能作用的评价是很高的。

表5.1.1　调查对象对所在社区党组织功能作用的评价

	样本数（人）	比例（%）
很满意	284	55.6
比较满意	146	28.6
一般	52	10.2
不太满意	15	2.9
很不满意	14	2.7
合计	511	100.0

通过将调查对象的性别、年龄、婚姻状况、户籍类型、居住地属性、居

① 张光雄：《新时期城市社区党建工作：成效·问题·对策——以云南省昆明市五华区为例》，载《中共云南省委党校学报》，2016年第2期，第102—107页。

住地位置、政治面貌、居住形式、居住结构、居住时间、受教育程度、社区干部属性、月均收入、家庭年收入等特征与调查对象对所在社区党组织功能作用的评价进行交互分析①，结果见表5.1.2：调查对象的性别、居住地属性、居住地位置、政治面貌、居住形式、居住结构、居住时间、月均收入与该问题的交互分析存在显著差异。具体来说：

（1）从性别的角度来看，不同性别的调查对象对该问题的认知存在显著差异（$X^2=2.820$，$df=1$，$Sig=0.093$），在0.1水平上显著。分析结果显示：男性调查对象表示“满意”的比例（86.6%）高于女性调查对象表示“满意”的比例（81.2%）。由此我们可以推出结论：男性对所在社区党组织功能作用的评价高于女性。

（2）从居住地属性的角度来看，农村社区和城市社区的调查对象对该问题的认知存在显著差异（$X^2=3.213$，$df=1$，$Sig=0.073$），在0.1水平上显著。分析结果显示：农村社区的调查对象表示“满意”的比例（86%）明显高于城市社区调查对象表示“满意”的比例（79.6%）。由此我们可以推出结论：农村社区居民对所在社区党组织功能作用的评价高于城市社区居民。

（3）从居住地位置的角度来看，居住在城市、城乡接合部、农村的调查对象对该问题的认知存在显著差异（$X^2=4.703$，$df=2$，$Sig=0.095$），在0.1水平上显著。分析结果显示：居住在农村和城乡接合部的调查对象表示“满意”的比例（分别为86.3%和86.2%）明显高于居住在城市的调查对象表示“满意”的比例（78.4%）。由此我们可以推出结论：居住在农村和城乡接合部的居民对所在社区党组织功能作用的评价高于居住在城市的居民。

（4）从政治面貌的角度来看，不同政治面貌的调查对象对该问题的认知存在显著差异（$X^2=7.368$，$df=1$，$Sig=0.007$），在0.01水平上显著。分析结果显示：中共党员的调查对象表示“满意”的比例（92.2%）明显高于非中共党员的调查对象表示“满意”的比例（81.8%）。由此我们可以推出结论：中共党员对所在社区党组织功能作用的评价高于非中共党员。

---

① 在进行交互分析时，为了使比较的效果更好，课题组对问题的各个选项进行了整合，将“很满意”“比较满意”整合为“满意”，将“一般”“不太满意”“很不满意”整合为“不满意”。课题组对本章中的其他交互分析都作了同样处理。

（5）从居住形式的角度来看，不同居住形式的调查对象对该问题的认知存在显著差异（$X^2=6.513$，$df=1$，$Sig=0.011$），在0.05水平上显著。分析结果显示：自有住房的调查对象表示“满意”的比例（85.4%）明显高于非自有住房的调查对象表示“满意”的比例（70%）。由此我们可以推出结论：自有住房对所在社区党组织功能作用的评价高于非自有住房。

（6）从居住结构的角度来看，不同居住结构的调查对象对该问题的认知存在显著差异（$X^2=2.889$，$df=1$，$Sig=0.089$），在0.1水平上显著。分析结果显示：单独居住的调查对象表示“满意”的比例（92.3%）明显高于非单独居住的调查对象表示“满意”的比例（83.2%）。由此我们可以推出结论：单独居住的居民对所在社区党组织功能作用的评价高于非单独居住的居民。

（7）从居住时间的角度来看，不同居住时间的调查对象对该问题的认知存在显著差异（$X^2=9.193$，$df=2$，$Sig=0.01$），在0.05水平上显著。分析结果显示：居住时间在3—10年以上的调查对象表示“满意”的比例（86.6%）是最高的，其次是居住时间在10年以上的调查对象（86.4%），居住时间不满3年的调查对象表示“满意”的比例（73.6%）是最低的。由此我们可以推出结论：居住时间对居民社区党组织功能作用的评价的影响表现出先低后高最后又低的趋势。

（8）从月均收入的角度来看，不同月均收入的调查对象对该问题的认知存在显著差异（$X^2=14.745$，$df=2$，$Sig=0.001$），在0.01水平上显著。分析结果显示：月均收入3000元以上的调查对象表示“满意”的比例（89.1%）是最高的，其次是月均收入2000—3000元的调查对象（比例为87%），月均收入2000元以下的调查对象表示“满意”的比例（74.8%）是最低的。由此我们可以推出结论：月均收入越高的居民对所在社区党组织功能作用的评价也越高。

表5.1.2　调查对象对所在社区党组织功能作用评价的显著性差异

		社区党组织功能作用评价	
		不满意（%）	满意（%）
性别	男（277人）	13.4	86.6
	女（234人）	18.8	81.2
	卡方检验　$X^2=2.820$，$df=1$，$Sig=0.093$		

续表

		社区党组织功能作用评价	
		不满意（%）	满意（%）
居住地属性	农村社区（364 人）	14.0	86.0
	城市社区（147 人）	20.4	79.6
	卡方检验　$X^2=3.213$，df = 1，Sig = 0.073		
居住地位置	城市（139 人）	21.6	78.4
	城乡接合部（109 人）	13.8	86.2
	农村（263 人）	13.7	86.3
	卡方检验　$X^2=4.703$，df = 2，Sig = 0.095		
政治面貌	中共党员（116 人）	7.8	92.2
	非中共党员（395 人）	18.2	81.8
	卡方检验　$X^2=7.368$，df = 1，Sig = 0.007		
居住形式	自有住房（471 人）	14.6	85.4
	非自有住房（40 人）	30.0	70.0
	卡方检验　$X^2=6.513$，df = 1，Sig = 0.011		
居住结构	单独居住（52 人）	7.7	92.3
	非单独居住（459 人）	16.8	83.2
	卡方检验　$X^2=2.889$，df = 1，Sig = 0.089		
居住时间	不满 3 年（91 人）	26.4	73.6
	3—10 年（134 人）	13.4	86.6
	10 年以上（286 人）	13.6	86.4
	卡方检验　$X^2=9.193$，df = 2，Sig = 0.01		
月均收入	2000 元以下（155 人）	25.2	74.8
	2000—3000 元（154 人）	13.0	87.0
	3000 元以上（202 人）	10.9	89.1
	卡方检验　$X^2=14.745$，df = 2，Sig = 0.001		

第二节 社区居委会功能作用

社区居委会是承接政府职能，辅助城市公共管理的重要组成部分。随着市场经济的发展，大量的自有职业者出现，大批农民工进入城市，原有的企事业单位难以承载大量的住房、医疗、养老等各种福利待遇的工作。随着经济的发展，居民们期待更好的居住环境、更好的服务质量。随着城市化的进程加快，新城区的建设、旧城区改造等事项都与居民的土地、房屋有关，产生了各类的城市社会公共事务。目前政府职能正处于转变阶段，没有合适的机构来承担此类事务。因此，这些事务将不得不由居委会来承担。只有社区居委会才能有效利用社区资源、组织社会力量来处理此类社会公共事务。社区居委会能把社会政府职能通过居民之间自助、互助等方式联结起来，逐步实现社区自治。

利用社区资源，降低政府管理成本。社区居民和社区组织可以主张权利自助，追求实现自我服务，为社区居民办好事，社区中有着大量的人力资源和土地、房屋资源，社区居委会可以将这些资源合理调配，有效整合，并投入社区公益事业。社区居委会可以利用自身资源实现自我发展、自我管理和自我协调，降低政府管理成本，使得社区居委会形成长足的自我发展内驱力，巩固基层民主，促进基层稳定。

打通沟通途径，传递群众利益诉求。随着网络等信息技术的飞速发展，人民的民主意识不断觉醒。社区的居民对自己当家做主提出了越来越高的需求，希望自己能够切实地参与社区选举、听证等活动，发表自己的观点，参与民主活动。当代的群众更愿意主动、大声地发表自己的意见，与政府沟通。而社区居委会则是代表群众利益、反映群众诉求的最佳机构。社区居委会是向上传递群众生活状态、意见思想的最好渠道。作为一种柔性化的消息传递渠道和沟通途径，居委会能够逐步扩大自己在社区中民主自治的能力，传递群众的利益诉求，促进社会长治久安。

扎根群众基础，完成基层良性互动。社区居委会作为扎根于居民群众中的社会组织，能够根植于社会底层，了解居民的需求和真正问题所在。居委会的运作机制灵活，资源利用充分，可以有效地化解基层社会中的各种不稳定因素，成为政府与群众沟通中的柔性纽带[①]。在这样的基础上，居委会能够根据政府的决策，引导社区中的组织、人民完成公共服务领域的相关任务，实现在社区层面落实国家的政策和方针，以一种更中性、更柔和、更贴近民生的方式，组织、管理好群众，实现政府与基层的良性互动。

为更好地了解调查对象对所在社区居委会功能作用的看法，课题组在调查问卷中设置了相关问题，让调查对象对社区居委会功能作用作出评价。问卷调查结果见表 5.2.1：55.2% 的调查对象表示“很满意”，30.0% 的调查对象表示“比较满意”，7.6% 的调查对象表示“一般”，只有 7.2% 的调查对象表示“不太满意”和“很不满意”。由此可以判断出：从总体上来说，调查对象对所在社区居委会功能作用的评价是很高的。

表 5.2.1　调查对象对所在社区居委会功能作用的评价

	样本数（人）	比例（%）
很满意	282	55.2
比较满意	153	30.0
一般	39	7.6
不太满意	15	2.9
很不满意	22	4.3
合计	511	100.0

通过将调查对象的性别、年龄、婚姻状况、户籍类型、居住地属性、居住地位置、政治面貌、居住形式、居住结构、居住时间、受教育程度、社区干部属性、月均收入、家庭年收入等特征与调查对象对所在社区居委会功能作用的评价进行交互分析，结果见表 5.2.2：调查对象的居住结构、居住时间、月均收入与该问题的交互分析存在显著性差异。具体来说：

（1）从居住结构的角度来看，不同居住结构的调查对象对该问题的认知存在显著差异（$X^2=3.789$，$df=1$，$Sig=0.052$），在 0.1 水平上显著。分析结果显示：单独居住的调查对象表示“满意”的比例（94.2%）明显高于非单独居住的调查对象表示“满意”的比例（84.1%）。由此我们可以推出结

① 刘丽：《我国城市社区居委会角色定位及实现路径研究——以陕西省为例》，西北大学硕士学位论文，2014 年。

论：单独居住的居民对所在社区居委会功能作用的评价高于非单独居住的居民。

（2）从居住时间的角度来看，不同居住时间的调查对象对该问题的认知存在显著差异（$X^2=9.597$，$df=2$，$Sig=0.008$），在0.01水平上显著。分析结果显示：居住时间在3—10年以上的调查对象表示“满意”的比例（91.8%）是最高的，其次是居住时间在10年以上的调查对象，居住时间不满3年的调查对象表示“满意”的比例（76.9%）是最低的。由此我们可以推出结论：居住时间对居民社区居委会功能作用的评价的影响表现出先低后高最后又低的趋势。

（3）从月均收入的角度来看，不同月均收入的调查对象对该问题的认知存在显著差异（$X^2=14.230$，$df=2$，$Sig=0.001$），在0.01水平上显著。分析结果显示：月均收入3000元以上的调查对象表示“满意”的比例（89.1%）是最高的，其次是月均收入2000—3000元的调查对象（比例为89.0%），月均收入2000元以下的调查对象表示“满意”的比例（76.1%）是最低的。由此我们可以推出结论：月均收入越高的居民对所在社区居委会功能作用的评价也越高。

表5.2.2　调查对象对所在社区居委会功能作用评价的显著性差异

		社区居委会功能作用评价	
		不满意（%）	满意（%）
居住结构	单独居住（52人）	5.8	94.2
	非单独居住（459人）	15.9	84.1
	卡方检验　$X^2=3.789$，$df=1$，$Sig=0.052$		
居住时间	不满3年（91人）	23.1	76.9
	3—10年（134人）	8.2	91.8
	10年以上（286人）	15.4	84.6
	卡方检验　$X^2=9.597$，$df=2$，$Sig=0.008$		
月均收入	2000元以下（155人）	23.9	76.1
	2000—3000元（154人）	11.0	89.0
	3000元以上（202人）	10.9	89.1
	卡方检验　$X^2=14.230$，$df=2$，$Sig=0.001$		

第三节　社区党员功能作用

根据中组部发布的《2019 年中国共产党党内统计公报》，截至 2019 年 12 月 31 日，中国共产党党员总数为 9191. 4 万名；61 岁及以上党员 2657. 7 万名，占总数的 28. 9%；离退休人员 1866. 1 万名，占 20. 3%。60 岁以下党员有 6533. 7 万名，占总数的 71. 1%；离退休之外的党员有 7325. 3 万名，占总数的 79. 7%。社区中的党员是不可忽视的力量。

《中国共产党章程》第三十二条指出，街道、乡、镇党的基层委员会和村、社区党组织，领导本地区的工作，支持和保证行政组织、经济组织和群众自治组织充分行使职权。只有党员，才能够全身心地投入社区核心领导的工作上，起到重要的管理作用，为整个社区党组织的正常运行起到无可替代的作用。在社区层面上，社区成员的认知水平存在差异，这就要求社区党组织的领导要充分发挥领导作用，通过行之有效的思想政治工作，起到带领组织前进，使得党的政策思想和价值理念能够得到认同，增强居民的信心，提升居民的幸福感，加速社区发展。

党员作为先进的团体，能够在社区治理建设中起到积极的作用。在基层党组织建设中，党员可以实现宣传党的主张，贯彻党的决定，领导基层治理，团结动员群众，推动改革发展的重要作用。可以将党的政治优势、组织优势和群众工作优势转化成治理优势。党员可以在社区治理工作中起到先锋模范作用，走在组织群众、凝聚群众和服务群众的前沿。

代表人民利益，为人民服务，是我党的根本宗旨。社区是维护人民群众利益、服务群众的第一线。社区中的党员应该最了解人民群众的生活状况，最了解人民群众的诉求，从而听取群众的意见，让人民群众接受，赢得人民群众的信赖和支持。在基层党组织的党员，可以通过积极服务群众，起到良好的凝聚人心的作用。社区党组织党员的服务工作做得越好，党组织和党员的公信力就越强，人民群众就越拥护，人心就越凝聚。党员应该积极参与服务基础群众的工作，开展丰富多彩的服务活动，建立牢固的党群关系。

社区党员可以切实维护广大居民群众的合法利益，建立和完善社区管理制度，使得群众对社区党组织、党员更加信任。在深入群众、维护群众利益的基础上，党员同志就可以按照一定的规则和方式，协调个体和群体之间的利益关系，缓和利益和矛盾的冲突。在当今社区治理中，维护居民利益，维持社区稳定是一个重要的命题。党员同志可以通过各种合理的途径，使得群众的利益诉求得到合理的表达，整合社区群众、社会政府等多方面的利益，维持整个社区、社会的稳定和谐。

例如，广东省深圳市宝安区以全面提升组织力为切入点，从组织凝聚力、政治领导力、模范带动力、动员号召力四个维度，将整顿软弱涣散基层党组织，与强化社区党委组织建设、班子建设、党员作用发挥以及社区群众服务拓展有机结合，将基层党组织的政治功能与服务功能有机结合，将基层党建与基层治理、动员群众和推动发展结合。通过一系列的有效措施和手段，让社区基层党组织和党员的作用发挥起来，起到基层党组织战斗堡垒的作用①。

为更好地了解调查对象对所在社区党员功能作用的看法，课题组在调查问卷中设置了相关问题，让调查对象对社区党员功能作用作出评价。问卷调查结果见表 5.3.1：49.7%的调查对象表示"很满意"，32.3%的调查对象表示"比较满意"，12.1%的调查对象表示"一般"，只有 5.9%的调查对象表示"不太满意"和"很不满意"。由此可以判断出：从总体上来说，调查对象对所在社区党员功能作用的评价是很高的。

表 5.3.1　调查对象对所在社区党员功能作用的评价

	样本数（人）	比例（%）
很满意	254	49.7
比较满意	165	32.3
一般	62	12.1
不太满意	18	3.5
很不满意	12	2.4
合计	511	100.0

通过将调查对象的性别、年龄、婚姻状况、户籍类型、居住地属性、居住地位置、政治面貌、居住形式、居住结构、居住时间、受教育程度、社区

① 林清新、陈家喜：《提升组织力：城市社区党建的战略着力点——基于深圳市宝安区的个案研究》，载《理论视野》2019 年第 2 期，第 67—72 页。

干部属性、月均收入、家庭年收入等特征与调查对象对所在社区党员功能作用的评价进行交互分析，结果见表 5. 3. 2：调查对象的居住地属性、居住地位置、政治面貌、居住形式、居住时间、月均收入与该问题的交互分析存在显著性差异。具体来说：

（1）从居住地属性的角度来看，农村社区和城市社区的调查对象对该问题的认知存在显著差异（$X^2=7.179$，$df=1$，$Sig=0.007$），在 0. 01 水平上显著。分析结果显示：农村社区的调查对象表示“满意”的比例（84. 9%）明显高于城市社区调查对象表示“满意”的比例（74. 8%）。由此我们可以推出结论：农村社区居民对所在社区党员功能作用的评价高于城市社区居民。

（2）从居住地位置的角度来看，居住在城市、城乡接合部、农村的调查对象对该问题的认知存在显著差异（$X^2=8.237$，$df=2$，$Sig=0.016$），在 0. 05 水平上显著。分析结果显示：居住在农村和城乡接合部的调查对象表示“满意”的比例（分别为 84. 4% 和 86. 2%）明显高于居住在城市的调查对象表示“满意”的比例（74. 1%）。由此我们可以推出结论：居住在农村和城乡接合部的居民对所在社区党员功能作用的评价高于居住在城市的居民。

（3）从政治面貌的角度来看，不同政治面貌的调查对象对该问题的认知存在显著差异（$X^2=8.950$，$df=1$，$Sig=0.003$），在 0. 01 水平上显著。分析结果显示：中共党员的调查对象表示“满意”的比例（91. 4%）明显高于非中共党员的调查对象表示“满意”的比例（79. 2%）。由此我们可以推出结论：中共党员对所在社区党员功能作用的评价高于非中共党员。

（4）从居住形式的角度来看，不同居住形式的调查对象对该问题的认知存在显著差异（$X^2=6.177$，$df=1$，$Sig=0.013$），在 0. 05 水平上显著。分析结果显示：自有住房的调查对象表示“满意”的比例（83. 2%）明显高于非自有住房的调查对象表示“满意”的比例（67. 5%）。由此我们可以推出结论：自有住房的居民对所在社区党员功能作用的评价高于非自有住房的居民。

（5）从居住时间的角度来看，不同居住时间的调查对象对该问题的认知存在显著差异（$X^2=14.476$，$df=2$，$Sig=0.001$），在 0. 01 水平上显著。分析结果显示：居住时间 10 年以上的调查对象表示“满意”的比例（85. 3%）是最高的，其次是居住时间在 3—10 年的调查对象比例为（84. 3%），居住时间不满 3 年的调查对象表示“满意”的比例（68. 1%）是最低的。由此我们可以推出结论：居住时间对居民社区党员功能作用的评价的影响表现出随着居住时间的增长而增加的趋势。

（6）从月均收入的角度来看，不同月均收入的调查对象对该问题的认知存在显著差异（$X^2 = 5.638$，df = 2，Sig = 0.060），在 0.1 水平上显著。分析结果显示：月均收入 2000—3000 元的调查对象表示“满意”的比例（87.7%）是最高的，其次是月均收入 3000 元以上的调查对象（比例为 81.2%），月均收入 2000 元以下的调查对象表示“满意”的比例（77.4%）是最低的。由此我们可以推出结论：月均收入对居民社区党员功能作用的评价的影响表现出先低后高最后又低的趋势。

表 5.3.2　调查对象对所在社区党员功能作用评价的显著性差异

		社区党员功能作用评价	
		不满意（%）	满意（%）
居住地属性	农村社区（364 人）	15.1	84.9
	城市社区（147 人）	25.2	74.8
	卡方检验　$X^2 = 7.179$，df = 1，Sig = 0.007		
居住地位置	城市（139 人）	25.9	74.1
	城乡接合部（109 人）	13.8	86.2
	农村（263 人）	15.6	84.4
	卡方检验　$X^2 = 8.237$，df = 2，Sig = 0.016		
政治面貌	中共党员（116 人）	8.6	91.4
	非中共党员（395 人）	20.8	79.2
	卡方检验　$X^2 = 8.950$，df = 1，Sig = 0.003		
居住形式	自有住房（471 人）	16.8	83.2
	非自有住房（40 人）	32.5	67.5
	卡方检验　$X^2 = 6.177$，df = 1，Sig = 0.013		
居住时间	不满 3 年（91 人）	31.9	68.1
	3—10 年（134 人）	15.7	84.3
	10 年以上（286 人）	14.7	85.3
	卡方检验　$X^2 = 14.476$，df = 2，Sig = 0.001		

续表

		社区党员功能作用评价	
		不满意（%）	满意（%）
月均收入	2000 元以下（155 人）	22.6	77.4
	2000—3000 元（154 人）	12.3	87.7
	3000 元以上（202 人）	18.8	81.2
	卡方检验　$X^2=5.638$，$df=2$，$Sig=0.060$		

第四节　社区居民功能作用

现代化城市社区的治理，应该以社区居民自治为导向，通过社区居民自治，可以有效提升资源配置合理性，降低社区管理成本，加速社区发展，有利于加强基层民主，加速社会经济发展。在社区居民自治的导向下，社区居民成为社区治理中最重要的一环，居民承担社区治理中的组成主体、服务主体、资源主体和管理主体。

基层社区的出发点和归结点都是居民本身[①]。社区治理的本质是为了满足居民多样化、高质量的生活需要和发展。社区居民是社区的组成主体，只有实行以人为本的治理、管理模式，才能够切实地全面提高居民的素质和生活水平，保障和增强每个社区居民的生存和发展能力，为社区居民的自有、全面发展创造条件。居民的利益无小事，居民的态度、居民的生活水平和质量，是社区治理的工作标准。社区居民的需求是第一标准，社区居民的满意程度是第一标准。社区治理要着力于保障民生，提高居民生活水平，提升居民幸福指数。

基层社区治理的服务导向，就是加强和完善服务型社区的建设[②]。服务型社区，就是为居民服务的社区。社区以居民的利益为首，尽最大努力为居民提供满意的、高质量的服务，这就是为居民服务，居民本身就是服务主体。社区居民服务社区居民，这种自治化、自我服务是社区服务的重要特征。随着改革开放，社区服务功能的重要性逐渐提高，加强社区服务有助于提高基

① 罗光华：《城市基层社会管理模式创新研究——以广州市新一轮基层社会管理创新为例》，武汉大学博士学位论文，2011 年。

② 夏晓丽：《城市社区治理中的公民参与问题研究》，山东大学博士学位论文，2011 年。

层生活服务的质量和水平，加强社会、社区转型的建设和发展稳定[①]。基层社区服务要切实通过服务满足居民需求，实现基层的和谐稳定。

社区居民服务需要建立在充足的资源上，基层社区有着丰富的资源，在社区治理的层面上，社区自治显得尤为重要。随着市场的逐渐完善，大量的资源需要通过市场的方式加以配置。通过自治导向的社区建设可以通过社区自身的资源进行社会整合。在社区自治的环境下，社区居民就是社区的资源主体。这种资源不仅仅是社区本身居民的劳动力、人力资源，也包括了社区居民的物质和非物质资源。在社区自治的条件下，社区整体形成一个自治的资源治理体系，在社区内部完成供需循环。

社区治理活动主要是居民对社区事务的自我决策、自我管理、自我服务和自我完善的活动。在社区治理过程中，居民本身也是管理的主体。这种管理活动应该体现社区居民的意愿，反映社区居民的需求，维护社区成员的利益。在社区管理上，要鼓励社区居民积极参与，培养居民的参与意识与参与能力，最终形成社区居民充分参与管理，充分自我建设的格局。

为更好地了解调查对象对所在社区居民功能作用的看法，课题组在调查问卷中设置了相关问题，让调查对象对社区居民功能作用作出评价。问卷调查结果见表 5. 4. 1：48. 6% 的调查对象表示“很满意”，33. 3% 的调查对象表示“比较满意”，14. 4% 的调查对象表示“一般”，只有 3. 7% 的调查对象表示“不太满意”和“很不满意”。由此可以判断出：从总体上来说，调查对象对所在社区居民功能作用的评价是很高的。

表 5. 4. 1　调查对象对所在社区居民功能作用的评价

	样本数（人）	比例（%）
很满意	248	48. 6
比较满意	170	33. 3
一般	74	14. 4
不太满意	9	1. 7
很不满意	10	2. 0
合计	511	100. 0

① 李慧凤:《社区治理与社会管理体制创新》，浙江大学博士学位论文，2011 年。

通过将调查对象的性别、年龄、婚姻状况、户籍类型、居住地属性、居住地位置、政治面貌、居住形式、居住结构、居住时间、受教育程度、社区干部属性、月均收入、家庭年收入等特征与调查对象对所在社区居民功能作用的评价进行交互分析，结果见表5.4.2：调查对象的居住地属性、居住地位置、政治面貌、居住形式、居住时间与该问题的交互分析存在显著性差异。具体来说：

（1）从居住地属性的角度来看，农村社区和城市社区的调查对象对该问题的认知存在显著差异（$X^2=5.138$，df=1，Sig=0.023），在0.05水平上显著。分析结果显示：农村社区的调查对象表示“满意”的比例（83.5%）明显高于城市社区调查对象表示“满意”的比例（74.8%）。由此我们可以推出结论：农村社区居民对所在社区居民功能作用的评价高于城市社区居民。

（2）从居住地位置的角度来看，居住在城市、城乡接合部、农村的调查对象对该问题的认知存在显著差异（$X^2=7.734$，df=2，Sig=0.021），在0.05水平上显著。分析结果显示：居住在农村和城乡接合部的调查对象表示“满意”的比例（分别为84.8%和81.7%）明显高于居住在城市的调查对象表示“满意”的比例（73.4%）。由此我们可以推出结论：居住在农村和城乡接合部的居民对所在社区居民功能作用的评价高于居住在城市的居民。

（3）从政治面貌的角度来看，不同政治面貌的调查对象对该问题的认知存在显著差异（$X^2=4.664$，df=1，Sig=0.031），在0.05水平上显著。分析结果显示：中共党员的调查对象表示“满意”的比例（87.9%）明显高于非中共党员的调查对象表示“满意”的比例（79.0%）。由此我们可以推出结论：中共党员对所在社区居民功能作用的评价高于非中共党员。

（4）从居住形式的角度来看，不同居住形式的调查对象对该问题的认知存在显著差异（$X^2=5.156$，df=1，Sig=0.023），在0.05水平上显著。分析结果显示：自有住房的调查对象表示“满意”的比例（82.2%）明显高于非自有住房的调查对象表示“满意”的比例（67.5%）。由此我们可以推出结论：自有住房对所在社区居民功能作用的评价高于非自有住房。

（5）从居住时间的角度来看，不同居住时间的调查对象对该问题的认知存在显著差异（$X^2=7.418$，df=2，Sig=0.024），在0.05水平上显著。分析结果显示：居住时间10年以上的调查对象表示“满意”的比例

（84.3%）是最高的，其次是居住时间在3—10年的调查对象（比例为80.6%），居住时间不满3年的调查对象表示“满意”的比例（71.4%）是最低的。由此我们可以推出结论：居住时间对所在社区居民功能作用的评价的影响表现出随着时间的增长而增加的趋势。

表5.4.2 调查对象对所在社区居民功能作用评价的显著性差异

		社区居民功能作用评价	
		不满意（%）	满意（%）
居住地属性	农村社区（364人）	16.5	83.5
	城市社区（147人）	25.2	74.8
	卡方检验　$X^2=5.138$，df=1，Sig=0.023		
居住地位置	城市（139人）	26.6	73.4
	城乡接合部（109人）	18.3	81.7
	农村（263人）	15.2	84.8
	卡方检验　$X^2=7.734$，df=2，Sig=0.021		
政治面貌	中共党员（116人）	12.1	87.9
	非中共党员（395人）	21.0	79.0
	卡方检验　$X^2=4.664$，df=1，Sig=0.031		
居住形式	自有住房（471人）	17.8	82.2
	非自有住房（40人）	32.5	67.5
	卡方检验　$X^2=5.156$，df=1，Sig=0.023		
居住时间	不满3年（91人）	28.6	71.4
	3—10年（134人）	19.4	80.6
	10年以上（286人）	15.7	84.3
	卡方检验　$X^2=7.418$，df=2，Sig=0.024		

第五节　社区业委会功能作用

业委会作为社区自治组织，是由物业管理区域内的业主通过业主大会选举产生，代表业主利益，行使业主大会赋予的职权，向社会各方反映业主意愿和要求，并监督和协助物业公司管理运作的自治组织。业主通过业委会来维护自己的合法权益和选聘物业公司，从而达到提升小区治理质量和促进房产保值增值的目的。业委会自产生以来，其定位和功能不断发展，在社区治理体系中发挥着重要作用。

首先，业委会是业主参与社区治理、保护社区共有财产的重要平台。当前社区中的各种矛盾与纠纷复杂，业主在维权过程中有时需要付出较大的经济成本和时间成本，业委会作为代表业主参与社区治理的自治组织，具有专业、合法和权威的优势。因此，业主委员会代表居民通过协商谈判或法律途径解决纠纷已逐渐成为城市市民维权的主要形式。小区内部的电梯、社区内外装饰、地上地下的公共空间、园林绿地、物业服务用房等都是业主的共有财产，由全体业主管理、经营和使用。面对部分业主在小区内私搭乱建、一些物业公司侵占小区的公共收益、少数开发商变更共有财产属性等危害和侵占业主公共财产的行为，业委会作为代表小区业主对共有财产进行管理的唯一合法组织，可向社会各方反映业主的愿望和要求。

其次，业委会是联系居委会与业主群体、激发社区活力的重要载体。我国城市社区居委会辖区规模普遍在1000户以上，社区工作者有10—20人，由这些社区工作者联系所有的业主难度较大，于是在涉及业主民主协商、集体决策的公共事务上，业委会便发挥了凝聚业主意志、承上启下的载体作用，不仅缓解了社区工作人手紧张的状况，而且激发了社区的自治活力。

最后，业委会是规范业主表达、推动社区治理法治化的重要支撑。业主通过业委会表达自己的合法利益诉求，在事关小区利益的司法诉讼中也是通过业委会来主张全体业主的合法权利，并且通过参加业委会组织的普法活动学习公共事务合法合理的处理方式，从而实现了业主的自我管理、自我服务、自我教育，这样做有利于营造办事依法、遇事找法、解决问题用法、化解矛盾靠法的良好小区法治环境。

业委会参与城市社区治理过程中需充分调动社区治理各方的积极性，提升业委会组建率，推动公共服务资源下沉，提高业委会履职能力，强化社区党建，构建业委会监督体系，拓展业主社区参与渠道，推动社区共同体建设[①]。例如，上海市黄浦区半淞园路街道党工委充分发挥基层党组织作用，坚

---

① 胡宝艺：《业委会参与城市社区治理的思考》，载《中共山西省委党校学报》2020年第2期，第72—75页。

持党组织对业委会的"政治引领、组织引领、能力引领、机制引领"，探索出了一条"坚持党建引领、业主有序参与、依法依规依约"的新模式，推动破解小区治理难题，巩固了党的执政基础，激发了基层治理活力，为城市社区治理提供了可复制、可推广、可借鉴的经验①。

为更好地了解调查对象对所在社区业委会功能作用的看法，课题组在调查问卷中设置了相关问题，让调查对象对社区业委会功能作用作出评价。问卷调查结果见表5.5.1：47.9%的调查对象表示"很满意"，33.1%的调查对象表示"比较满意"，15.2%的调查对象表示"一般"，只有3.8%的调查对象表示"不太满意"和"很不满意"。由此可以判断出：从总体上来说，调查对象对所在社区业委会功能作用的评价是很高的。

表5.5.1　调查对象对所在社区业委会功能作用的评价

	样本数（人）	比例（%）
很满意	245	47.9
比较满意	169	33.1
一般	78	15.2
不太满意	9	1.8
很不满意	10	2.0
合计	511	100.0

通过将调查对象的性别、年龄、婚姻状况、户籍类型、居住地属性、居住地位置、政治面貌、居住形式、居住结构、居住时间、受教育程度、社区干部属性、月均收入、家庭年收入等特征与调查对象对所在社区业委会功能作用的评价进行交互分析，结果见表5.5.2：调查对象的户籍类型、居住地属性、居住地位置、居住时间与该问题的交互分析存在显著性差异。具体来说：

（1）从户籍类型的角度来看，农业户口和非农业户口的调查对象对该问题的认知存在显著差异（$X^2=4.889$，df=1，Sig=0.027），在0.05水平上显著。分析结果显示：农业户口的调查对象表示"满意"的比例（71.7%）明显高于非农业户口调查对象表示"满意"的比例（60.4%）。由此我们可以推出

① 上海市黄浦区半淞园路街道．以党建引领业委会规范化建设　破解社区治理难[EB/OL]．人民网——中国共产党新闻网，http://dangjian.people.com.cn/n1/2018/1101/c420318-30376854.html.

结论：农业户口居民对所在社区业委会功能作用的评价高于非农业户口居民。

（2）从居住地属性的角度来看，农村社区和城市社区的调查对象对该问题的认知存在显著差异（$X^2=18.234$，$df=1$，$Sig=0.000$），在0.01水平上显著。分析结果显示：农村社区的调查对象表示“满意”的比例（75.0%）明显高于城市社区调查对象表示“满意”的比例（55.8%）。由此我们可以推出结论：农村社区居民对所在社区业委会功能作用的评价高于城市社区居民。

（3）从居住地位置的角度来看，居住在城市、城乡接合部、农村的调查对象对该问题的认知存在显著差异（$X^2=19.192$，$df=2$，$Sig=0.000$），在0.01水平上显著。分析结果显示：居住在农村和城乡接合部的调查对象表示“满意”的比例（分别为77.6%和66.1%）明显高于居住在城市的调查对象表示“满意”的比例（56.8%）。由此我们可以推出结论认为：居住在农村和城乡接合部的居民对所在社区业委会功能作用的评价高于居住在城市的居民。

（4）从居住时间的角度来看，不同居住时间的调查对象对该问题的认知存在显著差异（$X^2=8.869$，$df=2$，$Sig=0.012$），在0.05水平上显著。分析结果显示：居住时间10年以上的调查对象表示“满意”的比例（74.8%）是最高的，其次是居住时间在3—10年的调查对象，居住时间不满3年的调查对象表示“满意”的比例（61.5%）是最低的。由此我们可以推出结论：居住时间对居民社区业委会功能作用的评价的影响表现出随着时间的增长而增高的趋势。

表5.5.2　调查对象对所在社区业委会功能作用评价的显著性差异

		社区业委会功能作用评价	
		不满意（%）	满意（%）
户籍类型	农业户口（410人）	28.3	71.7
	非农业户口（101人）	39.6	60.4
	卡方检验　$X^2=4.889$，$df=1$，$Sig=0.027$		
居住地属性	农村社区（364人）	25.0	75.0
	城市社区（147人）	44.2	55.8
	卡方检验　$X^2=18.234$，$df=1$，$Sig=0.000$		

续表

		社区业委会功能作用评价	
		不满意（%）	满意（%）
居住地位置	城市（139人）	43.2	56.8
	城乡接合部（109人）	33.9	66.1
	农村（263人）	22.4	77.6
	卡方检验 $X^2=19.192$，df=2，Sig=0.000		
居住时间	不满3年（91人）	38.5	61.5
	3—10年（134人）	36.6	63.4
	10年以上（286人）	25.2	74.8
	卡方检验 $X^2=8.869$，df=2，Sig=0.012		

第六节　社区物业公司功能作用

社区物业管理具有扎根基层、贴近业主、覆盖广泛等特点，是加强和创新基层社会治理的切入点之一。物业管理参与基层社会治理逐步达成共识，2017年中共中央、国务院印发的《关于加强和完善城乡社区治理的意见》，以中央文件的形式将物业管理纳入社区治理体系。随后，各地各部门在政策文件中，多次提出通过改进物业管理或提升物业服务水平加强社区治理。

物业管理参与基层社会治理主要体现在以下几个方面：

第一，引导广大业主积极参与基层公共事务。在小区活动中，业主对专有部分以外的共有部分享有共有和共同管理的权利，是参与基层公共事务的主体。业主大会代表和维护物业管理区域内全体业主在物业管理活动中的合法权益，对业主委员会成员任免、物业专项维修资金筹集使用、小区公共收益管理使用等众多事项具有表决权。加强社区基层党建，积极引导业主对基层公共事务的参与和决策，建立起公共事务管理与业主利益的内在联系，提升业主的参与度和自愿性，是探索小区业主自我管理、自我服务、自我监督的根本路径。

第二，推动网格化管理模式的延伸覆盖。随着社会治理的精细化水平提升和基层社会治理的重点下沉，逐步推动网格化管理模式由社区向小区拓展，将物业客服等岗位的工作进行网格化管理划分，做到人人设区域、人人担责任，配合社区网格员工作下沉，助力小区精准治理。

第三，建设智慧平台有效链接各方资源。创新社会治理离不开智慧平台的有效支撑，各方应积极探索推进“智慧物业”建设[①]。有两种模式可以借鉴：一种是政府投资建设进行行政监管、居民服务的公共信息平台，如深圳市推出的人工智能和大数据技术相结合的“罗湖物业管理”数字平台；另一种是物业服务企业自行开发的信息系统，如碧桂园的“凤凰社”、长城物业的“一应云”平台、中航物业的“π”平台、彩生活的“彩之云”、绿城物业的“绿城生活”等，通过科技支撑有效提升管理效能。

山东省潍坊市奎文区以红色物业为支撑，探索出一套推动物业管理与社会治理深度融合的新路子[②]。奎文区在深入调研、科学论证的基础上，充分发挥社区联系群众紧密、公信力强的优势，创新推行社区“公办”物业，按照政府主导、社区自治、市场运作、业主联动原则，以“党建引领、红色物业、多元共治、共建共享”为主线，以“小物业、微治理、大服务”为导向，制定出台《奎文区创新老旧小区物业管理提升社会治理水平助推高品质城市建设指导意见（试行）》，探索健全1个工作体系、搭建1个信息化平台、提升7项管理服务、完善3项推进机制的“1173”模式，真正把物业公司打造成为联系群众、服务群众、凝聚群众的重要平台。在全区成立8个街道物业管理服务中心、37家社区物业公司、10家社区物业服务站，进驻服务95个无物业小区，惠及群众5.6万人。

为更好地了解调查对象对所在社区物业公司功能作用的看法，课题组在调查问卷中设置了相关问题，让调查对象对社区物业公司功能作用作出评价。问卷调查结果见表5.6.1：41.9%的调查对象表示“很满意”，27.6%的调查对象表示“比较满意”，10.0%的调查对象表示“一般”，20.5%的调查对象表示“不太满意”和“很不满意”。由此可以判断出：从总体上来说，调查对象对所在社区物业公司功能作用的评价是很高的。

---

① 王鹏：《加强社区物业管理完善基层社会治理》，2020年9月17日《中国建设报》，第5版。

② 傅晓丽：《山东潍坊奎文区：推动物业管理与社会治理深度融合》，载《中国民政》2020年第18期，第49—50+52页。

表 5.6.1　调查对象对所在社区物业公司功能作用的评价

	样本数（人）	比例（%）
很满意	214	41.9
比较满意	141	27.6
一般	51	10.0
不太满意	5	1.0
很不满意	100	19.5
合计	511	100.0

通过将调查对象的性别、年龄、婚姻状况、户籍类型、居住地属性、居住地位置、政治面貌、居住形式、居住结构、居住时间、受教育程度、社区干部属性、月均收入、家庭年收入等特征与调查对象对所在社区物业公司功能作用的评价进行交互分析，结果见表 5.6.2：调查对象的户籍类型、居住地属性、居住地位置、政治面貌、居住结构、居住时间、月均收入与该问题的交互分析存在显著性差异。具体来说：

（1）从户籍类型的角度来看，农业户口和非农业户口的调查对象对该问题的认知存在显著差异（$X^2=3.217$，$df=1$，$Sig=0.073$），在 0.1 水平上显著。分析结果显示：农业户口的调查对象表示“满意”的比例（72.4%）明显高于非农业户口调查对象表示“满意”的比例（63.4%）。由此我们可以推出结论：农业户口居民对所在社区物业公司功能作用的评价高于非农业户口居民。

（2）从居住地属性的角度来看，农村社区和城市社区的调查对象对该问题的认知存在显著差异（$X^2=14.672$，$df=1$，$Sig=0.000$），在 0.01 水平上显著。分析结果显示：农村社区的调查对象表示“满意”的比例（75.5%）明显高于城市社区调查对象表示“满意”的比例（58.5%）。由此我们可以推出结论：农村社区居民对所在社区物业公司功能作用的评价高于城市社区居民。

（3）从居住地位置的角度来看，居住在城市、城乡接合部、农村的调查对象对该问题的认知存在显著差异（$X^2=9.691$，$df=2$，$Sig=0.008$），在 0.01 水平上显著。分析结果显示：居住在农村和城乡接合部的调查对象表示“满意”的比例（分别为 74.9% 和 73.4%）明显高于居住在城市的调查对象表示“满意”比例（60.4%）。由此我们可以推出结论：居住在农村和城乡接合部的居民对所在社区物业公司功能作用的评价高于居住在城市的居民。

（4）从政治面貌的角度来看，不同政治面貌的调查对象对该问题的认知存在显著差异（$X^2 = 5.433$，$df = 1$，$Sig = 0.020$），在0.05水平上显著。分析结果显示：中共党员的调查对象表示“满意”的比例（79.3%）明显高于非中共党员的调查对象表示“满意”的比例（68.1%）。由此我们可以推出结论：中共党员对所在社区物业公司功能作用的评价高于非中共党员。

（5）从居住结构的角度来看，不同居住结构的调查对象对该问题的认知存在显著差异（$X^2 = 2.861$，$df = 1$，$Sig = 0.091$），在0.1水平上显著。分析结果显示：单独居住的调查对象表示“满意”的比例（80.8%）明显高于非单独居住的调查对象表示“满意”的比例（69.5%）。由此我们可以推出结论：单独居住的居民对所在社区物业公司功能作用的评价高于非单独居住的居民。

（6）从居住时间的角度来看，不同居住时间的调查对象对该问题的认知存在显著差异（$X^2 = 5.918$，$df = 2$，$Sig = 0.052$），在0.1水平上显著。分析结果显示：居住时间10年以上的调查对象表示“满意”的比例（74.5%）是最高的，其次是居住时间在3—10年的调查对象，居住时间不满3年的调查对象表示“满意”的比例（61.5%）是最低的。由此我们可以推出结论：居住时间对所在社区物业公司功能作用的评价的影响表现出随着时间的增长而增高的趋势。

（7）从月均收入的角度来看，不同月均收入的调查对象对该问题的认知存在显著差异（$X^2 = 6.181$，$df = 2$，$Sig = 0.045$），在0.05水平上显著。分析结果显示：月均收入2000—3000元的调查对象表示“满意”的比例（75.3%）是最高的，其次是月均收入3000元以上的调查对象（比例为72.8%），月均收入2000元以下的调查对象表示“满意”的比例（63.2%）是最低的。由此我们可以推出结论：月均收入对所在社区物业公司功能作用的评价的影响表现出先低后高最后又低的趋势。

表 5.6.2　调查对象对所在社区物业公司功能作用评价的显著性差异

		社区物业公司功能作用评价	
		不满意（%）	满意（%）
户籍类型	农业户口（410 人）	27.6	72.4
	非农业户口（101 人）	36.6	63.4
	卡方检验　$X^2=3.217$，df = 1，Sig = 0.073		
居住地属性	农村社区（364 人）	24.5	75.5
	城市社区（147 人）	41.5	58.5
	卡方检验　$X^2=14.672$，df = 1，Sig = 0.000		
居住地位置	城市（139 人）	39.6	60.4
	城乡接合部（109 人）	26.6	73.4
	农村（263 人）	25.1	74.9
	卡方检验　$X^2=9.691$，df = 2，Sig = 0.008		
政治面貌	中共党员（116 人）	20.7	79.3
	非中共党员（395 人）	31.9	68.1
	卡方检验　$X^2=5.433$，df = 1，Sig = 0.020		
居住结构	单独居住（52 人）	19.2	80.8
	非单独居住（459 人）	30.5	69.5
	卡方检验　$X^2=2.861$，df = 1，Sig = 0.091		
居住时间	不满 3 年（91 人）	38.5	61.5
	3—10 年（134 人）	31.3	68.7
	10 年以上（286 人）	25.5	74.5
	卡方检验　$X^2=5.918$，df = 2，Sig = 0.052		
月均收入	2000 元以下（155 人）	36.8	63.2
	2000—3000 元（154 人）	24.7	75.3
	3000 元以上（202 人）	27.2	72.8
	卡方检验　$X^2=6.181$，df = 2，Sig = 0.045		

第七节　社区社会组织功能作用

社区社会组织是指在社区内由居民自发组织的为满足居民的各种不同需

求而建立起来的群众性团体或组织。社区社会组织的成员基本上是社区居民，规模结构较为简单，运作方式也很灵活，管理方式一般是自我管理和自我服务的自主自治模式，活动内容十分丰富，大多从事公益性、服务性、维权性、文体娱乐性等活动，具有公益性、自发性、基层性、自治性、志愿性等特征。

各种社会组织在服务社区居民的过程中发挥着各自的特长，使居民的各种需求得以解决。随着社会的进步和经济的发展，人民群众在组织生活得以满足的同时，开始追求精神生活的享受，对民主、法治和公平等有了更高要求。目前，社区是解决人民群众日常生活中各种问题的主体，而随着社会的发展、政府的力量在众多事务的处理中的分散，医疗、教育等公共服务需要社会组织的积极参与。

社会组织在民主协商中的优势明显，不仅有助于政策的制定，更有助于有关政策的落实，因此，社会组织是新时代促进社区民主协商的中坚力量，对于国家治理体系的改善有显著的促进作用。

四川省成都市积极探索与城市发展相适应的城乡社区发展治理体系建设，在以党建为引领、居民自治的基础上，社会组织成为社区发展治理的一支重要力量[①]。和美社区综合体8000多平方米，能够服务8万多名居民，经过一年多的“管委会+社会组织”的模式探索，他们充分发挥“创女时代”枢纽型社会组织的孵化培育能力，引入25家生活服务类社会企业和社会组织，同时培育孵化本土社会组织36个，例如遛弯公社、小步阅读汇、天义矛盾纠纷调解工作室、文明养犬劝导队等，让居民能够享受不同类型的服务。

为更好地了解调查对象对所在社区社会组织功能作用的看法，课题组在调查问卷中设置了相关问题，让调查对象对社区社会组织功能作用作出评价。问卷调查结果见表5.7.1：44.8%的调查对象表示“很满意”，33.9%的调查对象表示“比较满意”，13.1%的调查对象表示“一般”，只有8.2%的调查对象表示“不太满意”和“很不满意”。由此可以判断出：从总体上来说，调查对象对所在社区社会组织功能作用的评价是很高的。

---

① 邓婕．社会组织如何真正参与社区治理发展［EB/OL］．四川广电网络，https://www.sohu.com/a/306725712_161216.

表 5.7.1 调查对象对所在社区社会组织功能作用的评价

	样本数（人）	比例（%）
很满意	229	44.8
比较满意	173	33.9
一般	67	13.1
不太满意	16	3.1
很不满意	26	5.1
合计	511	100.0

通过将调查对象的性别、年龄、婚姻状况、户籍类型、居住地属性、居住地位置、政治面貌、居住形式、居住结构、居住时间、受教育程度、社区干部属性、月均收入、家庭年收入等特征与调查对象对所在社区社会组织功能作用的评价进行交互分析，结果见表 5.7.2：调查对象的居住地属性、居住地位置、政治面貌、居住形式、居住时间、月均收入与该问题的交互分析存在显著性差异。具体来说：

（1）从居住地属性的角度来看，农村社区和城市社区的调查对象对该问题的认知存在显著差异（$X^2=5.293$，df = 1，Sig = 0.021），在 0.05 水平上显著。分析结果显示：农村社区的调查对象表示“满意”的比例（81.3%）明显高于城市社区调查对象表示“满意”的比例（72.1%）。由此我们可以推出结论：农村社区居民对所在社区社会组织功能作用的评价高于城市社区居民。

（2）从居住地位置的角度来看，居住在城市、城乡接合部、农村的调查对象对该问题的认知存在显著差异（$X^2=5.169$，df = 2，Sig = 0.075），在 0.1 水平上显著。分析结果显示：城乡接合部和农村的调查对象表示“满意”的比例（分别为 81.7% 和 81.0%）明显高于居住在城市的调查对象表示“满意”的比例（71.9%）。由此我们可以推出结论：居住在城乡接合部和农村的居民对所在社区社会组织功能作用的评价高于居住在城市的居民。

（3）从政治面貌的角度来看，不同政治面貌的调查对象对该问题的认知存在显著差异（$X^2=7.671$，df = 1，Sig = 0.006），在 0.01 水平上显著。分析结果显示：中共党员的调查对象表示“满意”的比例（87.9%）明显高于非中共党员的调查对象表示“满意”的比例（75.9%）。由此我们可以推出结论：中共党员对所在社区社会组织功能作用的评价高于非中共党员。

（4）从居住形式的角度来看，不同居住形式的调查对象对该问题的认知存在显著差异（$X^2=6.761$，df = 1，Sig = 0.009），在0.01水平上显著。分析结果显示：自有住房的调查对象表示“满意”的比例（80.0%）明显高于非自有住房的调查对象表示“满意”的比例（62.5%）。由此我们可以推出结论：自有住房的居民对所在社区社会组织功能作用的评价高于非自有住房的居民。

（5）从居住时间的角度来看，不同居住时间的调查对象对该问题的认知存在显著差异（$X^2=13.911$，df = 2，Sig = 0.001），在0.01水平上显著。分析结果显示：居住时间10年以上的调查对象表示“满意”的比例（83.2%）是最高的，其次是居住时间在3—10年的调查对象（比例为78.4%），居住时间不满3年的调查对象表示“满意”的比例（64.8%）是最低的。由此我们可以推出结论：居住时间对所在社区社会组织功能作用的评价的影响表现出随着时间的增长而增高的趋势。

（6）从月均收入的角度来看，不同月均收入的调查对象对该问题的认知存在显著差异（$X^2=9.583$，df = 2，Sig = 0.008），在0.01水平上显著。分析结果显示：月均收入2000—3000元的调查对象表示“满意”的比例（83.8%）是最高的，其次是月均收入3000元以上的调查对象（比例为81.2%），月均收入2000元以下的调查对象表示“满意”的比例（70.3%）是最低的。由此我们可以推出结论：月均收入对所在社区社会组织功能作用的评价的影响表现出先低后高最后又低的趋势。

表5.7.2 调查对象对所在社区社会组织功能作用评价的显著性差异

		社区社会组织功能作用评价	
		不满意（%）	满意（%）
居住地属性	农村社区（364人）	18.7	81.3
	城市社区（147人）	27.9	72.1
	卡方检验 $X^2=5.293$，df = 1，Sig = 0.021		
居住地位置	城市（139人）	28.1	71.9
	城乡接合部（109人）	18.3	81.7
	农村（263人）	19.0	81.0
	卡方检验 $X^2=5.169$，df = 2，Sig = 0.075		

续表

		社区社会组织功能作用评价	
		不满意（%）	满意（%）
政治面貌	中共党员（116人）	12.1	87.9
	非中共党员（395人）	24.1	75.9
	卡方检验 $X^2=7.671$，df=1，Sig=0.006		
居住形式	自有住房（471人）	20.0	80.0
	非自有住房（40人）	37.5	62.5
	卡方检验 $X^2=6.761$，df=1，Sig=0.009		
居住时间	不满3年（91人）	35.2	64.8
	3—10年（134人）	21.6	78.4
	10年以上（286人）	16.8	83.2
	卡方检验 $X^2=13.911$，df=2，Sig=0.001		
月均收入	2000元以下（155人）	29.7	70.3
	2000—3000元（154人）	16.2	83.8
	3000元以上（202人）	18.8	81.2
	卡方检验 $X^2=9.583$，df=2，Sig=0.008		

第八节　社区社会工作者功能作用

湖南省长沙市天心区认真贯彻落实“以人民为中心”的发展思想，建机制、强保障、优服务，抓好街道社工站建设，打造民生服务和社会治理新平台[①]。制定《天心区街道社会工作服务站项目的实施方案》《天心区街道社工站管理和绩效评价办法》等制度，规范社工站建设、运营、发展、评估等工作。编制《天心区街道社工站运营操作手册》，明确民政、街道、承接机构三家职责，完善民政出资金、给政策、抓监督，街道出场地、给支持、抓保障，承接机构做项目、育人才、抓服务的发展体系，共同务实功、见实效。汇聚工作合力。积极引导专业社工融入“一圈”（社区15分钟生活服务圈）、“一

① 《建设社工站升级版打造民生服务新平台》，载《中国民政》2020年第20期，第15页。

格”（社区网格），在每月 28 日“网格化指导员下访日”，与全区 549 名科级干部组成的网格指导员队伍一起，深入 418 个网格，开展社工服务，实现“社工站在社区、社工在小区、服务在基层”。

为更好地了解调查对象对所在社区社会工作者功能作用的看法，课题组在调查问卷中设置了相关问题，让调查对象对社区社会工作者功能作用作出评价。问卷调查结果见表 5. 8. 1：51. 3% 的调查对象表示“很满意”，30. 7% 的调查对象表示“比较满意”，14. 3% 的调查对象表示“一般”，只有 3. 7% 的调查对象表示“不太满意”和“很不满意”。由此可以判断出：从总体上来说，调查对象对所在社区社会工作者功能作用的评价是很高的。

表 5. 8. 1　调查对象对所在社区社会工作者功能作用的评价

	样本数（人）	比例（%）
很满意	262	51. 3
比较满意	157	30. 7
一般	73	14. 3
不太满意	13	2. 5
很不满意	6	1. 2
合计	511	100. 0

通过将调查对象的性别、年龄、婚姻状况、户籍类型、居住地属性、居住地位置、政治面貌、居住形式、居住结构、居住时间、受教育程度、社区干部属性、月均收入、家庭年收入等特征与调查对象对所在社区社会工作者功能作用的评价进行交互分析，结果见表 5. 8. 2：调查对象的居住地位置、居住时间与该问题的交互分析存在显著性差异。具体来说：

（1）从居住地位置的角度来看，居住在城市、城乡接合部、农村的调查对象对该问题的认知存在显著差异（$X^2 = 4.717$，df = 2，Sig = 0. 095），在 0. 1 水平上显著。分析结果显示：城乡接合部和农村的调查对象表示“满意”的比例（分别为 86. 2% 和 83. 3%）明显高于居住在城市的调查对象表示“满意”的比例（76. 3%）。由此我们可以推出结论：居住在城乡接合部和农村的居民对所在社区社会工作者功能作用的评价高于居住在城市的居民。

（2）从居住时间的角度来看，不同居住时间的调查对象对该问题的认知存在显著差异（$X^2 = 8.441$，df = 2，Sig = 0. 015），在 0. 05 水平上显著。分析结果显示：居住时间10年以上的调查对象表示"满意"的比例（84.6%）是最高的，其次是居住时间在3—10年的调查对象（比例为83.6%），居住时间不满3年的调查对象表示"满意"的比例（71.4%）是最低的。由此我们可以推出结论：居住时间对所在社区社会工作者功能作用的评价的影响表现出随着时间的增长而增高的趋势。

表5.8.2　调查对象对所在社区社会工作者功能作用评价的显著性差异

		社区社会工作者功能作用评价	
		不满意（%）	满意（%）
居住地位置	城市（139人）	23.7	76.3
	城乡接合部（109人）	13.8	86.2
	农村（263人）	16.7	83.3
	卡方检验　$X^2=4.717$，df=2，Sig=0.095		
居住时间	不满3年（91人）	28.6	71.4
	3—10年（134人）	16.4	83.6
	10年以上（286人）	15.4	84.6
	卡方检验　$X^2=8.441$，df=2，Sig=0.015		

第九节　社区社会志愿者功能作用

为更好地了解调查对象对所在社区社会志愿者功能作用的看法，课题组在调查问卷中设置了相关问题，让调查对象对社区社会志愿者功能作用作出评价。问卷调查结果见表5.9.1：46.2%的调查对象表示"很满意"，38.9%的调查对象表示"比较满意"，10.6%的调查对象表示"一般"，只有4.3%的调查对象表示"不太满意"和"很不满意"。由此可以判断出：从总体上来说，调查对象对所在社区社会志愿者功能作用的评价是很高的。

表5.9.1　调查对象对所在社区社会志愿者功能作用的评价

	样本数（人）	比例（%）
很满意	236	46.2
比较满意	199	38.9

续表

	样本数（人）	比例（%）
一般	54	10.6
不太满意	12	2.3
很不满意	10	2.0
合计	511	100.0

通过将调查对象的性别、年龄、婚姻状况、户籍类型、居住地属性、居住地位置、政治面貌、居住形式、居住结构、居住时间、受教育程度、社区干部属性、月均收入、家庭年收入等特征与调查对象对所在社区社会志愿者功能作用的评价进行交互分析，结果见表5.9.2：调查对象的居住地位置、政治面貌、居住形式、居住时间与该问题的交互分析存在显著性差异。具体来说：

（1）从居住地位置的角度来看，居住在城市、城乡接合部、农村的调查对象对该问题的认知存在显著差异（$X^2=5.153$，df = 2，Sig = 0.076），在0.1水平上显著。分析结果显示：城乡接合部和农村的调查对象表示“满意”的比例（分别为89.9%和85.9%）明显高于居住在城市的调查对象表示“满意”比例（79.9%）。由此我们可以推出结论：居住在城乡接合部和农村的居民对所在社区社会志愿者作用的评价高于居住在城市的居民。

（2）从政治面貌的角度来看，不同政治面貌的调查对象对该问题的认知存在显著差异（$X^2=4.633$，df = 1，Sig = 0.031），在0.05水平上显著。分析结果显示：中共党员的调查对象表示“满意”的比例（91.4%）明显高于非中共党员的调查对象表示“满意”的比例（83.3%）。由此我们可以推出结论认为：中共党员对所在社区社会志愿者功能作用的评价高于非中共党员。

（3）从居住形式的角度来看，不同居住形式的调查对象对该问题的认知存在显著差异（$X^2=7.844$，df = 1，Sig = 0.005），在0.01水平上显著。分析结果显示：自有住房的调查对象表示“满意”的比例（86.4%）明显高于非自有住房的调查对象表示“满意”的比例（70.0%）。由此我们可以推出结论：自有住房者对所在社区社会志愿者功能作用的评价高于非自有住房者。

（4）从居住时间的角度来看，不同居住时间的调查对象对该问题的认知存在显著差异（$X^2=6.093$，df = 2，Sig = 0.048），在0.05水平上显著。分析结果显示：居住时间在3—10年的调查对象表示“满意”的比例（88.1%）

是最高的，其次是居住时间在10年以上的调查对象（86.4%），居住时间不满3年的调查对象表示“满意”的比例（76.9%）是最低的。由此我们可以推出结论：居住时间对居民社区社会志愿者功能作用的评价的影响表现出先低后高最后又低的趋势。

表5.9.2　调查对象对所在社区社会志愿者功能作用评价的显著性差异

		社区社会志愿者作用评价	
		不满意（%）	满意（%）
居住地位置	城市（139人）	20.1	79.9
	城乡接合部（109人）	10.1	89.9
	农村（263人）	14.1	85.9
	卡方检验　$X^2=5.153$，df=2，Sig=0.076		
政治面貌	中共党员（116人）	8.6	91.4
	非中共党员（395人）	16.7	83.3
	卡方检验　$X^2=4.633$，df=1，Sig=0.031		
居住形式	自有住房（407人）	13.6	86.4
	非自有住房（104人）	30.0	70.0
	卡方检验　$X^2=7.844$，df=1，Sig=0.005		
居住时间	不满3年（91人）	23.1	76.9
	3—10年（134人）	11.9	88.1
	10年以上（286人）	13.6	86.4
	卡方检验　$X^2=6.093$，df=2，Sig=0.048		

第六章　社区治理参与意愿与行动评价

第一节　社区选举活动

社区居民民主选举是指居民定期或不定期地参与社区“两委”、居民（代表）大会、社区协商议事会、业委会等组织的选举活动，选举出相关组织成员的行为。2017 年，中共中央、国务院出台《关于加强和完善城乡社区治理的意见》，提出要“增强社区居民参与能力”“完善城乡社区民主选举制度，进一步规范民主选举程序，通过依法选举稳步提高城市社区居民委员会成员中本社区居民比例”。

社区选举制度是在现有的法律制度框架下，用制度规范将多元化的权利主体置于不同的组织架构中，来保障基本的社会治理能力[①]。社区选举制度的改进有助于促进社区选举的公平和公正，让真正能代表社区利益的人和真正致力于完善社区、发展社区的人得到潜力释放的舞台，促进社会稳定和和谐。社区选举制度是基层民主政治制度的重要组成部分。

青岛市市北区在社区“两委”换届时，一是抓机构，切实加强组织领导。召开区委常委会专题研究“两委”换届工作，成立社区“两委”换届选举工作领导小组，制订换届选举工作实施方案，细化流程，责任到人，确保换届工作有序开展。二是学规程，熟练掌握换届选举政策。各街道党工委组织指导小组成员，包社区指导员和各社区“两委”成员共同参与学习，熟练掌握换届选举工作规程，保障为民解答无卡壳，换届选举更顺畅。三是讲程序，确保换届过程依法合规。在社区党组织换届过程中，把好“前期准备、民主

① 张平、周东禹：《城市居民参与社区民主选举：何以可能与何以可为》，载《高等学校文科学术文摘》2019 年第 5 期，第 203 页。

推荐、组织选举”三个阶段，抓实“党员代表推选、党员民主推荐会、群众民主推荐会、选举大会”四个关键点，开展“换届我承诺”活动，确保换届工作有序推进。四是查隐患，保证换届选举和谐稳定。深入排查化解矛盾纠纷，妥善处理群众来信来访，严格落实涉及“两委”换届选举信访事项处置工作责任制及包案制度，切实维护好换届环境。五是广宣传，营造良好的换届选举氛围。通过宣传栏、张贴横幅，在市北 App、微信公众号等宣传媒介，面向群众广泛宣传换届政策、程序以及换届纪律，让群众广泛参与，共同监督，确保选举效果。目前 135 个社区已全部顺利完成党组织换届选举工作，其中新选出的党委成员平均年龄 43 岁，大专以上学历占 86.2%，年龄梯次结构更加合理，人员素质结构更加优化，为民服务水平进一步提升[①]。

为更好地了解调查对象参与所在社区选举活动的意愿，课题组在调查问卷中设置了相关问题，让调查对象对参与社区选举活动意愿作出选择。问卷调查结果见表 6.1.1：52.6% 的调查对象表示“非常愿意”，29.7% 的调查对象表示“比较愿意”，12.4% 的调查对象表示“一般”，只有 5.3% 的调查对象表示“不太愿意”和“非常不愿意”。由此可以判断出：从总体上来说，调查对象参与所在社区选举活动的意愿还是比较高的。

表 6.1.1　调查对象参与所在社区选举活动意愿统计表

	样本数（人）	比例（%）
非常愿意	269	52.6
比较愿意	152	29.7
一般	63	12.4
不太愿意	19	3.7
非常不愿意	8	1.6
合计	511	100.0

通过将调查对象的性别、年龄、婚姻状况、户籍类型、居住地属性、居住地位置、政治面貌、居住形式、居住结构、居住时间、受教育程度、社区干部属性、月均收入、家庭年收入等特征与调查对象参与所在社区选举活动

① 中共青岛市市北区委组织部．青岛市市北区：狠抓“五个环节”社区“两委”换届工作顺利推进［EB/OL］．灯塔－党建在线，http://www.dtdjzx.gov.cn/staticPage/jcdzzjsw/cityexper/2018 0124/2416913.html.

意愿进行交互分析①，结果（见表6.1.2）发现：调查对象的性别、婚姻状况、居住地属性、居住地位置、政治面貌、居住形式、居住时间与该问题的交互分析存在显著性差异。具体来说：

（1）从性别的角度来看，不同性别的调查对象对该问题的认知存在显著差异（$X^2=8.883$，df = 1，Sig = 0.003），在0.05水平上显著。分析结果显示：男性调查对象表示“愿意”的比例（87.0%）高于女性调查对象表示“愿意”的比例（76.9%）。由此我们可以推出结论：男性参与所在社区选举活动意愿高于女性。

（2）从婚姻状况的角度来看，已婚与未婚的调查对象对该问题的认知存在显著差异（$X^2=3.096$，df = 1，Sig = 0.078），在0.1水平上显著。分析结果显示：已婚调查对象表示“愿意”的比例（83.3%）高于未婚调查对象表示“愿意”的比例（72.7%）。由此我们可以推出结论：已婚调查对象参与所在社区选举活动意愿高于未婚调查对象。

（3）从居住地属性的角度来看，农村社区和城市社区的调查对象对该问题的认知存在显著差异（$X^2=4.328$，df = 1，Sig = 0.037），在0.05水平上显著。分析结果显示：农村社区的调查对象表示“愿意”的比例（84.6%）明显高于城市社区调查对象表示“愿意”的比例（76.9%）。由此我们可以推出结论：农村社区居民参与所在社区选举活动意愿高于城市社区居民。

（4）从居住地位置的角度来看，居住在城市、城乡接合部、农村的调查对象对该问题的认知存在显著差异（$X^2=6.689$，df = 2，Sig = 0.035），在0.05水平上显著。分析结果显示：居住在城乡接合部和农村的调查对象表示“愿意”的比例（分别为87.2%和84.0%）明显高于居住在城市的调查对象表示“愿意”的比例（75.5%）。由此我们可以推出结论：居住在城乡接合部和农村的居民参与所在社区选举活动意愿高于居住在城市的居民。

（5）从政治面貌的角度来看，不同政治面貌的调查对象对该问题的认知存在显著差异（$X^2=6.835$，df = 1，Sig = 0.009），在0.01水平上显著。分析结果显示：中共党员的调查对象表示“愿意”的比例（90.5%）明显高于非

① 在进行交互分析时，为了使比较的效果更好，课题组对问题的各个选项进行了整合，将“非常愿意”“比较愿意”整合为“愿意”，将“一般”“不太愿意”“非常不愿意”整合为“不愿意”。课题组对本章中的其他交互分析都作了同样处理。

中共党员调查对象表示"愿意"的比例（80.0%）。由此我们可以推出结论：中共党员参与所在社区选举活动意愿高于非中共党员。

（6）从居住形式的角度来看，不同居住形式的调查对象对该问题的认知存在显著差异（$X^2=4.589$，df=1，Sig=0.032），在0.05水平上显著。分析结果显示：居住形式为自有住房的调查对象表示"愿意"的比例（83.4%）明显高于非自有住房调查对象表示"愿意"的比例（70.0%）。由此我们可以推出结论：居住形式为自有住房的调查对象参与所在社区选举活动意愿高于居住形式为非自有住房的调查对象。

（7）从居住时间的角度来看，不同居住时间的调查对象对该问题的认知存在显著差异（$X^2=10.132$，df=2，Sig=0.006），在0.01水平上显著。分析结果显示：居住时间在10年以上的调查对象表示"愿意"的比例（86.0%）是最高的，其次是居住时间在3—10年的调查对象（82.1%），居住时间不满3年的调查对象表示"愿意"的比例（71.4%）是最低的。由此我们可以推出结论：居住时间越长，调查对象参与所在社区选举活动意愿越高。

表6.1.2　调查对象对参与社区选举活动意愿的显著性差异

		参与社区选举活动意愿	
		不愿意（%）	愿意（%）
性别	男（277人）	13.0	87.0
	女（234人）	23.1	76.9
	卡方检验　$X^2=8.883$，df=1，Sig=0.003		
婚姻状况	未婚（44人）	27.3	72.7
	已婚（467人）	16.7	83.3
	卡方检验　$X^2=3.096$，df=1，Sig=0.078		
居住地属性	农村社区（364人）	15.4	84.6
	城市社区（147人）	23.1	76.9
	卡方检验　$X^2=4.328$，df=1，Sig=0.037		
居住地位置	城市（139人）	24.5	75.5
	城乡接合部（109人）	12.8	87.2
	农村（263人）	16.0	84.0
	卡方检验　$X^2=6.689$，df=2，Sig=0.035		

续表

		参与社区选举活动意愿	
		不愿意（%）	愿意（%）
政治面貌	中共党员（116 人）	9.5	90.5
	非中共党员（395 人）	20.0	80.0
	卡方检验　$X^2=6.835$，df = 1，Sig = 0.009		
居住形式	自有住房（471 人）	16.6	83.4
	非自有住房（40 人）	30.0	70.0
	卡方检验　$X^2=4.589$，df = 1，Sig = 0.032		
居住时间	不满 3 年（91 人）	28.6	71.4
	3—10 年（134 人）	17.9	82.1
	10 年以上（286 人）	14.0	86.0
	卡方检验　$X^2=10.132$，df = 2，Sig = 0.006		

为更好地了解调查对象参与所在社区选举活动的频率，课题组在调查问卷中设置了相关问题，让调查对象对参加社区选举活动的频率作出选择。问卷调查结果见表 6.1.3：41.9% 的调查对象表示参与频率“很高”，29.0% 的调查对象表示参与频率“比较高”，20.4% 的调查对象表示参与频率“一般”，只有 8.7% 的调查对象表示参与频率“比较低”和“很低”。由此可以判断出：从总体上来说，调查对象参与所在社区选举活动的频率还是比较高的。

表 6.1.3　调查对象参与所在社区选举活动频率统计表

	样本数（人）	比例（%）
很高	214	41.9
比较高	148	29.0
一般	104	20.4
比较低	29	5.7
很低	16	3.0
合计	511	100.0

通过将调查对象的性别、年龄、婚姻状况、户籍类型、居住地属性、居住地位置、政治面貌、居住形式、居住结构、居住时间、受教育程度、社区

干部属性、月均收入、家庭年收入等特征与调查对象参与所在社区选举活动频率进行交互分析，结果见表6.1.4：性别、居住地属性、居住地位置、政治面貌、居住形式、居住结构、居住时间、月均收入与该问题的交互分析存在显著性差异。具体来说：

（1）从性别的角度来看，不同性别的调查对象对该问题的认知存在显著差异（$X^2=3.642$，df = 1，Sig = 0.056），在0.1水平上显著。分析结果显示：男性调查对象表示参与频率“高”的比例（74.4%）高于女性调查对象表示参与频率“高”的比例（66.7%）。由此我们可以推出结论：男性参与所在社区选举活动频率高于女性。

（2）从居住地属性的角度来看，农村社区和城市社区的调查对象对该问题的认知存在显著差异（$X^2=24.749$，df = 1，Sig = 0.000），在0.01水平上显著。分析结果显示：农村社区的调查对象表示参与频率“高”的比例（77.2%）明显高于城市社区调查对象表示参与频率“高”的比例（55.1%）。由此我们可以推出结论：农村社区居民参与所在社区选举活动频率高于城市社区居民。

（3）从居住地位置的角度来看，居住在城市、城乡接合部、农村的调查对象对该问题的认知存在显著差异（$X^2=26.954$，df = 2，Sig = 0.000），在0.01水平上显著。分析结果显示：居住在城乡接合部和农村的调查对象表示参与频率“高”的比例（分别为74.3%和78.3%）明显高于居住在城市的调查对象表示参与频率“高”的比例（54.0%）。由此我们可以推出结论：居住在城乡接合部和农村的居民参与所在社区选举活动频率高于居住在城市的居民。

（4）从政治面貌的角度来看，不同政治面貌的调查对象对该问题的认知存在显著差异（$X^2=5.210$，df = 1，Sig = 0.022），在0.05水平上显著。分析结果显示：中共党员的调查对象表示参与频率“高”的比例（79.3%）明显高于非中共党员调查对象表示“高”的比例（68.4%）。由此我们可以推出结论：中共党员参与所在社区选举活动频率高于非中共党员。

（5）从居住形式的角度来看，不同居住形式的调查对象对该问题的认知存在显著差异（$X^2=14.029$，df = 1，Sig = 0.000），在0.01水平上显著。分析结果显示：居住形式为自有住房的调查对象表示参与频率“高”的比例（73.0%）明显高于非自有住房调查对象表示参与频率“高”的比例

(45.0%)。由此我们可以推出结论：居住形式为自有住房的调查对象参与所在社区选举活动频率高于居住形式为非自有住房的调查对象。

(6) 从居住结构的角度来看，不同居住结构的调查对象对该问题的认知存在显著差异（$X^2=5.317$，$df=1$，$Sig=0.021$），在 0.05 水平上显著。分析结果显示：居住结构为单独居住的调查对象表示参与频率“高”的比例(84.6%)明显高于非单独居住的调查对象表示参与频率“高”的比例(69.3%)。由此我们可以推出结论：居住结构为单独居住的调查对象参与所在社区选举活动频率高于居住结构为非单独居住的调查对象。

(7) 从居住时间的角度来看，不同居住时间的调查对象对该问题的认知存在显著差异（$X^2=31.440$，$df=2$，$Sig=0.000$），在 0.01 水平上显著。分析结果显示：居住时间在 10 年以上的调查对象表示参与频率“高”的比例(80.4%)是最高的，其次是居住时间在 3—10 年的调查对象（62.7%），居住时间不满 3 年的调查对象表示“愿意”的比例（52.7%）是最低的。由此我们可以推出结论：居住时间越长，调查对象参与所在社区选举活动频率越高。

(8) 从月均收入的角度来看，不同月均收入的调查对象对该问题的认知存在显著差异（$X^2=7.384$，$df=2$，$Sig=0.025$），在 0.05 水平上显著。分析结果显示：月均收入 2000—3000 元的调查对象表示参与频率“高”的比例(77.9%)是最高的，其次是月均收入 3000 元以上的调查对象（70.8%），2000 元以下的调查对象表示参与频率“高”的比例（63.9%）是最低的。由此我们可以推出结论：月均收入对居民参与社区选举活动频率影响表现出先低后高最后又低的趋势。

表 6.1.4　调查对象对参与社区选举活动频率的显著性差异

		参与社区选举活动频率	
		低（%）	高（%）
性别	男（277 人）	25.6	74.4
	女（234 人）	33.3	66.7
	卡方检验　$X^2=3.642$，$df=1$，$Sig=0.056$		
居住地属性	农村社区（364 人）	22.8	77.2
	城市社区（147 人）	44.9	55.1
	卡方检验　$X^2=24.749$，$df=1$，$Sig=0.000$		

续表

		参与社区选举活动频率	
		低（%）	高（%）
居住地位置	城市（139 人）	46.0	54.0
	城乡接合部（109 人）	25.7	74.3
	农村（263 人）	21.7	78.3
	卡方检验　$X^2=26.954$，df = 2，Sig = 0.000		
政治面貌	中共党员（116 人）	20.7	79.3
	非中共党员（395 人）	31.6	68.4
	卡方检验　$X^2=5.210$，df = 1，Sig = 0.022		
居住形式	自有住房（471 人）	27.0	73.0
	非自有住房（40 人）	55.0	45.0
	卡方检验　$X^2=14.029$，df = 1，Sig = 0.000		
居住结构	单独居住（52 人）	15.4	84.6
	非单独居住（459 人）	30.7	69.3
	卡方检验　$X^2=5.317$，df = 1，Sig = 0.021		
居住时间	不满 3 年（91 人）	47.3	52.7
	3—10 年（134 人）	37.3	62.7
	10 年以上（286 人）	19.6	80.4
	卡方检验　$X^2=31.440$，df = 2，Sig = 0.000		
月均收入	2000 元以下（155 人）	36.1	63.9
	2000—3000 元（154 人）	22.1	77.9
	3000 元以上（202 人）	29.2	70.8
	卡方检验　$X^2=7.384$，df = 2，Sig = 0.025		

第二节 社区文体活动

社区文化内涵十分丰富，是中国特色社会主义文化在社区层面的体现。社区文化作为社会主义群众文化、公共文化建设的重要内容，在社会主义文化发展大格局中不可或缺。

社区文体活动一般包括：①体育类，通过倡导体育健身的精神，利用社区的各种资源引导居民参与体育锻炼，进而形成各种自发性组织，从而形成积极、健康、活泼、向上的小区精神，包括成立各种体育俱乐部，定期组织训练、比赛。②文艺类，通过各种俱乐部的活动来带动全体居民参与社区的文化活动，成立各种兴趣小组，定期组织训练、会演、竞赛；③康体类，提供健身、娱乐场所（室内室外），定期组织爬山、游园、自驾游活动等。

社区文体活动的建设：一是加快社区文化设施建设，文化设施是社区文化的物质载体，坚持合理规划和布局、政府主导和多方参与共建共享、突出特色和兼顾市场定位的原则，推进文化惠民重点工程；二是加快社区文体活动建设，社区文体活动是形成社区认同感和归属感的主要途径，是形成社区吸引力、感化力、凝聚力和创造力的重要载体，是社区文化风格、民俗特色和经济活力的直接或间接的展现；三是加快社区组织文化建设，建立一个良性的社区文化互动体系，理顺城市社区自治组织与城市基层党委政府的关系，理顺城市社区自治组织与社区党组织的关系，形成社区文化工作的整体合力，为城市社区文化建设创设良好的组织条件和制度基础；四是加快社区观念文化建设，培育广大社区居民对公共利益的自觉认同，培育社会公益精神、奉献精神、慈善精神、互助精神，以及朴实真切的情感交流。社区文化活动以社区为载体，为社区居民搭建公益性社区公共文化服务平台，以丰富多彩、形式多样的文化活动和文化资源的提供，满足居民日益增长的文化消费需求，提高居民文化素质，促进社会和谐稳定发展[①]。

为更好地了解调查对象参加所在社区文体活动意愿，课题组在调查问卷

---

① 张鲁宁：《西部民族地区城市社区文化建设初探》，载《攀登》2014 年第 1 期，第 133—137 页。

中设置了相关问题，让调查对象对参加社区文体活动的意愿作出选择。问卷调查结果见表6.2.1：45.2%的调查对象表示“非常愿意”，36.2%的调查对象表示“比较愿意”，14.6%的调查对象表示“一般”，只有4.0%的调查对象表示“不太愿意”和“非常不愿意”。由此可以判断出：从总体上来说，调查对象参加所在社区文体活动意愿很高。

表6.2.1　调查对象参与所在社区文体活动意愿统计表

	样本数（人）	比例（%）
非常愿意	231	45.2
比较愿意	185	36.2
一般	75	14.6
不太愿意	10	2.0
非常不愿意	10	2.0
合计	511	100.0

通过将调查对象的性别、年龄、婚姻状况、户籍类型、居住地属性、居住地位置、政治面貌、居住形式、居住结构、居住时间、受教育程度、社区干部属性、月均收入、家庭年收入等特征与调查对象参与所在社区文体活动的意愿进行交互分析，结果见表6.2.2：调查对象的性别、居住地属性、居住地位置、政治面貌、居住形式、居住时间、月均收入与该问题的交互分析存在显著性差异。具体来说：

（1）从性别的角度来看，不同性别的调查对象对该问题的认知存在显著差异（$X^2=2.928$，$df=1$，$Sig=0.087$），在0.1水平上显著。分析结果显示：男性调查对象表示“愿意”的比例（84.1%）高于女性调查对象表示“愿意”的比例（78.2%）。由此我们可以推出结论：男性参与所在社区文体活动意愿高于女性。

（2）从居住地属性的角度来看，农村社区和城市社区的调查对象对该问题的认知存在显著差异（$X^2=3.713$，$df=1$，$Sig=0.054$），在0.1水平上显著。分析结果显示：农村社区的调查对象表示“愿意”的比例（83.5%）明显高于城市社区调查对象表示“愿意”的比例（76.2%）。由此我们可以推出结论：农村社区居民参与所在社区文体活动意愿高于城市社区居民。

（3）从居住地位置的角度来看，居住在城市、城乡接合部、农村的调查

对象对该问题的认知存在显著差异（$X^2=5.506$，$df=2$，$Sig=0.064$），在0.1水平上显著。分析结果显示：居住在城乡接合部和农村的调查对象表示“愿意”的比例（分别为84.4%和83.7%）明显高于居住在城市的调查对象表示“愿意”的比例（74.8%）。由此我们可以推出结论：居住在城乡接合部和农村的居民参与所在社区文体活动意愿高于居住在城市的居民。

（4）从政治面貌的角度来看，不同政治面貌的调查对象对该问题的认知存在显著差异（$X^2=8.226$，$df=1$，$Sig=0.004$），在0.01水平上显著。分析结果显示：中共党员的调查对象表示“愿意”的比例（90.5%）明显高于非中共党员调查对象表示“愿意”的比例（78.7%）。由此我们可以推出结论：中共党员参与所在社区文体活动意愿高于非中共党员。

（5）从居住形式的角度来看，不同居住形式的调查对象对该问题的认知存在显著差异（$X^2=3.732$，$df=1$，$Sig=0.053$），在0.1水平上显著。分析结果显示：居住形式为自有住房的调查对象表示“愿意”的比例（82.4%）明显高于非自有住房调查对象表示“愿意”的比例（70.0%）。由此我们可以推出结论：居住形式为自有住房的调查对象参与所在社区文体活动意愿高于居住形式为非自有住房的调查对象。

（6）从居住时间的角度来看，不同居住时间的调查对象对该问题的认知存在显著差异（$X^2=11.800$，$df=2$，$Sig=0.003$），在0.01水平上显著。分析结果显示：居住时间在10年以上的调查对象表示“愿意”的比例（85.3%）是最高的，其次是居住时间在3—10年的调查对象（81.3%），居住时间不满3年的调查对象表示“愿意”的比例（69.2%）是最低的。由此我们可以推出结论：居住时间越长，调查对象参与所在社区文体活动意愿越高。

（7）从月均收入的角度来看，不同月均收入的调查对象对该问题的认知存在显著差异（$X^2=9.093$，$df=2$，$Sig=0.011$），在0.05水平上显著。分析结果显示：月均收入2000—3000元的调查对象表示“愿意”的比例（85.1%）是最高的，其次是月均收入3000元以上的调查对象（84.7%），2000元以下的调查对象表示“愿意”的比例（73.5%）是最低的。由此我们可以推出结论：月均收入对居民参与社区文体活动意愿影响表现出先低后高最后又低的趋势。

表 6.2.2　调查对象对参与社区文体活动意愿的显著性差异

		参与社区文体活动意愿	
		不愿意（%）	愿意（%）
性别	男（277 人）	15.9	84.1
	女（234 人）	21.8	78.2
	卡方检验　$X^2=2.928$，df = 1，Sig = 0.087		
居住地属性	农村社区（364 人）	16.5	83.5
	城市社区（147 人）	23.8	76.2
	卡方检验　$X^2=3.713$，df = 1，Sig = 0.054		
居住地位置	城市（139 人）	25.2	74.8
	城乡接合部（109 人）	15.6	84.4
	农村（263 人）	16.3	83.7
	卡方检验　$X^2=5.506$，df = 2，Sig = 0.064		
政治面貌	中共党员（116 人）	9.5	90.5
	非中共党员（395 人）	21.3	78.7
	卡方检验　$X^2=8.226$，df = 1，Sig = 0.004		
居住形式	自有住房（471 人）	17.6	82.4
	非自有住房（40 人）	30.0	70.0
	卡方检验　$X^2=3.732$，df = 1，Sig = 0.053		
居住时间	不满 3 年（91 人）	30.8	69.2
	3—10 年（134 人）	18.7	81.3
	10 年以上（286 人）	14.7	85.3
	卡方检验　$X^2=11.800$，df = 2，Sig = 0.003		
月均收入	2000 元以下（155 人）	26.5	73.5
	2000—3000 元（154 人）	14.9	85.1
	3000 元以上（202 人）	15.3	84.7
	卡方检验　$X^2=9.093$，df = 2，Sig = 0.011		

为更好地了解调查对象参与所在社区文体活动的频率，课题组在调查问卷中设置了相关问题，让调查对象对参加社区文体活动频率作出选择。问卷调查结果见表 6.2.3：35.4% 的调查对象表示参与频率"很高"，35.8% 的调查对象表示参与频率"比较高"，19.6% 的调查对象表示参与频率"一般"，

只有9.2%的调查对象表示参与频率“比较低”和“很低”。由此可以判断出：从总体上来说，调查对象参与所在社区文体活动的频率还是比较高的。

表6.2.3　调查对象参与所在社区文体活动频率统计表

	样本数（人）	比例（%）
很高	181	35.4
比较高	183	35.8
一般	100	19.6
比较低	30	5.9
很低	17	3.3
合计	511	100.0

通过将调查对象的性别、年龄、婚姻状况、户籍类型、居住地属性、居住地位置、政治面貌、居住形式、居住结构、居住时间、受教育程度、社区干部属性、月均收入、家庭年收入等特征与调查对象参与所在社区文体活动频率进行交互分析，结果见表6.2.4：居住地属性、居住地位置、政治面貌、居住形式、居住时间、月均收入与该问题的交互分析存在显著性差异。具体来说：

（1）从居住地属性的角度来看，农村社区和城市社区的调查对象对该问题的认知存在显著差异（$X^2=24.041$，$df=1$，$Sig=0.000$），在0.01水平上显著。分析结果显示：农村社区的调查对象表示参与频率“高”的比例（77.5%）明显高于城市社区调查对象表示参与频率“高”的比例（55.8%）。由此我们可以推出结论：农村社区居民参与所在社区文体活动频率高于城市社区居民。

（2）从居住地位置的角度来看，居住在城市、城乡接合部、农村的调查对象对该问题的认知存在显著差异（$X^2=25.566$，$df=2$，$Sig=0.000$），在0.01水平上显著。分析结果显示：居住在城乡接合部和农村的调查对象表示参与频率“高”的比例（分别为78.0%和77.2%）明显高于居住在城市的调查对象表示参与频率“高”的比例（54.7%）。由此我们可以推出结论：居住在城乡接合部和农村的居民参与所在社区文体活动频率高于居住在城市的居民。

（3）从政治面貌的角度来看，不同政治面貌的调查对象对该问题的认知存在显著差异（$X^2=9.728$，df＝1，Sig＝0.022），在0.05水平上显著。分析结果显示：中共党员的调查对象表示参与频率“高”的比例（82.8%）明显高于非中共党员调查对象表示参与频率“高”的比例（67.8%）。由此我们可以推出结论：中共党员参与所在社区文体活动频率高于非中共党员。

（4）从居住形式的角度来看，不同居住形式的调查对象对该问题的认知存在显著差异（$X^2=17.484$，df＝1，Sig＝0.000），在0.01水平上显著。分析结果显示：居住形式为自有住房的调查对象表示参与频率“高”的比例（73.7%）明显高于非自有住房调查对象表示参与频率“高”的比例（42.5%）。由此我们可以推出结论：居住形式为自有住房的调查对象参与所在社区文体活动频率高于居住形式为非自有住房的调查对象。

（5）从居住时间的角度来看，不同居住时间的调查对象对该问题的认知存在显著差异（$X^2=27.252$，df＝2，Sig＝0.000），在0.01水平上显著。分析结果显示：居住时间在10年以上的调查对象表示参与频率“高”的比例（79.7%）是最高的，其次是居住时间在3—10年的调查对象（65.7%），居住时间不满3年的调查对象表示参与频率“高”的比例（52.7%）是最低的。由此我们可以推出结论：居住时间越长，调查对象参与所在社区文体活动频率越高。

（6）从月均收入的角度来看，不同月均收入的调查对象对该问题的认知存在显著差异（$X^2=7.010$，df＝2，Sig＝0.030），在0.05水平上显著。分析结果显示：月均收入2000—3000元的调查对象表示参与频率“高”的比例（75.3%）是最高的，其次是月均收入3000元以上的调查对象（74.3%），2000元以下的调查对象表示参与频率“高”的比例（63.2%）是最低的。由此我们可以推出结论：月均收入对居民参与社区文体活动频率影响表现出先低后高最后又低的趋势。

表6.2.4　调查对象对参与社区文体活动频率的显著性差异

		参与社区文体活动频率	
		低（%）	高（%）
居住地属性	农村社区（364人）	22.5	77.5
	城市社区（147人）	44.2	55.8
	卡方检验　$X^2=24.041$，df＝1，Sig＝0.000		

续表

		参与社区文体活动频率	
		低（%）	高（%）
居住地位置	城市（139 人）	45.3	54.7
	城乡接合部（109 人）	22.0	78.0
	农村（263 人）	22.8	77.2
	卡方检验　$X^2=25.566$，$df=2$，$Sig=0.000$		
政治面貌	中共党员（116 人）	17.2	82.8
	非中共党员（395 人）	32.2	67.8
	卡方检验　$X^2=9.728$，$df=1$，$Sig=0.0022$		
居住形式	自有住房（471 人）	26.3	73.7
	非自有住房（40 人）	57.5	42.5
	卡方检验　$X^2=17.484$，$df=1$，$Sig=0.000$		
居住时间	不满 3 年（91 人）	47.3	52.7
	3—10 年（134 人）	34.3	65.7
	10 年以上（286 人）	20.3	79.7
	卡方检验　$X^2=27.252$，$df=2$，$Sig=0.000$		
月均收入	2000 元以下（155 人）	36.8	63.2
	2000—3000 元（154 人）	24.7	75.3
	3000 元以上（202 人）	25.7	74.3
	卡方检验　$X^2=7.010$，$df=2$，$Sig=0.030$		

第三节　社区志愿服务

志愿服务是社会文明进步的重要标志。党的十九届五中全会审议通过的《中共中央关于制定国民经济和社会发展第十四个五年规划和二〇三五年远景目标的建议》明确提出，健全志愿服务体系，广泛开展志愿服务关爱行动。

社区是实现志愿服务的微观载体和重要平台，同时，社区志愿服务也是社区服务的重要组成部分。一方面社区志愿者是志愿服务的主要队伍之一，另一方面青年志愿者、社区志愿者、巾帼志愿者、治安志愿者、老龄志愿者等志愿服务队伍都在社区开展工作。然而社区志愿服务同样面临志愿失灵难题，仍存在无意愿、动力小、资源匮乏、组织单一、持续性差等发展困境。

推进社会志愿服务需要与宏观环境良性互动，要将公益融入商业中。市场能够为社区提供公益资源，从而可以有效避免“志愿失灵”。公益同样需要成本，较高公益成本的压力会减弱志愿者因社会认同带来的内驱动力[①]。因此，以市场的模式来做公益，利用市场收回成本，而不是让做公益的人承担这部分亏损。例如，进行义卖时，筹得的资金先保证收回成本，剩下的部分才作为公益基金开展帮扶活动。因此，公益要融入市场，首先是使资源得到源源不断的保证。在志愿服务生态系统中，志愿服务需要根植于微观系统，因此公益要嵌入生活中。让公益嵌入生活，让公益成为居民的一种生活方式，成为一种持续的生活自觉。要将公益作为一种公共生活来理解，将社区公益常态化、生活化、情景化、大众化。社区公益持续机制实质上是志愿者、志愿组织、资源捐助者和受助者四种主体和公益、市场、生活三类元素的有机融合，公益、生活和市场相互嵌入的机制才是一种可持续的机制，正是这样一种机制，实现公益、市场与生活之间的平衡，营造公益、商业、生活的多赢格局，强化社区公益的规模效益。

江西省丰城市河洲街道采取“党建 + 好人银行 + 社会组织 + 商会”公益新模式[②]，整合辖区内志愿服务资源，创办“好人银行”志愿者协会，建立爱心兑换超市，组织系列爱心志愿服务活动，形成了“政府搭台、好人唱戏、百姓受益”的生动局面。辖区内好人好事层出不穷，受助者“反哺”爱心不断涌现，“好人银行”连锁反应持续发酵。“好人银行”在社区党组织的运营下，充分依靠群众、发动群众，组织辖区志愿者走出小家、融入社区、奉献社会，参与到社区各种活动中，发挥社区居民自治作用，将政府唱主角的社会管理模式逐渐向政府治理和社会调节、居民自治转变，诸多社会治理问题迎刃而解。

为更好地了解调查对象参与所在社区志愿服务的意愿，课题组在调查问卷中设置了相关问题，让调查对象对参与社区志愿服务意愿作出选择。问卷调查结果见表 6. 3. 1：48. 9% 的调查对象表示“非常愿意”，34. 0% 的调查对

---

① 张必春、黄诗凡：《社区公益何以持续》，载《社会科学研究》2020 年第 5 期，第 122—129 页。

② 丰城市委常委、宣传部部长陈晓建：《建立“好人银行”助推志愿服务》，2020 年 10 月 31 日《宜春日报》，第 3 版。

象表示“比较愿意”，13.3%的调查对象表示“一般”，只有3.8%的调查对象表示“不太愿意”和“非常不愿意”。由此可以判断出：从总体上来说，调查对象参与所在社区志愿服务的意愿还是比较高的。

表6.3.1　调查对象参与所在社区志愿服务意愿统计表

	样本数（人）	比例（%）
非常愿意	250	48.9
比较愿意	174	34.0
一般	68	13.3
不太愿意	10	2.0
非常不愿意	9	1.8
合计	511	100.0

通过将调查对象的性别、年龄、婚姻状况、户籍类型、居住地属性、居住地位置、政治面貌、居住形式、居住结构、居住时间、受教育程度、社区干部属性、月均收入、家庭年收入等特征与调查对象参与所在社区志愿服务意愿进行交互分析，结果见表6.3.2：调查对象的性别、政治面貌、居住形式、居住时间与该问题的交互分析存在显著性差异。具体来说：

（1）从性别的角度来看，不同性别的调查对象对该问题的认知存在显著差异（$X^2=4.683$，$df=1$，$Sig=0.030$），在0.05水平上显著。分析结果显示：男性调查对象表示“愿意”的比例（86.3%）高于女性调查对象表示“愿意”的比例（79.1%）。由此我们可以推出结论：男性参与所在社区志愿服务意愿高于女性。

（2）从政治面貌的角度来看，不同政治面貌的调查对象对该问题的认知存在显著差异（$X^2=10.898$，$df=1$，$Sig=0.001$），在0.01水平上显著。分析结果显示：中共党员的调查对象表示“愿意”的比例（93.1%）明显高于非中共党员的调查对象表示“愿意”的比例（80.0%）。由此我们可以推出结论：中共党员参与所在社区志愿服务意愿高于非中共党员。

（3）从居住形式的角度来看，不同居住形式的调查对象对该问题的认知存在显著差异（$X^2=9.925$，$df=1$，$Sig=0.002$），在0.01水平上显著。分析结果显示：居住形式为自有住房的调查对象表示“愿意”的比例（84.5%）明显高于非自有住房调查对象表示“愿意”的比例（65.0%）。由此我们可以推出结论：居住形式为自有住房的调查对象参与所在社区志愿服务意愿高于居住形式为非自有住房的调查对象。

（4）从居住时间的角度来看，不同居住时间的调查对象对该问题的认知存在显著差异（$X^2=6.912$，df = 2，Sig = 0.032），在 0.05 水平上显著。分析结果显示：居住时间在 10 年以上的调查对象表示“愿意”的比例（85.3%）是最高的，其次是居住时间在 3—10 年的调查对象（84.3%），居住时间不满 3 年的调查对象表示“愿意”的比例（73.6%）是最低的。由此我们可以推出结论：居住时间越长，调查对象参与所在社区志愿服务意愿越高。

表 6.3.2　调查对象对参与社区志愿服务意愿的显著性差异

		参与社区志愿服务意愿	
		不愿意（%）	愿意（%）
性别	男（277 人）	13.7	86.3
	女（234 人）	20.9	79.1
	卡方检验　$X^2=4.683$，df = 1，Sig = 0.030		
政治面貌	中共党员（116 人）	6.9	93.1
	非中共党员（395 人）	20.0	80.0
	卡方检验　$X^2=10.898$，df = 1，Sig = 0.001		
居住形式	自有住房（471 人）	15.5	84.5
	非自有住房（40 人）	35.0	65.0
	卡方检验　$X^2=9.925$，df = 1，Sig = 0.002		
居住时间	不满 3 年（91 人）	26.4	73.6
	3—10 年（134 人）	15.7	84.3
	10 年以上（286 人）	14.7	85.3
	卡方检验　$X^2=6.912$，df = 2，Sig = 0.032		

为更好地了解调查对象参与所在社区志愿服务的频率，课题组在调查问卷中设置了相关问题，让调查对象对参加社区志愿服务频率作出选择。问卷调查结果见表 6.3.3：41.1% 的调查对象表示参与频率“很高”，33.3% 的调查对象表示参与频率“比较高”，15.0% 的调查对象表示参与频率“一般”，只有 10.6% 的调查对象表示参与频率“比较低”和“很低”。由此可以判断出：从总体上来说，调查对象参与所在社区志愿服务的频率还是比较高的。

表 6.3.3　调查对象参与所在社区志愿服务频率统计表

	样本数（人）	比例（%）
很高	210	41.1
比较高	170	33.3
一般	77	15.0
比较低	34	6.7
很低	20	3.9
合计	511	100.0

通过将调查对象的性别、年龄、婚姻状况、户籍类型、居住地属性、居住地位置、政治面貌、居住形式、居住结构、居住时间、受教育程度、社区干部属性、月均收入、家庭年收入等特征与调查对象参与所在社区志愿服务频率的选择进行交互分析，结果见表 6.3.4：居住地属性、居住地位置、居住形式、居住结构、居住时间、月均收入与该问题的交互分析存在显著性差异。具体来说：

（1）从居住地属性的角度来看，农村社区和城市社区的调查对象对该问题的认知存在显著差异（$X^2=11.750$，df = 1，Sig = 0.001），在 0.01 水平上显著。分析结果显示：农村社区的调查对象表示参与频率“高”的比例（78.6%）明显高于城市社区调查对象表示参与频率“高”的比例（63.9%）。由此我们可以推出结论：农村社区居民参与所在社区志愿服务频率高于城市社区居民。

（2）从居住地位置的角度来看，居住在城市、城乡接合部、农村的调查对象对该问题的认知存在显著差异（$X^2=13.046$，df = 2，Sig = 0.001），在 0.01 水平上显著。分析结果显示：居住在城乡接合部和农村的调查对象表示参与频率“高”的比例（分别为 81.7% 和 77.2%）明显高于居住在城市的调查对象表示参与频率“高”的比例（63.3%）。由此我们可以推出结论：居住在城乡接合部和农村的居民参与所在社区志愿服务频率高于居住在城市的居民。

（3）从居住形式的角度来看，不同居住形式的调查对象对该问题的认知存在显著差异（$X^2=19.628$，df = 1，Sig = 0.000），在 0.01 水平上显著。分析结果显示：居住形式为自有住房的调查对象表示参与频率“高”的比例

(76.9%)明显高于非自有住房调查对象表示参与频率“高”的比例(45.0%)。由此我们可以推出结论：居住形式为自有住房的调查对象参与所在社区志愿服务频率高于居住形式为非自有住房的调查对象。

(4)从居住结构的角度来看，不同居住结构的调查对象对该问题的认知存在显著差异（$X^2=3.191$，$df=1$，$Sig=0.074$），在0.1水平上显著。分析结果显示：居住结构为单独居住的调查对象表示参与频率“高”的比例(84.6%)明显高于非单独居住的调查对象表示参与频率“高”的比例(73.2%)。由此我们可以推出结论：居住结构为单独居住的调查对象参与所在社区志愿服务频率高于居住结构为非单独居住的调查对象。

(5)从居住时间的角度来看，不同居住时间的调查对象对该问题的认知存在显著差异（$X^2=14.660$，$df=2$，$Sig=0.001$），在0.01水平上显著。分析结果显示：居住时间在10年以上的调查对象表示参与频率“高”的比例(80.1%)是最高的，其次是居住时间在3—10年的调查对象（71.6%），居住时间不满3年的调查对象表示参与频率“高”的比例（60.4%）是最低的。由此我们可以推出结论：居住时间越长，调查对象参与所在社区志愿服务频率越高。

(6)从月均收入的角度来看，不同月均收入的调查对象对该问题的认知存在显著差异（$X^2=15.444$，$df=2$，$Sig=0.000$），在0.01水平上显著。分析结果显示：月均收入2000—3000元的调查对象表示参与频率“高”的比例(81.8%)是最高的，其次是月均收入3000元以上的调查对象（77.2%），2000元以下的调查对象表示参与频率“高”的比例（63.2%）是最低的。由此我们可以推出结论：月均收入对居民参与社区志愿服务频率影响表现出先低后高最后又低的趋势。

表6.3.4　调查对象对参与所在社区志愿服务频率的显著性差异

		参与社区志愿服务频率	
		低（%）	高（%）
居住地属性	农村社区（364人）	21.4	78.6
	城市社区（147人）	36.1	63.9
	卡方检验　$X^2=11.750$，$df=1$，$Sig=0.001$		

续表

		参与社区志愿服务频率	
		低（%）	高（%）
居住地位置	城市（139 人）	36.7	63.3
	城乡接合部（109 人）	18.3	81.7
	农村（263 人）	22.8	77.2
	卡方检验　$X^2=13.046$，df = 2，Sig = 0.001		
居住形式	自有住房（471 人）	23.1	76.9
	非自有住房（40 人）	55.0	45.0
	卡方检验　$X^2=19.628$，df = 1，Sig = 0.000		
居住结构	单独居住（52 人）	15.4	84.6
	非单独居住（459 人）	26.8	73.2
	卡方检验　$X^2=3.191$，df = 1，Sig = 0.074		
居住时间	不满 3 年（91 人）	39.6	60.4
	3—10 年（134 人）	28.4	71.6
	10 年以上（286 人）	19.9	80.1
	卡方检验　$X^2=14.660$，df = 2，Sig = 0.001		
月均收入	2000 元以下（155 人）	36.8	63.2
	2000—3000 元（154 人）	18.2	81.8
	3000 元以上（202 人）	22.8	77.2
	卡方检验　$X^2=15.444$，df = 2，Sig = 0.000		

第四节　社区公益活动

为更好地了解调查对象参与所在社区公益活动的意愿，课题组在调查问卷中设置了相关问题，让调查对象对参与社区公益活动意愿作出选择。问卷调查结果见表 6.4.1：45.8% 的调查对象表示“非常愿意”，36.4% 的调查对象表示“比较愿意”，13.7% 的调查对象表示“一般”，只有 4.1% 的调查对象表示“不太愿意”和“非常不愿意”。由此可以判断出：从总体上来说，调查对象参与所在社区公益活动的意愿还是比较高的。

表 6.4.1 调查对象参与所在社区公益活动意愿统计表

	样本数（人）	比例（%）
非常愿意	234	45.8
比较愿意	186	36.4
一般	70	13.7
不太愿意	8	1.6
非常不愿意	13	2.5
合计	511	100.0

通过将调查对象的性别、年龄、婚姻状况、户籍类型、居住地属性、居住地位置、政治面貌、居住形式、居住结构、居住时间、受教育程度、社区干部属性、月均收入、家庭年收入等特征与调查对象参加所在社区公益活动意愿的选择进行交互分析，结果见表6.4.2：调查对象的性别、政治面貌、居住形式、居住时间、月均收入、家庭年收入与该问题的交互分析存在显著性差异。具体来说：

（1）从性别的角度来看，不同性别的调查对象对该问题的认知存在显著差异（$X^2=2.893$，df = 1，Sig = 0.089），在0.1水平上显著。分析结果显示：男性调查对象表示“愿意”的比例（84.8%）高于女性调查对象表示“愿意”的比例（79.1%）。由此我们可以推出结论：男性参与所在社区公益活动意愿高于女性。

（2）从政治面貌的角度来看，不同政治面貌的调查对象对该问题的认知存在显著差异（$X^2=5.711$，df = 1，Sig = 0.017），在0.05水平上显著。分析结果显示：中共党员的调查对象表示“愿意”的比例（89.7%）明显高于非中共党员的调查对象表示“愿意”的比例（80.0%）。由此我们可以推出结论：中共党员参与所在社区公益活动意愿高于非中共党员。

（3）从居住形式的角度来看，不同居住形式的调查对象对该问题的认知存在显著差异（$X^2=18.077$，df = 1，Sig = 0.000），在0.01水平上显著。分析结果显示：居住形式为自有住房的调查对象表示“愿意”的比例（84.3%）明显高于非自有住房调查对象表示“愿意”的比例（57.5%）。由此我们可以推出结论：居住形式为自有住房的调查对象参与所在社区公益活动意愿高于居住形式为非自有住房的调查对象。

（4）从居住时间的角度来看，不同居住时间的调查对象对该问题的认知存在显著差异（$X^2=8.989$，$df=2$，$Sig=0.011$），在0.05水平上显著。分析结果显示：居住时间在3—10年的调查对象表示“愿意”的比例（85.8%）是最高的，其次是居住时间在10年以上的调查对象（83.9%），居住时间不满3年的调查对象表示“愿意”的比例（71.4%）是最低的。由此我们可以推出结论：居住时间对调查对象参与所在社区公益活动意愿影响表现出先低后高最后又低的趋势。

（5）从月均收入的角度来看，不同月均收入的调查对象对该问题的认知存在显著差异（$X^2=7.130$，$df=2$，$Sig=0.028$），在0.05水平上显著。分析结果显示：月均收入2000—3000元的调查对象表示“愿意”的比例（86.4%）是最高的，其次是月均收入3000元以上的调查对象（84.2%），2000元以下的调查对象表示“愿意”的比例（75.5%）是最低的。由此我们可以推出结论：月均收入对居民参与社区公益活动意愿影响表现出先低后高最后又低的趋势。

（6）从家庭年收入的角度来看，不同家庭年收入的调查对象对该问题的认知存在显著差异（$X^2=4.885$，$df=2$，$Sig=0.087$），在0.1水平上显著。分析结果显示：家庭年收入5万—10万元的调查对象表示“愿意”的比例（85.6%）是最高的，其次是家庭年收入5万元以下的调查对象（81.8%），10万元以上的调查对象表示“愿意”的比例（73.4%）是最低的。由此我们可以推出结论：家庭年收入对居民参与社区公益活动意愿影响表现出先低后高最后又低的趋势。

表6.4.2　调查对象对参与社区公益活动意愿的显著性差异

		参与社区公益活动意愿	
		不愿意（%）	愿意（%）
性别	男（277人）	15.2	84.8
	女（234人）	20.9	79.1
	卡方检验　$X^2=2.893$，$df=1$，$Sig=0.089$		
政治面貌	中共党员（116人）	10.3	89.7
	非中共党员（395人）	20.0	80.0
	卡方检验　$X^2=5.711$，$df=1$，$Sig=0.017$		

续表

		参与社区公益活动意愿	
		不愿意（%）	愿意（%）
居住形式	自有住房（471 人）	15.7	84.3
	非自有住房（40 人）	42.5	57.5
	卡方检验 $X^2=18.077$，df = 1，Sig = 0.000		
居住时间	不满 3 年（91 人）	28.6	71.4
	3—10 年（134 人）	14.2	85.8
	10 年以上（286 人）	16.1	83.9
	卡方检验 $X^2=8.989$，df = 2，Sig = 0.011		
月均收入	2000 元以下（155 人）	24.5	75.5
	2000—3000 元（154 人）	13.6	86.4
	3000 元以上（202 人）	15.8	84.2
	卡方检验 $X^2=7.130$，df = 2，Sig = 0.028		
家庭年收入	5 万元以下（253 人）	18.2	81.8
	5 万—10 万元（194 人）	14.4	85.6
	10 万元以上（64 人）	16.6	73.4
	卡方检验 $X^2=4.885$，df = 2，Sig = 0.087		

为更好地了解调查对象参与所在社区公益活动的频率，课题组在调查问卷中设置了相关问题，让调查对象对参加社区公益活动频率作出选择。问卷调查结果见表 6.4.3：38.4% 的调查对象表示参与频率“很高”，34.6% 的调查对象表示参与频率“比较高”，17.8% 的调查对象表示参与频率“一般”，只有 9.2% 的调查对象表示参与频率“比较低”和“很低”。由此可以判断出：从总体上来说，调查对象参与所在社区志愿服务的频率还是比较高的。

表 6.4.3　调查对象参与所在社区公益活动频率统计表

	样本数（人）	比例（%）
很高	196	38.4
比较高	177	34.6
一般	91	17.8

续表

	样本数（人）	比例（%）
比较低	23	4.5
很低	24	4.7
合计	511	100.0

通过将调查对象的性别、年龄、婚姻状况、户籍类型、居住地属性、居住地位置、政治面貌、居住形式、居住结构、居住时间、受教育程度、社区干部属性、月均收入、家庭年收入等特征与调查对象参与所在社区公益活动频率进行交互分析，结果见表6.4.4：居住地属性、居住地位置、政治面貌、居住形式、居住时间、月均收入与该问题的交互分析存在显著性差异。具体来说：

（1）从居住地属性的角度来看，农村社区和城市社区的调查对象对该问题的认知存在显著差异（$X^2=18.048$，df = 1，Sig = 0.000），在0.01水平上显著。分析结果显示：农村社区的调查对象表示参与频率“高”的比例（78.3%）明显高于城市社区调查对象表示参与频率“高”的比例（59.9%）。由此我们可以推出结论：农村社区居民参与所在社区公益活动频率高于城市社区居民。

（2）从居住地位置的角度来看，居住在城市、城乡接合部、农村的调查对象对该问题的认知存在显著差异（$X^2=16.515$，df = 2，Sig = 0.000），在0.01水平上显著。分析结果显示：居住在城乡接合部和农村的调查对象表示参与频率“高”的比例（分别为81.7%和76.0%）明显高于居住在城市的调查对象表示参与频率“高”的比例（60.4%）。由此我们可以推出结论：居住在城乡接合部和农村的居民参与所在社区公益活动频率高于居住在城市的居民。

（3）从政治面貌的角度来看，不同政治面貌的调查对象对该问题的认知存在显著差异（$X^2=7.258$，df = 1，Sig = 0.007），在0.01水平上显著。分析结果显示：中共党员的调查对象表示参与频率“高”的比例（82.8%）明显高于非中共党员的调查对象表示参与频率“高”的比例（70.1%）。由此我们可以推出结论：中共党员参与所在社区公益活动频率高于非中共党员。

（4）从居住形式的角度来看，不同居住形式的调查对象对该问题的认知存在显著差异（$X^2=14.309$，df = 1，Sig = 0.000），在0.01水平上显著。分析结果显示：居住形式为自有住房的调查对象表示参与频率“高”的比例（75.2%）

明显高于非自有住房调查对象表示参与频率“高”的比例（47.5%）。由此我们可以推出结论：居住形式为自有住房的调查对象参与所在社区公益活动频率高于居住形式为非自有住房的调查对象。

（5）从居住时间的角度来看，不同居住时间的调查对象对该问题的认知存在显著差异（$X^2=21.355$，df = 2，Sig = 0.000），在0.01水平上显著。分析结果显示：居住时间在10年以上的调查对象表示参与频率“高”的比例（80.4%）是最高的，其次是居住时间在3—10年的调查对象（67.9%），居住时间不满3年的调查对象表示参与频率“高”的比例（57.1%）是最低的。由此我们可以推出结论：居住时间越长，调查对象参与所在社区公益活动频率越高。

（6）从月均收入的角度来看，不同月均收入的调查对象对该问题的认知存在显著差异（$X^2=23.407$，df = 2，Sig = 0.000），在0.01水平上显著。分析结果显示：月均收入2000—3000元的调查对象表示参与频率“高”的比例（83.1%）是最高的，其次是月均收入3000元以上的调查对象（75.7%），2000元以下的调查对象表示参与频率“高”的比例（59.4%）是最低的。由此我们可以推出结论：月均收入对居民参与社区公益活动频率影响表现出先低后高最后又低的趋势。

表6.4.4　调查对象对参与社区公益活动频率的显著性差异

		参与社区公益活动频率	
		低（%）	高（%）
居住地属性	农村社区（364人）	21.7	78.3
	城市社区（147人）	40.1	59.9
	卡方检验　$X^2=18.048$，df = 1，Sig = 0.000		
居住地位置	城市（139人）	39.6	60.4
	城乡接合部（109人）	18.3	81.7
	农村（263人）	24.0	76.0
	卡方检验　$X^2=16.515$，df = 2，Sig = 0.000		
政治面貌	中共党员（116人）	17.2	82.8
	非中共党员（395人）	29.9	70.1
	卡方检验　$X^2=7.258$，df = 1，Sig = 0.007		

续表

		参与社区公益活动频率	
		低（%）	高（%）
居住形式	自有住房（471 人）	24.8	75.2
	非自有住房（40 人）	52.5	47.5
	卡方检验　$X^2=14.309$，df = 1，Sig = 0.000		
居住时间	不满 3 年（91 人）	42.9	57.1
	3—10 年（134 人）	32.1	67.9
	10 年以上（286 人）	19.6	80.4
	卡方检验　$X^2=21.355$，df = 2，Sig = 0.000		
月均收入	2000 元以下（155 人）	40.6	59.4
	2000—3000 元（154 人）	16.9	83.1
	3000 元以上（202 人）	24.3	75.7
	卡方检验　$X^2=23.407$，df = 2，Sig = 0.000		

第五节　社区就业指导活动

社区就业指导工作是为了确保社区求职者能够良好就业，确保就业稳定，同时还要确保相关的用人单位能够合理用人，为社区居民提供就业指导、咨询以及帮助的过程。社区就业能够为社区的劳动者提供一个新的、更为广阔的平台和空间，使得社区居民的就业渠道得到进一步拓展，通过逐步引导社区下岗职工以及失业人员对心态进行调整，确保实现幼有所养、老有所依、难有所帮，继而有助于社会的和谐稳定发展。

社区就业活动是将社区服务和扩大就业进行结合，将社区阵地作为主要的依托和中心，逐步向社会要相应的就业岗位，从而为社区居民提供方便以及服务的相关活动过程。一般来说，社区就业的主要实体形式有以下几种：第一种是社会团体、企业与事业单位以及相关的就业服务机构投资创办的就业机构，主要是为社区居民提供便民服务，如家政服务、城市管理服务以及临时性的劳务等；第二种是社区中的下岗职工以及相关的失业人员自己组织起来的工艺作坊等组织；第三种是社区失业人员以及下岗职工合伙或者是个人创办的、能够为社区居民提供服务的个体组织和小企业。

例如，山东省济宁市任城区致力于打造“四型就业社区”①，即“充分就业型、智慧就业型、创业创新型、标准服务型社区”。为就业者提供充足的就业岗位、技能培训，并大力支持创业者创业，为求职者带来就业福利，成为最靠近求职者的就业“第一站”。在“四型就业社区”里，社区会根据求职者特点和基本情况，提供就业信息、精准定位安排工作以及提供就业指导帮扶。同时，社区内还会为创业者们提供和协调减免房租、提供创业贷款和创业补贴等优惠政策，社区成为就业和创业者的“一站式”服务中心。

为了更好地了解调查对象对参加社区就业指导活动的意愿，课题组在调查问卷中设置了相关问题，让调查对象对参与社区就业指导活动的意愿作出选择。问卷调查结果见表6.5.1：42.1%的调查对象表示“非常愿意”，22.7%的调查对象表示“比较愿意”，22.1%的调查对象表示“一般”，只有13.1%的调查对象表示“不太愿意”和“非常不愿意”。由此可以判断出：从总体上来说，调查对象对参加社区就业指导活动的意愿是很强烈的。

表6.5.1　调查对象对参加社区就业指导活动的意愿

	样本数（人）	比例（%）
非常愿意	215	42.1
比较愿意	116	22.7
一般	113	22.1
不太愿意	37	7.2
非常不愿意	30	5.9
合计	511	100.0

通过将调查对象的性别、年龄、婚姻状况、户籍类型、居住地属性、居住地位置、政治面貌、居住形式、居住结构、居住时间、受教育程度、社区干部属性、月均收入、家庭年收入等特征与调查对象对参加社区就业指导活动的意愿进行交互分析，结果见表6.5.2：调查对象的性别、居住地属性、政治面貌、居住形式、居住时间、月均收入与该问题的交互分析存在显著性差

① 鲍童．社区——创业就业服务第一站［EB/OL］．地方网，http://www.yybnet.net/jining/news/201 807/7670793.html.

异。具体来说：

（1）从性别的角度来看，不同性别的调查对象对该问题的认知存在显著差异（$X^2 = 7.541$，df = 1，Sig = 0.006），在 0.01 水平上显著。分析结果显示：男性调查对象表示“愿意”的比例（79.4%）高于女性调查对象表示“愿意”的比例（68.8%）。由此我们可以推出结论：男性对参加社区就业指导活动的意愿高于女性。

（2）从居住地属性的角度来看，不同居住地属性的调查对象对该问题的认知存在显著差异（$X^2 = 4.643$，df = 1，Sig = 0.031），在 0.05 水平上显著。分析结果显示：农村社区的调查对象表示“愿意”的比例（77.2%）高于城市社区的调查对象表示“愿意”的比例（68.0%）。由此我们可以推出结论：农村社区的居民对参加社区就业指导活动的意愿高于城市社区的居民。

（3）从政治面貌的角度来看，不同政治面貌的调查对象对该问题的认知存在显著差异（$X^2 = 12.380$，df = 1，Sig = 0.000），在 0.01 水平上显著。分析结果显示：中共党员的调查对象表示“愿意”的比例（87.1%）明显高于非中共党员调查对象表示“愿意”的比例（70.9%）。由此我们可以推出结论：中共党员对参加社区就业指导活动的意愿高于非中共党员。

（4）从居住形式的角度来看，不同居住形式的调查对象对该问题的认知存在显著差异（$X^2 = 11.134$，df = 1，Sig = 0.001），在 0.01 水平上显著。分析结果显示：自有住房的调查对象表示“愿意”的比例（76.4%）明显高于非自有住房的调查对象表示“愿意”的比例（52.5%）。由此我们可以推出结论：自有住房的居民对参加社区就业指导活动的意愿高于非自有住房的居民。

（5）从居住时间的角度来看，不同居住时间的调查对象对该问题的认知存在显著差异（$X^2 = 7.787$，df = 2，Sig = 0.020），在 0.05 水平上显著。分析结果显示：居住时间在 10 年以上的调查对象表示“愿意”的比例（78.3%）是最高的，其次是居住时间 3—10 年的调查对象（比例为 73.9%），居住时间不满 3 年的调查对象表示“愿意”的比例（63.7%）是最低的。由此我们可以推出结论：居住时间越长，居民对于参加社区就业指导活动的意愿越强烈。

（6）从月均收入的角度来看，不同月均收入的调查对象对该问题的认知存在显著差异（$X^2 = 15.175$，df = 2，Sig = 0.001），在 0.01 水平上显著。分析结果显示：月均收入 2000—3000 元的调查对象表示“愿意”的比例

（83.8%）是最高的，其次是月均收入3000元以上的调查对象（比例为75.2%），月均收入2000元以下的调查对象表示“愿意”的比例（64.5%）是最低的。由此我们可以推出结论：月均收入对居民参加社区就业指导活动的意愿的影响表现出先低后高最后又低的趋势。

表6.5.2 调查对象对参加社区就业指导活动的意愿的显著性差异

		参加社区就业指导活动的意愿	
		不愿意（%）	愿意（%）
性别	男（277人）	20.6	79.4
	女（234人）	31.2	68.8
	卡方检验 $X^2=7.541$，df=1，Sig=0.006		
居住地属性	农村社区（364人）	22.8	77.2
	城市社区（147人）	32.0	68.0
	卡方检验 $X^2=4.643$，df=1，Sig=0.031		
政治面貌	中共党员（116人）	12.9	87.1
	非中共党员（395人）	29.1	70.9
	卡方检验 $X^2=12.380$，df=1，Sig=0.000		
居住形式	自有住房（471人）	23.6	76.4
	非自有住房（40人）	47.5	52.5
	卡方检验 $X^2=11.134$，df=1，Sig=0.001		
居住时间	不满3年（91人）	36.3	63.7
	3—10年（134人）	26.1	73.9
	10年以上（286人）	21.7	78.3
	卡方检验 $X^2=7.787$，df=2，Sig=0.020		
月均收入	2000元以下（155人）	35.5	64.5
	2000—3000元（154人）	16.2	83.8
	3000元以上（202人）	24.8	75.2
	卡方检验 $X^2=15.175$，df=2，Sig=0.001		

为了更好地了解调查对象对参加社区就业指导活动的频率，课题组在调查问卷中设置了相关问题，让调查对象对参与社区就业指导活动的频率作出选择。问卷调查结果见表6.5.3：35.0%的调查对象表示“很高”，32.1%的调查对象表示“比较高”，21.5%的调查对象表示“一般”，只有11.4%的调

查对象表示“比较低”和“很低”。由此可以判断出：从总体上来说，调查对象对参加就业指导活动的频率是很高的。

表 6.5.3　调查对象对参加社区就业指导活动的频率

	样本数（人）	比例（%）
很高	179	35.0
比较高	164	32.1
一般	110	21.5
比较低	31	6.1
很低	27	5.3
合计	511	100.0

通过将调查对象的性别、年龄、婚姻状况、户籍类型、居住地属性、居住地位置、政治面貌、居住形式、居住结构、居住时间、受教育程度、社区干部属性、月均收入、家庭年收入等特征与调查对象对参加社区就业指导活动的频率进行交互分析，结果见表 6.5.4：调查对象的户籍类型、居住地属性、居住地位置、居住形式、居住时间、月均收入与该问题的交互分析存在显著性差异。具体来说：

（1）从户籍类型的角度来看，不同户籍类型的调查对象对该问题的认知存在显著差异（$X^2=3.397$，df = 1，Sig = 0.065），在 0.1 水平上显著。分析结果显示：农业户口调查对象表示“高”的比例（69.0%）高于非农业户口的调查对象表示“高”的比例（59.4%）。由此我们可以推出结论：农业户口的居民对参加社区就业指导活动的频率高于非农业户口的居民。

（2）从居住地属性的角度来看，不同居住地属性的调查对象对该问题的认知存在显著差异（$X^2=30.784$，df = 1，Sig = 0.000），在 0.01 水平上显著。分析结果显示：农村社区的调查对象表示“高”的比例（74.5%）高于城市社区的调查对象表示“高”的比例（49.0%）。由此我们可以推出结论：农村社区的居民参加社区就业指导活动的频率高于城市社区的居民。

（3）从居住地位置的角度来看，居住在城市、城乡接合部、农村的调查对象对该问题的认知存在显著差异（$X^2=24.372$，df = 2，Sig = 0.000），在 0.01 水平上显著。分析结果显示：居住在城乡接合部和农村的调查对象表示“高”的比例（分别为 72.5% 和 73.8%）明显高于居住在城市的调查对象表示“高”的比例（50.4%）。由此我们可以推出结论：居住在城乡接合部和农村的居民参与社区就业指导活动的频率高于居住在城市的居民。

（4）从居住形式的角度来看，不同居住形式的调查对象对该问题的认知存在显著差异（$X^2=17.257$，df=1，Sig=0.000），在0.01水平上显著。分析结果显示：自有住房的调查对象表示“高”的比例（69.6%）明显高于非自有住房的调查对象表示“高”的比例（37.5%）。由此我们可以推出结论：自有住房的居民参加社区就业指导活动的频率高于非自有住房的居民。

（5）从居住时间的角度来看，不同居住时间的调查对象对该问题的认知存在显著差异（$X^2=27.726$，df=2，Sig=0.000），在0.01水平上显著。分析结果显示：居住时间在10年以上的调查对象表示“高”的比例（76.6%）是最高的，其次是居住时间3—10年的调查对象（比例为58.2%），居住时间不满3年的调查对象表示“高”的比例（50.5%）是最低的。由此我们可以推出结论：居住时间越长，居民参加社区就业指导活动的频率越高。

（6）从月均收入的角度来看，不同月均收入的调查对象对该问题的认知存在显著差异（$X^2=9.181$，df=2，Sig=0.010），在0.01水平上显著。分析结果显示：月均收入2000—3000元的调查对象表示“高”的比例（76.0%）是最高的，其次是月均收入3000元以上的调查对象（比例为65.8%），月均收入2000元以下的调查对象表示“高”的比例（60.0%）是最低的。由此我们可以推出结论：月均收入对居民参加社区就业指导活动的频率的影响表现出先低后高最后又低的趋势。

表6.5.4　调查对象对参加就业指导活动的频率的显著性差异

		参加社区就业指导活动的频率	
		低（%）	高（%）
户籍类型	农业户口（410人）	31.0	69.0
	非农业户口（101人）	40.6	59.4
	卡方检验　$X^2=3.397$，df=1，Sig=0.065		
居住地属性	农村社区（364人）	25.5	74.5
	城市社区（147人）	51.1	49.0
	卡方检验　$X^2=30.784$，df=1，Sig=0.000		

续表

		参加社区就业指导活动的频率	
		低（%）	高（%）
居住地位置	城市（139 人）	49.6	50.4
	城乡接合部（109 人）	27.5	72.5
	农村（263 人）	26.2	73.8
	卡方检验　$X^2=24.372$，df = 2，Sig = 0.000		
居住形式	自有住房（471 人）	30.4	69.6
	非自有住房（40 人）	62.5	37.5
	卡方检验　$X^2=17.257$，df = 1，Sig = 0.000		
居住时间	不满 3 年（91 人）	49.5	50.5
	3—10 年（134 人）	41.8	58.2
	10 年以上（286 人）	23.4	76.6
	卡方检验　$X^2=27.726$，df = 2，Sig = 0.000		
月均收入	2000 元以下（155 人）	40.0	60.0
	2000—3000 元（154 人）	24.0	76.0
	3000 元以上（202 人）	34.2	65.8
	卡方检验　$X^2=9.181$，df = 2，Sig = 0.010		

第六节　社区教育培训活动

社区教育是一种区别于学校教育、家庭教育，开放式地面向社区全体成员开展教育活动的一种教育类型，是以社区内全体成员为对象，促进社区成员全民发展的非正规教育活动[①]。

社区教育将教育与生活相融合，是实现终身教育，促进人与人之间和谐，提高全民素质的一个重要阵地，是构成终身教育体系中不可分割的重要组成部分。这使得在大力提倡终身教育的当下，社区教育有着其他教育形式所不能比拟的优势。终身教育理念促进了社区教育的发展，而社区教育又为终身

① 丁红玲、都雅男：《我国社区教育理论研究 40 年：回顾、评价与展望》，载《中国成人教育》2018 年第 10 期，第 114—119 页。

教育的实现提供了重要阵地。

社区教育作为终身教育的重要组成部分，是学习型社会建设中的重要内容，有助于推动学习型社会的建设，有利于推进和谐社会的构建。面向全体社区居民开展教育文化活动，提高全体社区居民的整体素质，改善社区成员的精神风貌，从而改善整个社区的精神文明程度。社区教育不仅肩负着社区教育的功能，还肩负着社区综合服务的功能，包括社区社会、政治、经济、文化，以及环境治理等方面，如实施社区安全治理、处理邻里矛盾与和谐人际关系、开展社区服务等增强社区凝聚力；提升社区居民民主意识和公民参与意识；促进社区成员职业技能的提升；丰富社区居民业余文化生活；美化卫生环境和生态环境等。

如江苏省南京市玄武区实施了社区教育"1878"工程，即1个区级社区进修学院、8个分院、7个街道社区学校和8大类社区教育学习基地，搭建社区教育平台，形成了四级社区教育培训网络，经过几年的不断建设，已基本实现了城乡统筹、城乡一体，形成了完整的社区教育网络。新疆克拉玛依市全市已构建了完善的社区教育网络，有社区学院1所、分院5所，社区学校54所，社区服务活动中心6个，6所"新市民"学校及各类培训机构，基本覆盖到各个居民点[①]。

为了更好地了解调查对象对参加社区教育培训活动的意愿，课题组在调查问卷中设置了相关问题，让调查对象对参与社区教育培训活动的意愿作出选择。问卷调查结果见表6.6.1：42.5%的调查对象表示"非常愿意"，33.5%的调查对象表示"比较愿意"，17.6%的调查对象表示"一般"，只有6.4%的调查对象表示"不太愿意"和"非常不愿意"。由此可以判断出：从总体上来说，调查对象对参加社区教育培训活动的意愿是很强烈的。

表6.6.1　调查对象对参加社区教育培训活动的意愿

	样本数（人）	比例（%）
非常愿意	217	42.5
比较愿意	171	33.5
一般	90	17.6

① 刘丽娟：《大学和社区的协同发展研究》，西南交通大学硕士学位论文，2012年。

续表

	样本数（人）	比例（%）
不太愿意	15	2.9
非常不愿意	18	3.5
合计	511	100.0

通过将调查对象的性别、年龄、婚姻状况、户籍类型、居住地属性、居住地位置、政治面貌、居住形式、居住结构、居住时间、受教育程度、社区干部属性、月均收入、家庭年收入等特征与调查对象对参加社区教育培训活动的意愿进行交互分析，结果见表6.6.2：调查对象的性别、政治面貌、居住形式、居住结构、居住时间、月均收入与该问题的交互分析存在显著性差异。具体来说：

（1）从性别的角度来看，不同性别的调查对象对该问题的认知存在显著差异（$X^2=4.916$，$df=1$，$Sig=0.027$），在0.05水平上显著。分析结果显示：男性调查对象表示“愿意”的比例（79.8%）高于女性调查对象表示“愿意”的比例（71.4%）。由此我们可以推出结论：男性对参加社区教育培训活动的意愿高于女性。

（2）从政治面貌的角度来看，不同政治面貌的调查对象对该问题的认知存在显著差异（$X^2=10.189$，$df=1$，$Sig=0.001$），在0.01水平上显著。分析结果显示：中共党员的调查对象表示“愿意”的比例（87.1%）明显高于非中共党员调查对象表示“愿意”的比例（72.7%）。由此我们可以推出结论：中共党员对参加社区教育培训活动的意愿高于非中共党员。

（3）从居住形式的角度来看，不同居住形式的调查对象对该问题的认知存在显著差异（$X^2=6.025$，$df=1$，$Sig=0.014$），在0.05水平上显著。分析结果显示：自有住房的调查对象表示愿意的比例（77.3%）明显高于非自有住房调查对象表示“愿意”的比例（60.0%）。由此我们可以推出结论：自有住房的居民对参加社区教育培训活动的意愿高于非自有住房的居民。

（4）从居住结构的角度来看，不同居住结构的调查对象对该问题的认知存在显著差异（$X^2=4.975$，$df=1$，$Sig=0.026$），在0.05水平上显著。分析结果显示：单独居住的调查对象表示“愿意”的比例（88.5%）明显高于非单独居住调查对象表示“愿意”的比例（74.5%）。由此我们可以推出结论：单独居住的居民对参加社区教育培训活动的意愿高于非单独居住的居民。

（5）从居住时间的角度来看，不同居住时间的调查对象对该问题的认知存在显著差异（$X^2=7.688$，$df=2$，$Sig=0.021$），在 0.05 水平上显著。分析结果显示：居住时间在 10 年以上的调查对象表示“愿意”的比例（79.0%）是最高的，其次是居住时间 3—10 年的调查对象（比例为 76.9%），居住时间不满 3 年的调查对象表示“愿意”的比例（64.8%）是最低的。由此我们可以推出结论：居住时间越长，居民对于参加社区教育培训活动的意愿越强烈。

（6）从月均收入的角度来看，不同月均收入的调查对象对该问题的认知存在显著差异（$X^2=8.963$，$df=2$，$Sig=0.011$），在 0.05 水平上显著。分析结果显示：月均收入 2000—3000 元的调查对象表示“愿意”的比例（81.8%）是最高的，其次是月均收入 3000 元以上的调查对象（比例为 77.7%），月均收入 2000 元以下的调查对象表示“愿意”的比例（67.7%）是最低的。由此我们可以推出结论：月均收入对居民参加社区教育培训活动的意愿的影响表现出先低后高最后又低的趋势。

表 6.6.2　调查对象对参加社区教育培训活动的意愿的显著性差异

		参加社区教育培训活动的意愿	
		不愿意（%）	愿意（%）
性别	男（277 人）	20.2	79.8
	女（234 人）	28.6	71.4
	卡方检验　$X^2=4.916$，$df=1$，$Sig=0,027$		
政治面貌	中共党员（116 人）	12.9	87.1
	非中共党员（395 人）	27.3	72.7
	卡方检验　$X^2=10.189$，$df=1$，$Sig=0.001$		
居住形式	自有住房（471 人）	22.7	77.3
	非自有住房（40 人）	40.0	60.0
	卡方检验　$X^2=6.025$，$df=1$，$Sig=0.014$		
居住结构	单独居住（52 人）	11.5	88.5
	非单独居住（459 人）	25.5	74.5
	卡方检验　$X^2=4.975$，$df=1$，$Sig=0.026$		

续表

		参加社区教育培训活动的意愿	
		不愿意（%）	愿意（%）
居住时间	不满3年（91人）	35.2	64.8
	3—10年（134人）	23.1	76.9
	10年以上（286人）	21.0	79.0
	卡方检验　$X^2=7.688$，df=2，Sig=0.021		
月均收入	2000元以下（155人）	32.3	67.7
	2000—3000元（154人）	18.2	81.8
	3000元以上（202人）	22.3	77.7
	卡方检验　$X^2=8.963$，df=2，Sig=0.011		

为了更好地了解调查对象对参加社区教育培训活动的频率，课题组在调查问卷中设置了相关问题，让调查对象对参与社区教育培训活动的频率作出选择。问卷调查结果见表6.6.3：37.4%的调查对象表示“很高”，30.1%的调查对象表示“比较高”，20.6%的调查对象表示“一般”，只有11.9%的调查对象表示“比较低”和“很低”。由此可以判断出：从总体上来说，调查对象对参加社区教育培训活动的频率是很高的。

表6.6.3　调查对象对参加社区教育培训活动的频率

	样本数（人）	比例（%）
很高	191	37.4
比较高	154	30.1
一般	105	20.6
比较低	38	7.4
很低	23	4.5
合计	511	100.0

通过将调查对象的性别、年龄、婚姻状况、户籍类型、居住地属性、居住地位置、政治面貌、居住形式、居住结构、居住时间、受教育程度、社区干部属性、月均收入、家庭年收入等特征与调查对象对参加社区教育培训活动的频率进行交互分析，结果见表6.6.4：调查对象的户籍类型、居住地属性、居住地位置、政治面貌、居住形式、居住时间、月均收入与该问题的交

互分析存在显著性差异。具体来说：

（1）从户籍类型的角度来看，不同户籍类型的调查对象对该问题的认知存在显著差异（$X^2=2.908$，df = 1，Sig = 0.088），在 0.1 水平上显著。分析结果显示：农业户口调查对象表示“高”的比例（69.3%）高丁非农业户口的调查对象表示“高”的比例（60.4%）。由此我们可以推出结论：农业户口的居民对参加社区教育培训活动的频率高于非农业户口的居民。

（2）从居住地属性的角度来看，不同居住地属性的调查对象对该问题的认知存在显著差异（$X^2=25.599$，df = 1，Sig = 0.000），在 0.01 水平上显著。分析结果显示：农村社区的调查对象表示“高”的比例（74.2%）高于城市社区的调查对象表示“高”的比例（51.0%）。由此我们可以推出结论：农村社区的居民参加社区教育培训活动的频率高于城市社区的居民。

（3）从居住地位置的角度来看，居住在城市、城乡接合部、农村的调查对象对该问题的认知存在显著差异（$X^2=21.561$，df = 2，Sig = 0.000），在 0.01 水平上显著。分析结果显示：居住在城乡接合部和农村的调查对象表示“高”的比例（分别为 72.5% 和 73.8%）明显高于居住在城市的调查对象表示“高”的比例（51.8%）。由此我们可以推出结论：居住在城乡接合部和农村的居民参与社区教育培训活动的频率高于居住在城市的居民。

（4）从政治面貌的角度来看，不同政治面貌的调查对象对该问题的认知存在显著差异（$X^2=3.834$，df = 1，Sig = 0.050），在 0.1 水平上显著。分析结果显示：中共党员的调查对象表示“高”的比例（75.0%）明显高于非中共党员的调查对象表示“高”的比例（65.3%）。由此我们可以推出结论：中共党员参与社区教育培训活动的频率高于非中共党员。

（5）从居住形式的角度来看，不同居住形式的调查对象对该问题的认知存在显著差异（$X^2=10.030$，df = 1，Sig = 0.002），在 0.01 水平上显著。分析结果显示：自有住房的调查对象表示“高”的比例（69.4%）明显高于非自有住房的调查对象表示“高”的比例（45.0%）。由此我们可以推出结论：自有住房的居民参加社区教育培训活动的频率高于非自有住房的居民。

（6）从居住时间的角度来看，不同居住时间的调查对象对该问题的认知存在显著差异（$X^2=26.372$，df = 2，Sig = 0.000），在 0.01 水平上显著。分析结果显示：居住时间在 10 年以上的调查对象表示“高”的比例（76.6%）是最高的，其次是居住时间 3—10 年的调查对象（比例为 59.7%），居住时间不满 3 年的调查对象表示“高”的比例（50.5%）是最低的。由此我们可以推出结论：居住时间越长，居民参加社区教育培训活动的频率越高。

（7）从月均收入的角度来看，不同月均收入的调查对象对该问题的认知存在显著差异（$X^2=11.395$，df=2，Sig=0.003），在 0.01 水平上显著。分析结果显示：月均收入 2000—3000 元的调查对象表示“高”的比例（76.0%）是最高的，其次是月均收入 3000 元以上的调查对象（比例为 68.3%），月均收入 2000 元以下的调查对象表示“高”的比例（58.1%）是最低的。由此我们可以推出结论：月均收入对居民参加社区教育培训活动的频率的影响表现出先低后高最后又低的趋势。

表 6.6.4　调查对象对参加社区教育培训活动的频率的显著性差异

		参加社区教育培训活动的频率	
		低（%）	高（%）
户籍类型	农业户口（410 人）	30.7	69.3
	非农业户口（101 人）	39.6	60.4
	卡方检验　$X^2=2.908$，df=1，Sig=0.088		
居住地属性	农村社区（364 人）	25.8	74.2
	城市社区（147 人）	49.0	51.0
	卡方检验　$X^2=25.599$，df=1，Sig=0.000		
居住地位置	城市（139 人）	48.2	51.8
	城乡接合部（109 人）	27.5	72.5
	农村（263 人）	26.2	73.8
	卡方检验　$X^2=21.561$，df=2，Sig=0.000		
政治面貌	中共党员（116 人）	25.0	75.0
	非中共党员（395 人）	34.7	65.3
	卡方检验　$X^2=3.834$，df=1，Sig=0.050		
居住形式	自有住房（471 人）	30.6	69.4
	非自有住房（40 人）	55.0	45.0
	卡方检验　$X^2=10.030$，df=1，Sig=0.002		

续表

		参加社区教育培训活动的频率	
		低（%）	高（%）
居住时间	不满3年（91人）	49.5	50.5
	3—10年（134人）	40.3	59.7
	10年以上（286人）	23.4	76.6
	卡方检验 $X^2=26.372$，df=2，Sig=0.000		
月均收入	2000元以下（155人）	41.9	58.1
	2000—3000元（154人）	24.0	76.0
	3000元以上（202人）	31.7	68.3
	卡方检验 $X^2=11.395$，df=2，Sig=0.003		

第七节　社区心理咨询活动

社区心理健康教育与服务是以社区为单位，对社区内的居民提供以保障和促进人群心理健康为主要内容的心理健康教育与服务，用以提高个体的整体素质，当然也包括心理素质和社会适应能力，从而减少心理和行为问题的发生。我国的社区心理学发展相较于西方起步很晚，直到2012年我国首个以社区心理学命名的专业委员会才在苏州成立，附属在苏州心理学会下。2014年全国范围的社区心理学专业委员会在重庆西南大学成立。

随着我国社会转型的不断深入，社会矛盾增多，各种竞争压力加大，人口和家庭结构变化明显，经济的发展、人口的迁移和外来文化的影响，导致心理疾病的患病率呈逐年上升趋势。心理健康问题已经成为我国的重大公共卫生问题和社会问题，社区居民中心理疾病的发病率在逐年增加，而传统的心理卫生服务主要依靠专科医院的服务来进行，目前单纯依靠专科医院的资源已经不能满足我国居民对心理健康服务的需求，因而开展社区心理健康教育与服务，建立以社区心理健康教育与服务组织为平台的心理健康教育与服务体系，不但能满足我国社区居民的心理健康教育与服务的需求，对提高我国人民的群体健康水平也显得极为重要。《健康中国行动（2019—2030年）》对心理健康促进行动提出了明确要求，提出“发挥基层社区在心理健康服务中的网底作用，搭建基层心理健康服务平台”。

社区心理服务是社会治理的重要组成部分，例如2016年北京城市副中心开展的“通州区潞城镇棚户区改造BCD片区拆迁工程心理服务”，为5个拆迁村846户拆迁者，根据实际情况协助拆迁办开展心理疏导工作，让村民在拆迁中出现的心理问题有地方倾诉，有渠道宣泄，减少冲突，化解矛盾，对需要调解的拆迁个案进行心理危机干预和预防，促进棚户区改造工作顺利开展。拆迁工作结束，德仁社区心理服务中心结合政府民生项目对于迁入新居的“城市新居民”开展“农转居社区社会服务”，让“新居民”改变原有的习惯，尽快适应城市生活，把拆迁后的闲散社区居民组织起来，参与丰富多彩的社区活动，让他们精神富足、有事可做，增加对新社区、新环境的认同感，这既是农转居社区居民的需要，也是维护城市副中心和谐发展的需要①。

为了更好地了解调查对象对参加社区心理咨询活动的意愿，课题组在调查问卷中设置了相关问题，让调查对象对参与社区心理咨询活动的意愿作出选择。问卷调查结果见表6.7.1：43.8%的调查对象表示“非常愿意”，31.9%的调查对象表示“比较愿意”，15.9%的调查对象表示“一般”，只有8.4%的调查对象表示“不太愿意”和“非常不愿意”。由此可以判断出：从总体上来说，调查对象对参加社区心理咨询活动的意愿是很强烈的。

表6.7.1　调查对象对参加社区心理咨询活动的意愿

	样本数（人）	比例（%）
非常愿意	224	43.8
比较愿意	163	31.9
一般	81	15.9
不太愿意	24	4.7
非常不愿意	19	3.7
合计	511	100.0

通过将调查对象的性别、年龄、婚姻状况、户籍类型、居住地属性、居住地位置、政治面貌、居住形式、居住结构、居住时间、受教育程度、社区干部属性、月均收入、家庭年收入等特征与调查对象对参加社区心理咨询活

① 李雪娇：《打开社区心理服务心门——访北京市通州区德仁社区心理服务中心主任熊德杰》，载《经济》2020年第Z1期，第94—95页。

动的意愿进行交互分析，结果见表6.7.2：调查对象的性别、居住地属性、政治面貌、居住形式、居住时间、月均收入与该问题的交互分析存在显著性差异。具体来说：

（1）从性别的角度来看，不同性别的调查对象对该问题的认知存在显著差异（$X^2=3.644$，df=1，Sig=0.056），在0.1水平上显著。分析结果显示：男性调查对象表示“愿意”的比例（79.1%）高于女性调查对象表示“愿意”的比例（71.8%）。由此我们可以推出结论：男性对参加社区心理咨询活动的意愿高于女性。

（2）从居住地属性的角度来看，不同居住地属性的调查对象对该问题的认知存在显著差异（$X^2=4.522$，df=1，Sig=0.033），在0.05水平上显著。分析结果显示：农村社区的调查对象表示“愿意”的比例（78.3%）高于城市社区的调查对象表示“愿意”的比例（69.4%）。由此我们可以推出结论：农村社区的居民对参加社区心理咨询活动的意愿高于城市社区的居民。

（3）从政治面貌的角度来看，不同政治面貌的调查对象对该问题的认知存在显著差异（$X^2=5.079$，df=1，Sig=0.024），在0.05水平上显著。分析结果显示：中共党员的调查对象表示“愿意”的比例（83.6%）明显高于非中共党员调查对象表示“愿意”的比例（73.4%）。由此我们可以推出结论：中共党员对参加社区心理咨询活动的意愿高于非中共党员。

（4）从居住形式的角度来看，不同居住形式的调查对象对该问题的认知存在显著差异（$X^2=12.747$，df=1，Sig=0.000），在0.01水平上显著。分析结果显示：自有住房的调查对象表示愿意的比例（77.7%）明显高于非自有住房的调查对象表示“愿意”的比例（52.5%）。由此我们可以推出结论：自有住房的居民对参加社区心理咨询活动的意愿高于非自有住房的居民。

（5）从居住时间的角度来看，不同居住时间的调查对象对该问题的认知存在显著差异（$X^2=14.602$，df=2，Sig=0.001），在0.05水平上显著。分析结果显示：居住时间在10年以上的调查对象表示“愿意”的比例（80.1%）是最高的，其次是居住时间3—10年的调查对象（比例为76.9%），居住时间不满3年的调查对象表示“愿意”的比例（60.4%）是最低的。由此我们可以推出结论：居住时间越长，居民对于参加社区心理咨询活动的意愿越强烈。

（6）从月均收入的角度来看，不同月均收入的调查对象对该问题的认知存在显著差异（$X^2=7.273$，df=2，Sig=0.026），在0.05水平上显著。分析结果显示：月均收入2000—3000元的调查对象表示“愿意”的比例（81.2%）是最高的，其次是月均收入3000元以上的调查对象（比例为77.2%），月均收入2000元以下的调查对象表示“愿意”的比例（68.4%）是最低的。由此我们可以推出结论：月均收入对居民参加社区心理咨询活动意愿的影响表现出先低后高最后又低的趋势。

表6.7.2　调查对象对参加社区心理咨询活动的意愿的显著性差异

		参加社区心理咨询活动的意愿	
		不愿意（%）	愿意（%）
性别	男（277人）	20.9	79.1
	女（234人）	28.2	71.8
	卡方检验　$X^2=3.644$，df=1，Sig=0.056		
居住地属性	农村社区（364人）	21.7	78.3
	城市社区（147人）	30.6	69.4
	卡方检验　$X^2=4.522$，df=1，Sig=0.033		
政治面貌	中共党员（116人）	16.4	83.6
	非中共党员（395人）	26.6	73.4
	卡方检验　$X^2=5.079$，df=1，Sig=0.024		
居住形式	自有住房（471人）	22.3	77.7
	非自有住房（40人）	47.5	52.5
	卡方检验　$X^2=12.747$，df=1，Sig=0.000		
居住时间	不满3年（91人）	39.6	60.4
	3—10年（134人）	23.1	76.9
	10年以上（286人）	19.9	80.1
	卡方检验　$X^2=14.602$，df=2，Sig=0.001		
月均收入	2000元以下（155人）	31.6	68.4
	2000—3000元（154人）	18.8	81.2
	3000元以上（202人）	22.8	77.2
	卡方检验　$X^2=7.273$，df=2，Sig=0.026		

为了更好地了解调查对象对参加社区心理咨询活动的频率，课题组在调查问卷中设置了相关问题，让调查对象对参与社区心理咨询活动的频率作出

选择。问卷调查结果见表6.7.3：31.9%的调查对象表示参加社区心理咨询活动频率“很高”，33.9%的调查对象表示参加社区心理咨询活动的频率“比较高”，21.1%的调查对象表示参加社区心理咨询活动的频率“一般”，只有13.1%的调查对象表示“比较低”和“很低”。由此可以判断出：从总体上来说，调查对象对参加心理咨询活动的频率是很高的。

表6.7.3 调查对象对参加社区心理咨询活动的频率

	样本数（人）	比例（%）
很高	163	31.9
比较高	173	33.9
一般	108	21.1
比较低	36	7.0
很低	31	6.1
合计	511	100.0

通过将调查对象的性别、年龄、婚姻状况、户籍类型、居住地属性、居住地位置、政治面貌、居住形式、居住结构、居住时间、受教育程度、社区干部属性、月均收入、家庭年收入等特征与调查对象对参加社区心理咨询活动的频率进行交互分析，结果见表6.7.4：调查对象的户籍类型、居住地属性、居住地位置、政治面貌、居住形式、居住结构、居住时间、月均收入与该问题的交互分析存在显著性差异。具体来说：

（1）从户籍类型的角度来看，不同户籍类型的调查对象对该问题的认知存在显著差异（$X^2=3.010$，df=1，Sig=0.083），在0.1水平上显著。分析结果显示：农业户口调查对象表示“高”的比例（67.6%）高于非农业户口的调查对象表示“高”的比例（58.4%）。由此我们可以推出结论：农业户口的居民对参加社区心理咨询活动的频率高于非农业户口的居民。

（2）从居住地属性的角度来看，不同居住地属性的调查对象对该问题的认知存在显著差异（$X^2=25.785$，df=1，Sig=0.000），在0.01水平上显著。分析结果显示：农村社区的调查对象表示“高”的比例（72.5%）高于城市社区的调查对象表示“高”的比例（49.0%）。由此我们可以推出结论：农村社区的居民参加社区心理咨询活动的频率高于城市社区的居民。

（3）从居住地位置的角度来看，居住在城市、城乡接合部、农村的调查

对象对该问题的认知存在显著差异（$X^2=16.832$，$df=2$，$Sig=0.000$），在0.01水平上显著。分析结果显示：居住在城乡接合部和农村的调查对象表示“高”的比例（分别为68.8%和71.9%）明显高于居住在城市的调查对象表示“高”的比例（51.8%）。由此我们可以推出结论：居住在城乡接合部和农村的居民参与社区心理咨询活动的频率高于居住在城市的居民。

（4）从政治面貌的角度来看，不同政治面貌的调查对象对该问题的认知存在显著差异（$X^2=3.771$，$df=1$，$Sig=0.052$），在0.1水平上显著。分析结果显示：中共党员的调查对象表示“高”的比例（73.3%）明显高于非中共党员调查对象表示“高”的比例（63.5%）。由此我们可以推出结论：中共党员参与社区心理咨询活动的频率高于非中共党员。

（5）从居住形式的角度来看，不同居住形式的调查对象对该问题的认知存在显著差异（$X^2=12.782$，$df=1$，$Sig=0.000$），在0.01水平上显著。分析结果显示：自有住房的调查对象表示“高”的比例（67.9%）明显高于非自有住房的调查对象表示“高”的比例（40.0%）。由此我们可以推出结论：自有住房的居民参加社区心理咨询活动的频率高于非自有住房的居民。

（6）从居住结构的角度来看，不同居住结构的调查对象对该问题的认知存在显著差异（$X^2=3.207$，$df=1$，$Sig=0.073$），在0.1水平上显著。分析结果显示：单独居住的调查对象表示“高”的比例（76.9%）明显高于非单独居住调查对象表示“高”的比例（64.5%）。由此我们可以推出结论：单独居住的居民参加社区心理咨询活动的频率高于非单独居住的居民。

（7）从居住时间的角度来看，不同居住时间的调查对象对该问题的认知存在显著差异（$X^2=38.855$，$df=2$，$Sig=0.000$），在0.01水平上显著。分析结果显示：居住时间在10年以上的调查对象表示“高”的比例（76.9%）是最高的，其次是居住时间3—10年的调查对象（比例为56.0%），居住时间不满3年的调查对象表示“高”的比例（45.1%）是最低的。由此我们可以推出结论：居住时间越长，居民参加社区心理咨询活动的频率越高。

（8）从月均收入的角度来看，不同月均收入的调查对象对该问题的认知存在显著差异（$X^2=9.586$，$df=2$，$Sig=0.008$），在0.01水平上显著。分析结果显示：月均收入2000—3000元的调查对象表示“高”的比例（74.7%）是最高的，其次是月均收入3000元以上的调查对象（比例为64.9%），月均收入2000元以下的调查对象表示“高”的比例（58.1%）是最低的。由此我们可以推出结论：月均收入对居民参加社区心理咨询活动的频率的影响表现出先低后高最后又低的趋势。

表 6.7.4　调查对象对参加社区心理咨询活动的频率的显著性差异

		参加社区心理咨询活动的频率	
		低（%）	高（%）
户籍类型	农业户口（410 人）	32.4	67.6
	非农业户口（101 人）	41.6	58.4
	卡方检验　$X^2=3.010$，$df=1$，$Sig=0.083$		
居住地属性	农村社区（364 人）	27.5	72.5
	城市社区（147 人）	51.0	49.0
	卡方检验　$X^2=25.785$，$df=1$，$Sig=0.000$		
居住地位置	城市（139 人）	48.2	51.8
	城乡接合部（109 人）	31.2	68.8
	农村（263 人）	28.1	71.9
	卡方检验　$X^2=16.832$，$df=2$，$Sig=0.000$		
政治面貌	中共党员（116 人）	26.7	73.3
	非中共党员（395 人）	36.5	63.5
	卡方检验　$X^2=3.771$，$df=1$，$Sig=0.052$		
居住形式	自有住房（471 人）	32.1	67.9
	非自有住房（40 人）	60.0	40.0
	卡方检验　$X^2=12.782$，$df=1$，$Sig=0.000$		
居住结构	单独居住（52 人）	23.1	76.9
	非单独居住（459 人）	35.5	64.5
	卡方检验　$X^2=3.207$，$df=1$，$Sig=0.073$		
居住时间	不满 3 年（91 人）	54.9	45.1
	3—10 年（134 人）	44.0	56.0
	10 年以上（286 人）	23.1	76.9
	卡方检验　$X^2=38.855$，$df=2$，$Sig=0.000$		

续表

		参加社区心理咨询活动的频率	
		低（%）	高（%）
月均收入	2000 元以下（155 人）	41.9	58.1
	2000—3000 元（154 人）	25.3	74.7
	3000 元以上（202 人）	35.1	64.9
	卡方检验　$X^2=9.586$，df = 2，Sig = 0.008		

第八节　社区环境美化活动

为社区居民打造和提供“绿色、宜居、共享”的社区环境是目前社区治理的重要工作，社区环境治理与居民的生活质量和社会发展息息相关，加强社区环境治理不仅已经成为社会共识，而且社区治理实行多元主体共治的方式为社区环境治理提供了新的思路，例如上海市政府通过购买社会组织专业服务的方式引进多方主体参与到社区环境治理过程中，形成了社区和社会组织协同治理模式①。

为了更好地了解调查对象对参加社区环境美化活动的意愿，课题组在调查问卷中设置了相关问题，让调查对象对参与社区环境美化活动的意愿作出选择。问卷调查结果见表 6.8.1：50.7% 的调查对象表示“非常愿意”，30.1% 的调查对象表示“比较愿意”，12.9% 的调查对象表示“一般”，只有 6.3% 的调查对象表示“不太愿意”和“非常不愿意”。由此可以判断出：从总体上来说，调查对象对参加社区环境美化活动的意愿是很强烈的。

表 6.8.1　调查对象对参加社区环境美化活动的意愿

	样本数（人）	比例（%）
非常愿意	259	50.7
比较愿意	154	30.1
一般	66	12.9

① 宫成秀：《上海社区生活垃圾分类处理中的“两社联动”模式研究》，上海师范大学硕士学位论文，2020 年。

续表

	样本数（人）	比例（%）
不太愿意	18	3.5
非常不愿意	14	2.8
合计	511	100.0

通过将调查对象的性别、年龄、婚姻状况、户籍类型、居住地属性、居住地位置、政治面貌、居住形式、居住结构、居住时间、受教育程度、社区干部属性、月均收入、家庭年收入等特征与调查对象对参加社区环境美化活动的意愿进行交互分析，结果见表6.8.2：调查对象的性别、居住地属性、政治面貌、居住形式、居住时间、月均收入与该问题的交互分析存在显著性差异。具体来说：

（1）从性别的角度来看，不同性别的调查对象对该问题的认知存在显著差异（$X^2=5.212$，df=1，Sig=0.022），在0.05水平上显著。分析结果显示：男性调查对象表示“愿意”的比例（84.5%）高于女性调查对象表示“愿意”的比例（76.5%）。由此我们可以推出结论：男性对参加社区环境美化活动的意愿高于女性。

（2）从居住地属性的角度来看，不同居住地属性的调查对象对该问题的认知存在显著差异（$X^2=3.756$，df=1，Sig=0.053），在0.1水平上显著。分析结果显示：农村社区的调查对象表示“愿意”的比例（83.0%）高于城市社区的调查对象表示“愿意”的比例（75.5%）。由此我们可以推出结论：农村社区的居民对参加社区环境美化活动的意愿高于城市社区的居民。

（3）从政治面貌的角度来看，不同政治面貌的调查对象对该问题的认知存在显著差异（$X^2=9.101$，df=1，Sig=0.003），在0.01水平上显著。分析结果显示：中共党员的调查对象表示“愿意”的比例（90.5%）明显高于非中共党员调查对象表示“愿意”的比例（78.0%）。由此我们可以推出结论：中共党员对参加社区环境美化活动的意愿高于非中共党员。

（4）从居住形式的角度来看，不同居住形式的调查对象对该问题的认知存在显著差异（$X^2=7.009$，df=1，Sig=0.008），在0.01水平上显著。分析结果显示：自有住房的调查对象表示愿意的比例（82.2%）明显高于非自有住房的调查对象表示“愿意”的比例（65.0%）。由此我们可以推出结论：自有住房的居民对参加社区环境美化活动的意愿高于非自有住房的居民。

（5）从居住时间的角度来看，不同居住时间的调查对象对该问题的认知存在显著差异（$X^2=5.433$，df = 2，Sig = 0.066），在 0.1 水平上显著。分析结果显示：居住时间在 10 年以上的调查对象表示“愿意”的比例（83.6%）是最高的，其次是居住时间 3—10 年的调查对象（比例为 80.6%），居住时间不满 3 年的调查对象表示“愿意”的比例（72.5%）是最低的。由此我们可以推出结论：居住时间越长，居民对于参加社区环境美化活动的意愿越强烈。

（6）从月均收入的角度来看，不同月均收入的调查对象对该问题的认知存在显著差异（$X^2=6.629$，df = 2，Sig = 0.036），在 0.05 水平上显著。分析结果显示：月均收入 2000—3000 元的调查对象表示“愿意”的比例（85.1%）是最高的，其次是月均收入 3000 元以上的调查对象（比例为 82.7%），月均收入 2000 元以下的调查对象表示“愿意”的比例（74.2%）是最低的。由此我们可以推出结论：月均收入对居民参加社区环境美化活动的意愿的影响表现出先低后高最后又低的趋势。

表 6.8.2　调查对象对参加社区环境美化活动的意愿的显著性差异

		参加社区环境美化活动的意愿	
		不愿意（%）	愿意（%）
性别	男（277 人）	15.5	84.5
	女（234 人）	23.5	76.5
	卡方检验　$X^2=5.212$，df = 1，Sig = 0.022		
居住地属性	农村社区（364 人）	17.0	83.0
	城市社区（147 人）	24.5	75.5
	卡方检验　$X^2=3.756$，df = 1，Sig = 0.053		
政治面貌	中共党员（116 人）	9.5	90.5
	非中共党员（395 人）	22.0	78.0
	卡方检验　$X^2=9.101$，df = 1，Sig = 0.003		
居住形式	自有住房（471 人）	17.8	82.2
	非自有住房（40 人）	35.0	65.0
	卡方检验　$X^2=7.009$，df = 1，Sig = 0.008		

续表

		参加社区环境美化活动的意愿	
		不愿意（%）	愿意（%）
居住时间	不满3年（91人）	27.5	72.5
	3—10年（134人）	19.4	80.6
	10年以上（286人）	16.4	83.6
	卡方检验　$X^2=5.433$，df=2，Sig=0.066		
月均收入	2000元以下（155人）	25.8	74.2
	2000—3000元（154人）	14.9	85.1
	3000元以上（202人）	17.3	82.7
	卡方检验　$X^2=6.629$，df=2，Sig=0.036		

为了更好地了解调查对象对参加社区环境美化活动的频率，课题组在调查问卷中设置了相关问题，让调查对象对参与社区环境美化活动的频率作出选择。问卷调查结果见表6.8.3：44.4%的调查对象表示参加社区环境美化活动的频率“很高”，30.3%的调查对象表示参加社区环境美化活动的频率“比较高”，15.1%的调查对象表示参加社区环境美化活动的频率“一般”，只有10.2%的调查对象表示参加社区环境美化活动的频率“比较低”和“很低”。由此可以判断出：从总体上来说，调查对象对参加环境美化活动的频率是很高的。

表6.8.3　调查对象对参加社区环境美化活动的频率

	样本数（人）	比例（%）
很高	227	44.4
比较高	155	30.3
一般	77	15.1
比较低	37	7.2
很低	15	3.0
合计	511	100.0

通过将调查对象的性别、年龄、婚姻状况、户籍类型、居住地属性、居住地位置、政治面貌、居住形式、居住结构、居住时间、受教育程度、社区干部属性、月均收入、家庭年收入等特征与调查对象对参加社区环境美化活动的频率进行交互分析，结果见表6.8.4：调查对象的居住地属性、居住地位

置、政治面貌、居住形式、居住时间、月均收入与该问题的交互分析存在显著性差异。具体来说：

（1）从居住地属性的角度来看，不同居住地属性的调查对象对该问题的认知存在显著差异（$X^2=18.058$，$df=1$，$Sig=0.000$），在0.01水平上显著。分析结果显示：农村社区的调查对象表示“高”的比例（79.9%）高于城市社区的调查对象表示“高”的比例（61.9%）。由此我们可以推出结论：农村社区的居民参加社区环境美化活动的频率高于城市社区的居民。

（2）从居住地位置的角度来看，居住在城市、城乡接合部、农村的调查对象对该问题的认知存在显著差异（$X^2=14.061$，$df=2$，$Sig=0.001$），在0.01水平上显著。分析结果显示：居住在城乡接合部和农村的调查对象表示“高”的比例（分别为71.6%和81.4%）明显高于居住在城市的调查对象表示“高”的比例（64.7%）。由此我们可以推出结论：居住在城乡接合部和农村的居民参与社区环境美化活动的频率高于居住在城市的居民。

（3）从政治面貌的角度来看，不同政治面貌的调查对象对该问题的认知存在显著差异（$X^2=12.057$，$df=1$，$Sig=0.001$），在0.01水平上显著。分析结果显示：中共党员的调查对象表示“高”的比例（87.1%）明显高于非中共党员调查对象表示“高”的比例（71.1%）。由此我们可以推出结论：中共党员参与社区环境美化活动的频率高于非中共党员。

（4）从居住形式的角度来看，不同居住形式的调查对象对该问题的认知存在显著差异（$X^2=17.083$，$df=1$，$Sig=0.000$），在0.01水平上显著。分析结果显示：自有住房的调查对象表示“高”的比例（77.1%）明显高于非自有住房的调查对象表示“高”的比例（47.5%）。由此我们可以推出结论：自有住房的居民参加社区环境美化活动的频率高于非自有住房的居民。

（5）从居住时间的角度来看，不同居住时间的调查对象对该问题的认知存在显著差异（$X^2=17.337$，$df=2$，$Sig=0.000$），在0.01水平上显著。分析结果显示：居住时间在10年以上的调查对象表示“高”的比例（80.8%）是最高的，其次是居住时间3—10年的调查对象（比例为72.4%），居住时间不满3年的调查对象表示“高”的比例（59.3%）是最低的。由此我们可以推出结论：居住时间越长，居民参加社区环境美化活动的频率越高。

（6）从月均收入的角度来看，不同月均收入的调查对象对该问题的认知存在显著差异（$X^2=14.212$，$df=2$，$Sig=0.001$），在0.01水平上显著。分析结果显示：月均收入2000—3000元的调查对象表示“高”的比例（83.8%）是最高的，其次是月均收入3000元以上的调查对象（比例为75.2%），月均收入2000元以下的调查对象表示“高”的比例（65.2%）是最低的。由此我们可以推出结论：月均收入对居民参加社区环境美化活动的频率的影响表现出先低后高最后又低的趋势。

表6.8.4 调查对象对参加社区环境美化活动的频率的显著性差异

		参加社区环境美化活动的频率	
		低（%）	高（%）
居住地属性	农村社区（364人）	20.1	79.9
	城市社区（147人）	38.1	61.9
	卡方检验 $X^2=18.058$，df=1，Sig=0.000		
居住地位置	城市（139人）	35.3	64.7
	城乡接合部（109人）	28.4	71.6
	农村（263人）	18.6	81.4
	卡方检验 $X^2=14.061$，df=2，Sig=0.001		
政治面貌	中共党员（116人）	12.9	87.1
	非中共党员（395人）	28.9	71.1
	卡方检验 $X^2=12.057$，df=1，Sig=0.001		
居住形式	自有住房（471人）	22.9	77.1
	非自有住房（40人）	52.5	47.5
	卡方检验 $X^2=17.083$，df=1，Sig=0.000		
居住时间	不满3年（91人）	40.7	59.3
	3—10年（134人）	27.6	72.4
	10年以上（286人）	19.2	80.8
	卡方检验 $X^2=17.337$，df=2，Sig=0.000		
月均收入	2000元以下（155人）	34.8	65.2
	2000—3000元（154人）	16.2	83.8
	3000元以上（202人）	24.8	75.2
	卡方检验 $X^2=14.212$，df=2，Sig=0.001		

第七章　社区治理整体感知评价

第一节　社区熟悉度

社区熟悉度指的是社区干部对社区设施、社区工作和社区居民的了解程度。社区工作人员对社区内的设施的位置、使用保养情况是否清晰明了；对社区工作流程及应该达到的效果是否清楚；对社区楼长、重点居民是否熟悉，是社区熟悉度的主要组成内容。主要以社区工作的“四知”：对辖区常住居民知家庭基本情况、知家庭经济就业情况、知家庭成员政治表现、知家庭成员遵纪守法情况。“四清”：对辖区人口做到居民就业情况清、重点人员情况清、流动人口情况清、贫困群体情况清。“四掌握”：对辖区情况做到掌握基本情况及社情动态、掌握宗教管理状况、掌握热点难点问题、掌握各类积极分子发挥作用情况来体现社区熟悉度。

社区熟悉度通过考核档案资料检查，社区干部“一口清”抽查，深入社区检查“四知四清四掌握”来考核社区熟悉度。社区自治考核组结合市、区、街道等各级领导，通过资料、“一口清”、走访社区居民的方式，一同对社区的干部进行考核抽查。根据是否有相应资料、社区干部是否能做到“一口清”、社区居民走访是否与调查情况相符合来考核。

实践是检验真理的唯一标准，只有真正地深入群众，了解群众的情况，才能做到真正为群众服务。只有社区干部对社区情况了如指掌，才能够真正治理好社区，为社区服务作贡献。社区环境的提升与居民对社区服务的满意度，在很大程度上来源于社区干部的服务水平及服务能力。只有社区干部熟悉社区，才能够治理好社区，提升社区居民幸福感。

新疆维吾尔自治区检查组对社区干部进行了创新考核模式。这种考核模式不仅仅局限于“本本”上的东西，而是实实在在地考核社区干部与居民的熟悉度。考核分为三个阶段，分别考核了居民对社区工作的满意度、档案资料检查以及社区干部“一口清”抽查。除了资料层面的考核，考核组还当面要求社区干部能够回答出社区重点设施、重点居民以及相关重点社区情况的内容以及工作流程，对社区干部的工作提出了新的要求。

为了更好地了解调查对象对所在社区的熟悉程度，课题组在问卷中设计了相关问题，让调查对象针对“社区的熟悉度很高”作出回答。问卷调查结果见表 7. 1. 1：57. 7% 的调查对象表示“很赞同”，30. 7% 的调查对象表示“比较赞同”，9. 4% 的调查对象表示“一般”，只有 2. 2% 的调查对象表示“不太赞同”和“很不赞同”。由此可以判断出：从总体上来说，调查对象对所在社区的熟悉程度是很高的。

表 7. 1. 1　调查对象对所在社区的熟悉度很高的评价

	样本数（人）	比例（%）
很赞同	295	57. 7
比较赞同	157	30. 7
一般	48	9. 4
不太赞同	9	1. 8
很不赞同	2	0. 4
合计	511	100. 0

通过将调查对象的性别、年龄、婚姻状况、户籍类型、居住地属性、居住地位置、政治面貌、居住形式、居住结构、居住时间、受教育程度、社区干部属性、月均收入、家庭年收入等特征与调查对象对所在社区熟悉度评价进行交互分析[①]，结果见表 7. 1. 2：调查对象的户籍类型、居住形式、居住时间、月均收入与该问题的交互分析存在显著性差异。具体来说：

（1）从户籍类型的角度来看，农业户口与非农业户口居民对所在社区的熟悉程度认知存在显著差异（$X^2 = 3.873$，$df = 1$，$Sig = 0.049$），在 0. 05 水平上显著。分析结果显示：农业户口的调查对象表示“赞同”的比例（87. 1%）低于非农业户口调查对象表示“赞同”的比例（94. 1%）。由此可

① 在进行交互分析时，为了使比较的效果更好，课题组对问题的各个选项进行整合，将“很赞同”“比较赞同”整合为“赞同”，将“一般”“不太赞同”“很不赞同”整合为“不赞同”。课题组对本章中的其他交互分析都作了同样处理。

以推出结论：非农业户口居民对社区的熟悉程度高于农业户口居民。

（2）从居住形式的角度来看，自有住房与非自有住房居民对所在社区的熟悉程度存在显著性差异（$X^2 = 18.657$，df = 1，Sig = 0.000），在0.01水平上显著。分析结果显示：自有住房的调查对象表示“赞同”的比例（90.2%）高于非自有住房的调查对象表示“赞同”的比例（67.5%）。由此可以推出结论：自有住房居民对社区的熟悉程度高于非自有住房居民。

（3）从居住时间的角度来看，不满3年、3—10年和10年以上的调查对象对社区的熟悉程度存在显著性差异（$X^2 = 10.121$，df = 2，Sig = 0.006），在0.01水平上显著。分析结果显示：不满3年的调查对象表示“赞同”的比例（80.2%）低于居住3—10年的调查对象的比例（94.0%），同时居住10年以上的调查对象表示“赞同”的比例（88.5%）低于居住3—10年的比例。由此可以推出结论：居住时间对居民社区熟悉程度的评价的影响表现出先低后高最后又低的趋势。

（4）从月均收入的角度来看，不同月均收入的调查对象对该问题的认知存在显著差异（$X^2 = 6.288$，df = 2，Sig = 0.043），在0.05水平上显著。分析结果显示：月均收入3000元以上的调查对象表示“赞同”的比例（91.6%）是最高的，其次是月均收入2000—3000元的调查对象（比例为89.6%），月均收入2000元以下的调查对象表示“赞同”的比例（83.2%）是最低的。由此可以推出结论：月均收入越高的居民对所在社区熟悉程度的评价也越高。

表7.1.2　调查对象对所在社区熟悉度评价的显著性差异

		社区熟悉度评价	
		不赞同（%）	赞同（%）
户籍类型	农业户口（410人）	12.9	87.1
	非农业户口（101人）	5.9	94.1
	卡方检验　$X^2 = 3.873$，df = 1，Sig = 0.049		
居住形式	自有住房（471人）	9.8	90.2
	非自有住房（40人）	32.5	67.5
	卡方检验　$X^2 = 18.657$，df = 1，Sig = 0.000		

续表

		社区熟悉度评价	
		不赞同（%）	赞同（%）
居住时间	不满3年（91人）	19.8	80.2
	3—10年（134人）	6.0	94.0
	10年以上（286人）	11.5	88.5
	卡方检验　$X^2=10.121$，df＝2，Sig＝0.006		
月均收入	2000元以下（155人）	16.8	83.2
	2000—3000元（154人）	10.4	89.6
	3000元以上（202人）	8.4	91.6
	卡方检验　$X^2=6.288$，df＝2，Sig＝0.043		

第二节　社区信任度

认知信任是对于其他成员能力、诚信和可靠性等方面的认知判断，它以可利用的知识和对他人的了解为基础而产生。情感信任是基于人们之间的情感投资，而这些情感纽带又将各个个体联系起来。认知信任形成的基础就是情感纽带，所以说这两个维度的信任是正相关的。

成员的信任感被视为社区成败的至关重要的影响因素之一。当成员之间存在信任感时，他们之间的交流互动就会更加频繁，也就意味着社区中的资源流通更加顺畅；同时，基于这种信任感，成员会高度信任社区所提供信息的真实性和有效性。

成员之间的信任感是促进他们进行知识共享行为的软驱动力。基于对社会渗透理论的理解，交流是拉近彼此关系的基本手段，它可以使成员之间的关系变得密切。亲密的关系又可以帮助发展成员之间共同的价值观和思维模式，最终形成信任感。处于信任关系中的成员都愿意分享自己所有的信息和知识资源。

为了更好地了解调查对象对社区的信任程度，课题组在问卷中设置了相关问题，让调查对象针对“对所在社区信任程度很高”作出评价。问卷调查结果见表7.2.1：55.6%的调查对象表示“很赞同”，28.6%的调查对象表示

"比较赞同"，11.9%的调查对象表示"一般"，只有3.9%的调查对象表示"不太赞同"和"很不赞同"。由此可以判断出：从总体上来说，调查对象对所在社区的信任程度的评价是很高的。

表7.2.1　调查对象对所在社区信任程度很高的评价

	样本数（人）	比例（%）
很赞同	284	55.6
比较赞同	146	28.6
一般	61	11.9
不太赞同	15	2.9
很不赞同	5	1.0
合计	511	100.0

通过将调查对象的性别、年龄、婚姻状况、户籍类型、居住地属性、居住地位置、政治面貌、居住形式、居住结构、居住时间、受教育程度、社区干部属性、月均收入、家庭年收入等特征与调查对象对所在社区信任程度的评价进行交互分析，结果见表7.2.2：调查对象的居住地位置、政治面貌、居住形式、居住结构、居住时间、月均收入与该问题的交互分析存在显著性差异。具体来说：

（1）从居住地位置的角度来看，居住在城市、城乡接合部、农村的调查对象对该问题的认知存在显著差异（$X^2=7.253$，df = 2，Sig = 0.027），在0.05水平上显著。分析结果显示：居住在城乡接合部和农村的调查对象表示"赞同"的比例（分别为89.9%和85.2%）明显高于居住在城市的调查对象表示"赞同"的比例（77.7%）。由此可以推出结论：居住在城乡接合部和农村的居民对所在社区信任程度的评价高于居住在城市的居民。

（2）从政治面貌的角度来看，不同政治面貌的调查对象对该问题的认知存在显著差异（$X^2=10.842$，df = 1，Sig = 0.001），在0.01水平上显著。分析结果显示：中共党员的调查对象表示"赞同"的比例（94.0%）明显高于非中共党员调查对象表示"赞同"的比例（81.3%）。由此可以推出结论：中共党员对所在社区信任程度的评价高于非中共党员。

（3）从居住形式的角度来看，自有住房与非自有住房居民对所在社区的信任程度的认知存在显著性差异（$X^2=6.513$，df = 1，Sig = 0.011），在0.05

水平上显著。分析结果显示：自有住房的调查对象表示“赞同”的比例（85.4%）高于非自有住房的调查对象表示“赞同”的比例（70.0%）。由此可以推出结论：自有住房居民对社区的信任程度高于非自有住房居民。

（4）从居住结构的角度来看，单独居住与非单独居住的调查对象对该问题的认知存在显著性差异（$X^2=2.889$，df=1，Sig=0.089），在0.1水平上显著。分析结果显示：单独居住的调查对象表示“赞同”的比例（92.3%）高于非单独居住的调查对象表示“赞同”的比例（83.2%）。由此可以推出结论：单独居住的居民对社区的信任程度高于非单独居住的居民。

（5）从居住时间的角度来看，不同居住时间的调查对象对该问题的认知存在显著差异（$X^2=11.272$，df=2，Sig=0.004），在0.01水平上显著。分析结果显示：居住时间在3—10年的调查对象表示“赞同”的比例（87.3%）是最高的，其次是居住时间10年以上的调查对象的比例（86.4%），居住时间不满3年的调查对象表示“赞同”的比例（72.5%）是最低的。由此可以推出结论：居住时间对居民对社区信任程度评价的影响表现出先低后高最后又低的趋势。

（6）从月均收入的角度来看，不同月均收入的调查对象对该问题的认知存在显著差异（$X^2=7.554$，df=2，Sig=0.023），在0.01水平上显著。分析结果显示：月均收入3000元以上的调查对象表示“赞同”的比例（87.1%）是最高的，其次是月均收入2000—3000元的调查对象（比例为87.0%），月均收入2000元以下的调查对象表示“赞同”的比例（77.4%）是最低的。由此我们可以推出结论：月均收入越高的居民对所在社区信任程度的评价也越高。

表7.2.2 调查对象对所在社区信任程度的显著性差异

		社区信任程度评价	
		不赞同（%）	赞同（%）
居住地位置	城市（139人）	22.3	77.7
	城乡接合部（109人）	10.1	89.9
	农村（263人）	14.8	85.2
	卡方检验 $X^2=7.253$，df=2，Sig=0.027		

续表

		社区信任程度评价	
		不赞同（%）	赞同（%）
政治面貌	中共党员（116人）	6.0	94.0
	非中共党员（395人）	18.7	81.3
	卡方检验　$X^2=10.842$，df=1，Sig=0.001		
居住形式	自有住房（471人）	14.6	85.4
	非自有住房（40人）	30.0	70.0
	卡方检验　$X^2=6.513$，df=1，Sig=0.011		
居住结构	单独居住（52人）	7.7	92.3
	非单独居住（459人）	16.8	83.2
	卡方检验　$X^2=2.889$，df=1，Sig=0.089		
居住时间	不满3年（91人）	27.5	72.5
	3—10年（134人）	12.7	87.3
	10年以上（286人）	13.6	86.4
	卡方检验　$X^2=11.272$，df=2，Sig=0.004		
月均收入	2000元以下（155人）	22.6	77.4
	2000—3000元（154人）	13.0	87.0
	3000元以上（202人）	12.9	87.1
	卡方检验　$X^2=7.554$，df=2，Sig=0.023		

第三节　社区认同度

社会认同是指个体认识到他属于某个特定社会群体，以及对于其作为群体成员带给他的情感和价值意义的感知。换句话说，社会认同是个体对群体成员身份的一种认知过程。社会认同包括认知、情感和评价三个维度。从认知维度来看，社会认同是通过自我分类形成对成员感的意识，即对与群体其他成员的共性以及自身的个性的理解。从情感维度来看，社会认同是成员对于组织的依赖、承诺等。情感维度社会认同能提高成员对于组织的忠诚度，同时促进在组织中的公民行为。评价维度社会认同指的就是个人由于归属于某一社区而产生对自我价值的评价。

为了更好地了解调查对象对所在社区的认同感，课题组在问卷中设置了相关问题，让调查对象对“社区的认同感很强”作出评价。问卷调查结果见表 7. 3. 1：51. 5% 的调查对象表示“很赞同”，33. 0% 的调查对象表示“比较赞同”，12. 5% 的调查对象表示“一般”，只有 3. 0% 的调查对象表示“不太赞同”和“很不赞同”。由此可以判断出：从总体上来说，调查对象对所在社区的认同感是比较高的。

表 7. 3. 1　调查对象对所在社区的认同感很强的评价

	样本数（人）	比例（%）
很赞同	263	51. 5
比较赞同	169	33. 0
一般	64	12. 5
不太赞同	11	2. 2
很不赞同	4	0. 8
合计	511	100. 0

通过将调查对象的性别、年龄、婚姻状况、户籍类型、居住地属性、居住地位置、政治面貌、居住形式、居住结构、居住时间、受教育程度、社区干部属性、月均收入、家庭年收入等特征与调查对象对所在社区的认同感的评价进行交互分析，结果见表 7. 3. 2：调查对象的政治面貌、居住形式、居住时间、月均收入与该问题的交互分析存在显著性差异。具体来说：

（1）从政治面貌的角度来看，不同政治面貌的调查对象对该问题的认知存在显著差异（$X^2=8.420$，df = 1，Sig = 0. 004），在 0. 01 水平上显著。分析结果显示：中共党员的调查对象表示“赞同”的比例（93. 1%）明显高于非中共党员调查对象表示“赞同”的比例（82. 0%）。由此我们可以推出结论：中共党员对所在社区的认同感的评价高于非中共党员。

（2）从居住形式的角度来看，自有住房与非自有住房居民对所在社区的认同感的认知存在显著性差异（$X^2=9.641$，df = 1，Sig = 0. 002），在 0. 01 水平上显著。分析结果显示：自有住房的调查对象表示“赞同”的比例（86. 0%）高于非自有住房的调查对象表示“赞同”的比例（67. 5%）。由此可以推出结论：自有住房居民对社区的认同感高于非自有住房居民。

（3）从居住时间的角度来看，不同居住时间的调查对象对该问题的认知

存在显著差异（X^2 = 10.291，df = 2，Sig = 0.006），在 0.01 水平上显著。分析结果显示：居住时间在 3—10 年的调查对象表示“赞同”的比例（88.1%）是最高的，其次是居住时间 10 年以上的调查对象的比例（86.4%），居住时间在 3 年以内的调查对象表示“赞同”的比例（73.6%）是最低的。由此我们可以推出结论：居住时间对居民社区认同感评价的影响表现出先低后高最后又低的趋势。

（4）从月均收入的角度来看，不同月均收入的调查对象对该问题的认知存在显著差异（X^2 = 7.671，df = 2，Sig = 0.022），在 0.05 水平上显著。分析结果显示：月均收入 2000—3000 元的调查对象表示“赞同”的比例（89.0%）是最高的，其次是月均收入 3000 元以上的调查对象（比例为 86.1%），月均收入 2000 元以下的调查对象表示“赞同”的比例（78.1%）是最低的。由此我们可以推出结论：月均收入对其所在社区认同感的影响的评价呈现出先低后高最后又低的趋势。

表 7.3.2　调查对象对所在社区认同感评价的显著性差异

		社区认同感评价	
		不赞同（%）	赞同（%）
政治面貌	中共党员（116 人）	6.9	93.1
	非中共党员（395 人）	18.0	82.0
	卡方检验　X^2 = 8.420，df = 1，Sig = 0.004		
居住形式	自有住房（471 人）	14.0	86.0
	非自有住房（40 人）	32.5	67.5
	卡方检验　X^2 = 9.641，df = 1，Sig = 0.002		
居住时间	不满 3 年（91 人）	26.4	73.6
	3—10 年（134 人）	11.9	88.1
	10 年以上（286 人）	13.6	86.4
	卡方检验　X^2 = 10.291，df = 2，Sig = 0.006		
月均收入	2000 元以下（155 人）	21.9	78.1
	2000—3000 元（154 人）	11.0	89.0
	3000 元以上（202 人）	13.9	86.1
	卡方检验　X^2 = 7.671，df = 2，Sig = 0.022		

第四节　社区归属感

马斯洛的需求层次理论把人类的需求分成生理需求、安全需求、社交需求、尊重需求和自我实现需求五大类，依次由较低层次到较高层次。在马斯洛看来，除了生理需求以外的需求都属于人类的“后需求”。这种需求是以人们如何能够更好地生活、如何实现自我价值等为根本动机。人是社会的人，生理和安全需求得到满足以后，个体就有一种能够归属于某一个群体或者多个群体的渴望，这就是所谓的归属感。马斯洛的第四层和第五层需求就是以归属感为基础的。

社区归属感包括四个重要的组成部分。成员身份：人际关系的分享；影响力：个体在所处组织环境中具有举足轻重的地位，能够影响他人；需求的满足：组织成员能够通过组织提供的信息满足自我的需求；共同的情感纽带：组织成员拥有共同的信仰、相近的地域和相似的经历等。归属感就是人们为寻求和维持一种最小限度的持久的、积极的和有意义的人际关系的普遍驱力。

社区归属感的形成能够使成员们更加积极地参加社区的活动，最大限度地满足社区成员的生理和心理的需求，从而促使成员完成自我成长以及社区的同步发展。只有对社区产生归属感，人们才会觉得自己和社区以及社区的其他成员有着相互依赖的关系。居民的居住时间、人际关系、社区的参与度、对社区的认同感以及对社区的满意度都与社区归属感的形成存在正相关的关系①。

为更好地了解调查对象对所在社区归属感的看法，课题组在问卷中设置了相关问题，让调查对象对“社区的归属感很强”作出评价。问卷调查结果见表 7.4.1：52.6% 的调查对象表示“很赞同”，31.1% 的调查对象表示“比较赞同”，12.9% 的调查对象表示“一般”，仅有 3.4% 的调查对象表示“不太赞同”和“很不赞同”。由此可以判断出：从总体上来说，调查对象对所在社区的归属感是很强的。

---

① 单菁菁：《社区归属感与社区满意度》，载《城市问题》2008 年第 3 期。

表 7.4.1　调查对象对所在社区归属感很强的评价

	样本数（人）	比例（%）
很赞同	269	52.6
比较赞同	159	31.1
一般	66	12.9
不太赞同	10	2.0
很不赞同	7	1.4
合计	511	100.0

通过将调查对象的性别、年龄、婚姻状况、户籍类型、居住地属性、居住地位置、政治面貌、居住形式、居住结构、居住时间、受教育程度、社区干部属性、月均收入、家庭年收入等特征与调查对象对所在社区归属感的评价进行交互分析，结果见表 7.4.2：调查对象的政治面貌、居住形式、居住时间、月均收入与该问题的交互分析存在显著性差异。具体来说：

（1）从政治面貌的角度来看，不同政治面貌的调查对象对该问题的认知存在显著差异（$X^2=11.495$，df = 1，Sig = 0.001），在 0.01 水平上显著。分析结果显示：中共党员的调查对象表示“赞同”的比例（94.0%）明显高于非中共党员调查对象表示“赞同”的比例（80.8%）。由此我们可以推出结论：中共党员对所在社区归属感的评价高于非中共党员。

（2）从居住形式的角度来看，自有住房与非自有住房居民对所在社区的归属感的认知存在显著性差异（$X^2=8.431$，df = 1，Sig = 0.004），在 0.01 水平上显著。分析结果显示：自有住房的调查对象表示“赞同”的比例（85.1%）高于非自有住房的调查对象表示“赞同”的比例（67.5%）。由此可以推出结论：自有住房居民对社区的归属感高于非自有住房居民。

（3）从居住时间的角度来看，不同居住时间的调查对象对该问题的认知存在显著差异（$X^2=5.312$，df = 2，Sig = 0.070），在 0.1 水平上显著。分析结果显示：居住时间在 10 年以上的调查对象表示“赞同”的比例（86.0%）是最高的，其次是居住时间 3—10 年的调查对象的比例（84.3%），居住时间在 3 年以内的调查对象表示“赞同”的比例（75.8%）是最低的。由此我们可以推出结论：居住时间对居民社区归属感评价的影响表现出随着时间增加而提高的趋势。

（4）从月均收入的角度来看，不同月均收入的调查对象对该问题的认知存在显著差异（$X^2=17.159$，$df=2$，$Sig=0.000$），在0.01水平上显著。分析结果显示：月均收入2000—3000元的调查对象表示“赞同”的比例（89.0%）是最高的，其次是月均收入3000元以上的调查对象（比例为87.6%），月均收入2000元以下的调查对象表示“赞同”的比例（73.5%）是最低的。由此我们可以推出结论：月均收入对其所在社区归属感的影响的评价呈现出先低后高最后又低的趋势。

表7.4.2　调查对象对所在社区归属感评价的显著性差异

		社区归属感评价	
		不赞同（%）	赞同（%）
政治面貌	中共党员（116人）	6.0	94.0
	非中共党员（395人）	19.2	80.8
	卡方检验　$X^2=11.495$，$df=1$，$Sig=0.001$		
居住形式	自有住房（471人）	14.9	85.1
	非自有住房（40人）	32.5	67.5
	卡方检验　$X^2=8.431$，$df=1$，$Sig=0.004$		
居住时间	不满3年（91人）	24.2	75.8
	3—10年（134人）	15.7	84.3
	10年以上（286人）	14.0	86.0
	卡方检验　$X^2=5.312$，$df=2$，$Sig=0.070$		
月均收入	2000元以下（155人）	26.5	73.5
	2000—3000元（154人）	11.0	89.0
	3000元以上（202人）	12.4	87.6
	卡方检验　$X^2=17.159$，$df=2$，$Sig=0.000$		

第五节　社区安全感

社区的安全管理及治安维护状况对社区居民的居住安全感极为关键。倘若其安全管理功能缺失继而导致其内部环境无序，将对居民形成一种消极心理暗示，致使社区居民参与到“加剧破坏环境”的行列，或退回家中“自保”。

当前，我国部分社区组织在处理社区公共安全问题时缺乏与居民的有效沟通，安全机构的内部机制不完善，对志愿服务或应对危机的技能缺少系统培训，故而使部分社区提供的志愿服务缺少凝聚力。因此，各级部门应促成安全社区内部从风险应对向风险预警的机制转变，保障社区物资、人员、财力等资源供给，加强各类突发事件的监测体系建设并能及时发现安全隐患的存在，从而在危机爆发后迅速有效地进行应对。

居民参与社区安全治理尚存欠缺，亟须深化多元主体共建模式。以“单中心”的传统思维为指导来建设我国的安全社区存在一定缺陷，其与当前“风险社会”大环境下所要求的“多元主体”“全民参与”的共建理念与实践格格不入。培育社区居民的生活质量认同感。个体安全感在当前我国所面临的社会大转型背景下显得尤为关键，部分居民缺乏安全感的现状不利于舒缓社会焦虑并降低社会风险。这可以从两个层面来采取措施：在安全社区居民的个体层面，必须强化个人应对社会风险与社区突发事件的自我调节能力，同时应激发居民自身对生活状况的认同。在部门和组织的层面，在积极开展安全教育的同时，通过宣传来引导社区居民正确的人生价值与乐观的生活态度。构建睦邻友好的社区安全文化。社区安全管理功能认同的重塑须关注社区安全文化这一“软件实力”，安全社区应当形成具有自身特色的“安全文化”，如社区文化活动（社区竞赛、社区阅览室、社区艺术培训等）、社区教育宣传工作（电子栏、广告栏等）对于抑制社区犯罪、改善居民的焦虑不安情绪等具有较为显著的影响，并且此类文化对于构建和睦友善的邻里关系也同样具有精神层面的引导及促进作用。

为更好地了解调查对象对所在社区安全感的看法，课题组在问卷中设置了相关问题，让调查对象对“所在社区很有安全感”作出评价。问卷调查结果见表 7.5.1：60.1% 的调查对象表示“很赞同”，25.0% 的调查对象表示“比较赞同”，10.8% 的调查对象表示“一般”，仅有 4.1% 的调查对象表示“不太赞同”和“很不赞同”。由此可以判断出：从总体上来说，调查对象对所在社区的安全感的评价是很高的。

表 7.5.1　调查对象对所在社区很有安全感的评价

	样本数（人）	比例（%）
很赞同	307	60.1

续表

	样本数（人）	比例（%）
比较赞同	128	25.0
一般	55	10.8
不太赞同	15	2.9
很不赞同	6	1.2
合计	511	100.0

通过将调查对象的性别、年龄、婚姻状况、户籍类型、居住地属性、居住地位置、政治面貌、居住形式、居住结构、居住时间、受教育程度、社区干部属性、月均收入、家庭年收入等特征与调查对象对所在社区安全感的评价进行交互分析，结果见表7.5.2：调查对象的婚姻状况、居住地属性、居住地位置、政治面貌、居住形式、居住时间与该问题的交互分析存在显著性差异。具体来说：

（1）从婚姻状况的角度来看，不同的婚姻状况的调查对象对该问题的认知存在显著差异（$X^2=3.900$，$df=1$，$Sig=0.048$），在0.05水平上显著。分析结果显示：已婚调查对象表示“赞同”的比例（86.1%）高于未婚调查对象表示“赞同”的比例（75.0%）。由此可以推出结论：已婚人士对所在社区安全感的评价高于未婚人士。

（2）从居住地属性的角度来看，农村社区和城市社区的调查对象对该问题的认知存在显著差异（$X^2=7.751$，$df=1$，$Sig=0.005$），在0.01水平上显著。分析结果显示：农村社区的调查对象表示“赞同”的比例（87.9%）明显高于城市社区调查对象表示“赞同”的比例（78.2%）。由此可以推出结论：农村社区居民对所在社区安全感的评价高于城市社区居民。

（3）从居住地位置的角度来看，居住在城市、城乡接合部、农村的调查对象对该问题的认知存在显著差异（$X^2=8.392$，$df=2$，$Sig=0.015$），在0.05水平上显著。分析结果显示：居住在城乡接合部和农村的调查对象表示“赞同”的比例（分别为87.2%和88.2%）明显高于居住在城市的调查对象表示“赞同”的比例（77.7%）。由此可以推出结论：居住在城乡接合部和农村的居民对所在社区安全感的评价高于居住在城市的居民。

（4）从政治面貌的角度来看，不同政治面貌的调查对象对该问题的认知存在显著差异（$X^2=9.259$，$df=1$，$Sig=0.002$），在0.01水平上显著。分析结果显示：中共党员的调查对象表示“赞同”的比例（94.0%）明显高于非中共党员调查对象表示“赞同”的比例（82.5%）。由此可以推出结论：中共党员对所在社区安全感的评价高于非中共党员。

（5）从居住形式的角度来看，自有住房与非自有住房居民对所在社区的安全感的认知存在显著性差异（$X^2=3.515$，df = 1，Sig = 0.061），在0.1水平上显著。分析结果显示：自有住房的调查对象表示“赞同”的比例（86.0%）高于非自有住房的调查对象表示“赞同”的比例（75.0%）。由此可以推出结论：自有住房居民对社区的安全感高于非自有住房居民。

（6）从居住时间的角度来看，不同居住时间的调查对象对该问题的认知存在显著差异（$X^2=7.174$，df = 2，Sig = 0.028），在0.05水平上显著。分析结果显示：居住时间在10年以上的调查对象表示“赞同”的比例（88.8%）是最高的，其次是居住时间3—10年的调查对象的比例（81.3%），居住时间在3年以内的调查对象表示“赞同”的比例（79.1%）是最低的。由此可以推出结论：居住时间对居民社区安全感评价的影响表现出随着时间增加而提高的趋势。

表7.5.2 调查对象对所在社区安全感评价的显著性差异

		社区安全感评价	
		不赞同（%）	赞同（%）
婚姻状况	未婚（44人）	25.0	75.0
	已婚（467人）	13.9	86.1
	卡方检验 $X^2=3.900$，df = 1，Sig = 0.048		
居住地属性	农村社区（364人）	12.1	87.9
	城市社区（147人）	21.8	78.2
	卡方检验 $X^2=7.751$，df = 1，Sig = 0.005		
居住地位置	城市（139人）	22.3	77.7
	城乡接合部（109人）	12.8	87.2
	农村（263人）	11.8	88.2
	卡方检验 $X^2=8.392$，df = 2，Sig = 0.015		
政治面貌	中共党员（116人）	6.0	94.0
	非中共党员（395人）	17.5	82.5
	卡方检验 $X^2=9.259$，df = 1，Sig = 0.002		

续表

		社区安全感评价	
		不赞同（%）	赞同（%）
居住形式	自有住房（471 人）	14.0	86.0
	非自有住房（40 人）	25.0	75.0
	卡方检验　$X^2=3.515$，df = 1，Sig = 0.061		
居住时间	不满 3 年（91 人）	20.9	79.1
	3—10 年（134 人）	18.7	81.3
	10 年以上（286 人）	11.2	88.8
	卡方检验　$X^2=7.174$，df = 2，Sig = 0.028		

第六节　社区公平感

公平感作为个体对生活的体验的主观感受，与整个社会的发展融合速度和发展质量紧密相关。社区公平感体现在社区居民与社区的融入度密切相关。社区融入度越高，则社区居民越倾向于感受到公平，有助于缩小居民的心理落差，并实现社区秩序的稳定。社区公平感与社区保障有着一定的一致性，在社区保障制度完善的情况下，社区居民会更容易感受到公平，这主要体现在对社区内困难家庭和特殊群体的帮助上。得到社区帮助的困难家庭，会更容易感受到公平[①]。

社区公平感主要通过主管测量法和量表法来衡量。主管测量法直接测量人们对当前环境不平等状况的主观判断，直接测量人们对公平状况的态度，比如采用“您认为当前社区环境公平吗”的提问方式，来获取答案。量表法主要通过态度量表来对人们对公平感的测量。包括对分配原则、不平等现状和不平等原因等问题进行测量。

社区公平感的提升主要来源于社区居民参与社区活动的体验、共享社区资源分配环节的参与以及社区居民之间的互动行为[②]。在社区治理中添加公平

① 田北海、安宝龙：《不患贫而患无助：城乡困难居民社会公平感的影响研究》，载《华中农业大学学报（社会科学版）》2019 年第 1 期，第 97—106 + 167 页。

② 潘缘媛：《基层社区工作者组织公平感与组织承诺的关系研究》，重庆大学硕士学位论文，2013 年。

感考核，可以通过公平感这个指标衡量社区内居民互利互惠、居民活动参与度和分配。在社区治理层面，为了提升公平感，社区组织和社区干部会更愿意为社区内的居民和其他群体营造互惠互利的社会环境，鼓励居民从事互惠行为和参与社区、社团组织的活动，加强社区环境建设，提高居民的社区公平感，提升社区治理水平。

为更好地了解调查对象对所在社区公平感的看法，课题组在调查问卷中设置了相关问题，让调查对象对“所在社区很有公平感”作出评价。问卷调查结果见表7.6.1：50.1%的调查对象表示“很赞同”，32.7%的调查对象表示“比较赞同”，10.4%的调查对象表示“一般”，4.1%的调查对象表示“不太赞同”，仅有2.7%的调查对象表示“很不赞同”。由此可以判断出：从总体上来说，调查对象对所在社区公平感的评价是很高的。

表7.6.1　调查对象对所在社区很有公平感的评价

	样本数（人）	比例（%）
很赞同	256	50.1
比较赞同	167	32.7
一般	53	10.4
不太赞同	21	4.1
很不赞同	14	2.7
合计	511	100.0

通过将调查对象的性别、年龄、婚姻状况、户籍类型、居住地属性、居住地位置、政治面貌、居住形式、居住结构、居住时间、受教育程度、社区干部属性、月均收入、家庭年收入等特征与调查对象对所在社区公平感的评价进行交互分析，结果见表7.6.2：调查对象的居住地属性、居住地位置、政治面貌、居住形式、居住时间、月均收入与该问题的交互分析存在显著性差异。具体来说：

（1）从居住地属性的角度来看，农村社区和城市社区的调查对象对该问题的认知存在显著差异（$X^2=6.284$，$df=1$，$Sig=0.012$），在0.05水平上显著。分析结果显示：农村社区的调查对象表示“赞同”的比例（85.4%）明显高于城市社区调查对象表示“赞同”的比例（76.2%）。由此可以推出结论：农村社区居民对所在社区公平感的评价高于城市社区居民。

（2）从居住地位置的角度来看，居住在城市、城乡接合部、农村的调查对象对该问题的认知存在显著差异（$X^2=8.509$，df = 2，Sig = 0.014），在 0.05 水平上显著。分析结果显示：居住在城乡接合部和农村的调查对象表示“赞同”的比例（分别为 86.2% 和 85.6%）明显高于居住在城市的调查对象表示“赞同”的比例（74.8%）。由此可以推出结论：居住在城乡接合部和农村的居民对所在社区公平感的评价高于居住在城市的居民。

（3）从政治面貌的角度来看，不同政治面貌的调查对象对该问题的认知存在显著差异（$X^2=13.173$，df = 1，Sig = 0.000），在 0.01 水平上显著。分析结果显示：中共党员的调查对象表示“赞同”的比例（94.0%）明显高于非中共党员调查对象表示“赞同”的比例（79.5%）。由此可以推出结论：中共党员对所在社区公平感的评价高于非中共党员。

（4）从居住形式的角度来看，自有住房与非自有住房居民对所在社区的公平感的认知存在显著性差异（$X^2=3.216$，df = 1，Sig = 0.073），在 0.1 水平上显著。分析结果显示：自有住房的调查对象表示“赞同”的比例（83.7%）高于非自有住房的调查对象表示“赞同”的比例（72.5%）。由此可以推出结论：自有住房居民对社区的公平感高于非自有住房居民。

（5）从居住时间的角度来看，不同居住时间的调查对象对该问题的认知存在显著差异（$X^2=12.999$，df = 2，Sig = 0.002），在 0.01 水平上显著。分析结果显示：居住时间在 10 年以上的调查对象表示“赞同”的比例（86.7%）是最高的，其次是居住时间 3—10 年的调查对象的比例（82.8%），居住时间在 3 年以内的调查对象表示“赞同”的比例（70.3%）是最低的。由此可以推出结论：居住时间对居民社区公平感的评价的影响表现出随着时间增加而提高的趋势。

（6）从月均收入的角度来看，不同月均收入的调查对象对该问题的认知存在显著差异（$X^2=7.243$，df = 2，Sig = 0.027），在 0.05 水平上显著。分析结果显示：月均收入 2000—3000 元的调查对象表示“赞同”的比例（87.0%）是最高的，其次是月均收入 3000 元以上的调查对象（比例为 84.7%），月均收入 2000 元以下的调查对象表示“赞同”的比例（76.1%）是最低的。由此我们可以推出结论：月均收入对所在社区公平感的评价呈现出先低后高最后又低的趋势。

表 7.6.2　调查对象对所在社区公平感评价的显著性差异

		社区公平感评价	
		不赞同（%）	赞同（%）
居住地属性	农村社区（364 人）	14.6	85.4
	城市社区（147 人）	23.8	76.2
	卡方检验　$X^2=6.284$，df = 1，Sig = 0.012		
居住地位置	城市（139 人）	25.2	74.8
	城乡接合部（109 人）	13.8	86.2
	农村（263 人）	14.4	85.6
	卡方检验　$X^2=8.509$，df = 2，Sig = 0.014		
政治面貌	中共党员（116 人）	6.0	94.0
	非中共党员（395 人）	20.5	79.5
	卡方检验　$X^2=13.173$，df = 1，Sig = 0.000		
居住形式	自有住房（471 人）	16.3	83.7
	非自有住房（40 人）	27.5	72.5
	卡方检验　$X^2=3.216$，df = 1，Sig = 0.073		
居住时间	不满 3 年（91 人）	29.7	70.3
	3—10 年（134 人）	17.2	82.8
	10 年以上（286 人）	13.3	86.7
	卡方检验　$X^2=12.999$，df = 2，Sig = 0.002		
月均收入	2000 元以下（155 人）	23.9	76.1
	2000—3000 元（154 人）	13.0	87.0
	3000 元以上（202 人）	15.3	84.7
	卡方检验　$X^2=7.243$，df = 2，Sig = 0.027		

第七节　社区幸福感

幸福是人类社会永恒的追求，提升幸福感是社会建设的终极目标。经济学、社会学和心理学等学科对幸福感的研究由来已久。社区作为社会的一个缩影，是解决社会问题、缓解社会矛盾、维护社会管理的重要领域。良好的社区环境和较高的社区治理水平，势必对个人的幸福感产生积极的影响；而社区参与不足、社区环境恶化等在社区层面存在的各种问题也必然会降低居民的幸福感。想要提升社会的幸福感，首先就应该解决提升社区幸福感的问题。

社区治理能力是社区组织对社区根据自身的能力、资源以及管理服务水平，自我协调整合的能力。社区治理能力高，就可以通过自身的组织，满足成员的需要、增加居民的福利，从而提升社区居民的幸福感。

其中，居民的幸福感提升与社区环境改善有着直接的联系。社区环境改善包括两方面：一是硬环境即物质环境改善，包括减少噪声、保护生态环境和文化资源等；二是软环境的改进，包括改善教育环境（增加教育机构的数量和提高教育质量）、改善文化环境、创业环境、法治环境。

社区居民的幸福既是每个个体追求的目标，亦是社区社会工作的目的。狭义的社区社会工作通常是指为社区的特殊群体服务，而广义的社区社会工作则将服务对象扩展至所有社区成员。只有所有的社区成员都能实现福利改进，社区乃至社会建设才算实现了最终目标。

为更好地了解调查对象对所在社区幸福感的看法，课题组在调查问卷中设置了相关问题，让调查对象对“所在社区很有幸福感”作出评价。问卷调查结果见表7.7.1：58.7%的调查对象表示“很赞同”，26.6%的调查对象表示“比较赞同”，11.9%的调查对象表示“一般”，仅有2.8%的调查对象表示“不太赞同”和“很不赞同”。由此可以判断出：从总体上来说，调查对象对所在社区的幸福感评价是很高的。

表7.7.1　调查对象对所在社区很有幸福感的评价

	样本数（人）	比例（%）
很赞同	300	58.7
比较赞同	136	26.6
一般	61	11.9
不太赞同	11	2.2
很不赞同	3	0.6
合计	511	100.0

通过将调查对象的性别、年龄、婚姻状况、户籍类型、居住地属性、居住地位置、政治面貌、居住形式、居住结构、居住时间、受教育程度、社区

干部属性、月均收入、家庭年收入等特征与调查对象对所在社区幸福感的评价进行交互分析，结果见表7.7.2：调查对象的性别、居住地属性、居住地位置、政治面貌、居住形式、居住时间、月均收入与该问题的交互分析存在显著性差异。具体来说：

（1）从性别的角度来看，不同性别的调查对象对该问题的认知存在显著差异（$X^2=3.690$，$df=1$，$Sig=0.055$），在0.1水平上显著。分析结果显示：男性调查对象表示“赞同”的比例（88.1%）高于女性调查对象表示“赞同”的比例（82.1%）。由此可以推出结论：男性对所在社区幸福感的评价高于女性。

（2）从居住地属性的角度来看，农村社区和城市社区的调查对象对该问题的认知存在显著差异（$X^2=5.413$，$df=1$，$Sig=0.020$），在0.05水平上显著。分析结果显示：农村社区的调查对象表示“赞同”的比例（87.6%）高于城市社区调查对象表示“赞同”的比例（79.6%）。由此可以推出结论：农村社区居民对所在社区幸福感的评价高于城市社区居民。

（3）从居住地位置的角度来看，居住在城市、城乡接合部、农村的调查对象对该问题的认知存在显著差异（$X^2=11.317$，$df=2$，$Sig=0.003$），在0.01水平上显著。分析结果显示：居住在城乡接合部和农村的调查对象表示“赞同”的比例（分别为90.8%和87.5%）明显高于居住在城市的调查对象表示“赞同”的比例（77.0%）。由此可以推出结论：居住在城乡接合部和农村的居民对所在社区幸福感的评价高于居住在城市的居民。

（4）从政治面貌的角度来看，不同政治面貌的调查对象对该问题的认知存在显著差异（$X^2=8.951$，$df=1$，$Sig=0.003$），在0.01水平上显著。分析结果显示：中共党员的调查对象表示“赞同”的比例（94.0%）明显高于非中共党员调查对象表示“赞同”的比例（82.8%）。由此可以推出结论：中共党员对所在社区幸福感的评价高于非中共党员。

（5）从居住形式的角度来看，自有住房与非自有住房居民对所在社区的幸福感的认知存在显著性差异（$X^2=5.698$，$df=1$，$Sig=0.017$），在0.05水平上显著。分析结果显示：自有住房的调查对象表示“赞同”的比例（86.4%）高于非自有住房的调查对象表示“赞同”的比例（72.5%）。由此可以推出结论：自有住房居民对所在社区的幸福感的评价高于非自有住房居民。

（6）从居住时间的角度来看，不同居住时间的调查对象对该问题的认知

存在显著差异（$X^2=8.230$，df = 2，Sig = 0.016），在 0.05 水平上显著。分析结果显示：居住时间在 10 年以上的调查对象表示“赞同”的比例（88.8%）是最高的，其次是居住时间 3—10 年的调查对象的比例（83.6%），居住时间在 3 年以内的调查对象表示“赞同”的比例（76.9%）是最低的。由此可以推出结论：居住时间对居民所在社区幸福感的评价的影响表现出随着时间增加而提高的趋势。

（7）从月均收入的角度来看，不同月均收入的调查对象对该问题的认知存在显著差异（$X^2=8.503$，df = 2，Sig = 0.014），在 0.05 水平上显著。分析结果显示：月均收入 3000 元以上的调查对象表示“赞同”的比例（89.6%）是最高的，其次是月均收入 2000—3000 元的调查对象（比例为 86.4%），月均收入 2000 元以下的调查对象表示“赞同”的比例（78.7%）是最低的。由此可以推出结论：月均收入越高对社区的幸福感评价也就越高。

表 7.7.2　调查对象对所在社区幸福感评价的显著性差异

		社区幸福感评价	
		不赞同（%）	赞同（%）
性别	男（277 人）	11.9	88.1
	女（234 人）	17.9	82.1
	卡方检验　$X^2=3.690$，df = 1，Sig = 0.055		
居住地属性	农村社区（364 人）	12.4	87.6
	城市社区（147 人）	20.4	79.6
	卡方检验　$X^2=5.413$，df = 1，Sig = 0.020		
居住地位置	城市（139 人）	23.0	77.0
	城乡接合部（109 人）	9.2	90.8
	农村（263 人）	12.5	87.5
	卡方检验　$X^2=11.317$，df = 2，Sig = 0.003		
政治面貌	中共党员（116 人）	6.0	94.0
	非中共党员（395 人）	17.2	82.8
	卡方检验　$X^2=8.951$，df = 1，Sig = 0.003		
居住形式	自有住房（471 人）	13.6	86.4
	非自有住房（40 人）	27.5	72.5
	卡方检验　$X^2=5.698$，df = 1，Sig = 0.017		

续表

		社区幸福感评价	
		不赞同（%）	赞同（%）
居住时间	不满3年（91人）	23.1	76.9
	3—10年（134人）	16.4	83.6
	10年以上（286人）	11.2	88.8
	卡方检验　$X^2=8.230$，df=2，Sig=0.016		
月均收入	2000元以下（155人）	21.3	78.7
	2000—3000元（154人）	13.6	86.4
	3000元以上（202人）	10.4	89.6
	卡方检验　$X^2=8.503$，df=2，Sig=0.014		

第八节　社区长期居住意愿

为更好地了解调查对象在所在社区的长期居住意愿，课题组在问卷中设置了相关问题，让调查对象对“愿意长期住在所在社区”作出评价。问卷调查结果见表7.8.1：61.6%的调查对象表示“很赞同”，28.4%的调查对象表示“比较赞同”，5.7%的调查对象表示“一般”，仅有4.3%的调查对象表示“不太赞同”和“很不赞同”。由此可以判断出：从总体上来说，调查对象在所在社区长期居住的意愿是很高的。

表7.8.1　调查对象对所在社区长期居住意愿的评价

	样本数（人）	比例（%）
很赞同	315	61.6
比较赞同	145	28.4
一般	29	5.7
不太赞同	20	3.9
很不赞同	2	0.4
合计	511	100.0

通过将调查对象的性别、年龄、婚姻状况、户籍类型、居住地属性、居住地位置、政治面貌、居住形式、居住结构、居住时间、受教育程度、社区

干部属性、月均收入、家庭年收入等特征与调查对象对所在社区长期居住意愿的评价进行交互分析，结果见表 7.8.2：调查对象的居住地属性、政治面貌、居住形式、居住时间与该问题的交互分析存在显著性差异。具体来说：

（1）从居住地属性的角度来看，农村社区和城市社区的调查对象对该问题的认知存在显著差异（$X^2=3.018$，df = 1，Sig = 0.082），在 0.1 水平上显著。分析结果显示：农村社区的调查对象表示“赞同”的比例（91.5%）高于城市社区调查对象表示“赞同”的比例（86.4%）。由此可以推出结论：农村社区居民对所在社区长期居住意愿的评价高于城市社区居民。

（2）从政治面貌的角度来看，不同政治面貌的调查对象对该问题的认知存在显著差异（$X^2=5.370$，df = 1，Sig = 0.020），在 0.05 水平上显著。分析结果显示：中共党员的调查对象表示“赞同”的比例（95.7%）高于非中共党员调查对象表示“赞同”的比例（88.4%）。由此可以推出结论：中共党员对所在社区长期居住意愿的评价高于非中共党员。

（3）从居住形式的角度来看，自有住房与非自有住房居民对所在社区的长期居住意愿的认知存在显著性差异（$X^2=4.849$，df = 1，Sig = 0.028），在 0.05 水平上显著。分析结果显示：自有住房的调查对象表示“赞同”的比例（90.9%）高于非自有住房的调查对象表示“赞同”的比例（80.0%）。由此可以推出结论：自有住房居民对社区的长期居住意愿的评价高于非自有住房居民。

（4）从居住时间的角度来看，不同居住时间的调查对象对该问题的认知存在显著差异（$X^2=11.869$，df = 2，Sig = 0.003），在 0.01 水平上显著。分析结果显示：居住时间在 3—10 年的调查对象表示“赞同”的比例（92.5%）是最高的，其次是居住时间 10 年以上的调查对象的比例（92.0%），居住时间在 3 年以内的调查对象表示“赞同”的比例（80.2%）是最低的。由此可以推出结论：居住时间对居民在社区长期居住意愿的评价的影响表现出先低后高最后又低的趋势。

表 7.8.2 调查对象对所在社区长期居住意愿评价的显著性差异

		社区长期居住意愿评价	
		不赞同（%）	赞同（%）
居住地属性	农村社区（364 人）	8.5	91.5
	城市社区（147 人）	13.6	86.4
	卡方检验 $X^2=3.018$，df = 1，Sig = 0.082		

续表

		社区长期居住意愿评价	
		不赞同（%）	赞同（%）
政治面貌	中共党员（116 人）	4.3	95.7
	非中共党员（395 人）	11.6	88.4
	卡方检验　$X^2=5.370$，df = 1，Sig = 0.020		
居住形式	自有住房（471 人）	9.1	90.9
	非自有住房（40 人）	20.0	80.0
	卡方检验　$X^2=4.849$，df = 1，Sig = 0.028		
居住时间	不满 3 年（91 人）	19.8	80.2
	3—10 年（134 人）	7.5	92.5
	10 年以上（286 人）	8.0	92.0
	卡方检验　$X^2=11.869$，df = 2，Sig = 0.003		

第八章　社区治理现代化的路径建议

第一节　加强社区治理的法律制度顶层设计

为了更好地建构“一核多元、融合共治”的社区治理模式，必须要强化法律制度保障，也就是做好法律制度的顶层设计工作。如果说以前我们在探索“一核多元、融合共治”的社区治理模式时更多的是“摸着石头过河”，那么现在随着经济社会发展形势的日益复杂，靠“摸石头”已经过不了河了，因为我们已经由“浅水区”进入了“深水区”，此时，我们必须要“造桥”过河，也就是加强社区治理法律制度的顶层设计。对于“一核多元、融合共治”的社区治理模式来说，也就是要加强法律制度保障。法律制度保障的重要性是不言而喻的，如果把社区治理工作比喻成“一滴水”，我们如果把这滴水随意地放到地上，其结果必然是这滴水很快就会干涸，更不要说让这滴水流动起来了。那么怎样才能让这滴水流动起来呢？答案就是把这滴水放到“江河”里去，让这滴水在“江河”里顺流而下。对于“一核多元、融合共治”的社区治理模式来说，法律制度保障就是“江河”，只有构建完善的法律制度保障体系，“一核多元、融合共治”的社区治理模式才有可能充分发挥其作用。

在社区治理法律制度顶层设计过程中要处理好解构与建构的关系。社区治理法律制度顶层设计过程包含了两个方面的内容：一方面要将原先阻碍“一核多元、融合共治”社区治理模式发挥作用的法律制度障碍解构掉，如果不将这一法律制度障碍扫除，“一核多元、融合共治”社区治理模式就是“空谈”。在解构法律制度的过程中需要注意的是：要遵循“循序渐进”原则。因为，解构法律制度容易，建构法律制度难。不要急于解构制度，一下子把制度都解构掉，而是要遵循“循序渐进”原则，不要让制度体系出现“真空”地带。

另一方面要建构起新的促进“一核多元、融合共治”社区治理模式更好地发挥作用的法律制度体系。在建构法律制度的过程中有两个方面是需要注意的：一是要遵循“精确制导”原则。法律制度并不在多，而在于精。很多时候我们会发现：我们并不缺乏法律制度，而是法律制度并没有发挥出其应有的作用，法律制度成为一种“摆设”，并不能很好地解决问题。法律制度的设计是一项要求非常高的工作，要让法律制度设计更加精准化，这就犹如对导弹的要求一样，要求精确制导，否则法律制度的效用就会大打折扣。因此，必须要突出法律制度设计的精准性，明确法律制度体系中的每一个制度是为了解决什么问题，取消那些没有效用或者低效的法律制度。二是要遵循“制度协同”原则。每一项法律制度都有效并不意味着这些制度形成的制度体系整体是有效的，这里面还存在一个制度组合的问题。这就犹如对于一个团队来说，非常强调团队合作，如果团队合作非常好，能形成一加一大于二的效应，如果团队合作出现问题，一加一就会小于二，甚至等于零，更有甚者效用会是一个负数。对于法律制度的顶层设计来说也是一样，不同的组合状态会有不同的结果，法律制度内部的优化组合对于制度体系能否形成合力是非常重要的。因此，在法律制度的顶层设计过程中，要非常注重法律制度之间的协同性。

第二节　将社区治理多元主体作用落到实处

要想使“一核多元、融合共治”的社区治理模式更好地发挥作用，仅仅依靠单一主体是非常困难的。那么我们首先必须要解决一个问题：“一核多元、融合共治”的社区治理模式需要有哪些重要的参与主体？首先，政府对于“一核多元、融合共治”社区治理模式有着不可推脱的责任。社区治理是社会治理的基础所在，因此，政府要在社区治理工作上更好地发挥作用。其次，社区是“一核多元、融合共治”的社区治理模式的现实载体。因此，社区必须充分发挥自身的主观能动性，充分利用社区已有的资源，为“一核多元、融合共治”社区治理模式提供现实有效的支撑。最后，“一核多元、融合共治”社区治理模式要想充分发挥其作用离不开社会强有力的支撑。社区起着“载体”和“容器”的作用，但是，社区如果离开了社会的支持，也就失去了其发展的外部保障，此时，社区的“载体”和“容器”作用是难以有效发挥的。由此我们可以发现：“一核多元、融合共治”社区治理模式要想有效发挥作用需要政府、社区、社会等多元主体的共同参与和通力合作。

对于政府来说，做好以下几方面工作非常重要：首先，加强政府的主导作用。在社区治理工作中，政府的作用是无可替代的，因此，必须要发挥好政府的主导作用。这种主导作用主要体现在两个方面：一方面是必须要加大政府对社区治理的资金投入力度，另一方面是必须要加大政府对相关社区工作专业人才的培养力度。其次，强化政府的监管作用。这种监管作用也主要体现在以下两个方面：一方面是政府必须要加强对社区治理相关资金使用情况的监管，加强资金利用的公开透明度，使这些资金的效用实现最大化；另一方面是政府必须要加强对社区治理相关主体的监管工作，确保其没有越界、越轨的行为。最后，理顺政府各部门间的关系。当前，在“一核多元、融合共治”社区治理模式上，我国政府各个部门之间存在着职责界定不清晰、职责相互重叠、职责处于真空状态等问题，从而产生了互相推诿、交叉管理等管理上的混乱现象，这已经严重影响到“一核多元、融合共治”社区治理模式的顺利推进。因此，势必要理顺政府各个部门之间的关系，明确界定各个部门对于“一核多元、融合共治”社区治理模式的职责范围。

对于社区来说，做好以下几方面工作非常重要：首先，提高社区居民主动参与社区治理的积极性。社区居民对参与社区治理工作积极性不高的现象非常明显，成为“一核多元、融合共治”社区治理模式有效发挥作用的一个重要障碍。因此，必须要提高社区居民对参与社区治理工作的积极性。其次，有效发挥社区的主观能动性。在推进社区治理工作中，有不少社区的主观能动性不强，往往只是根据政府的要求来行动，政府有要求的才做，甚至是不能很好落实政府的行动要求，有些社区存在着上面给多少钱下面办多少事的态度。这对于“一核多元、融合共治”社区治理模式有效发挥作用都是极为不利的。社区要有主体意识，应该充分认识到其在推进社区治理工作上的重要作用，不仅要认真完成政府下达的工作任务，还要积极地发挥自身主观能动性，想方设法动用一切能够调动的资金和资源，大力推进社区治理工作。最后，充分发挥社区各种平台和载体作用。“一核多元、融合共治”社区治理模式如何才能落到实处？这需要依托于社区的各种平台和载体。因此，我们必须要为社区治理找到各种切实可行、有效的平台和载体，把人、财、物等相关资源都应该汇集到这些平台和载体，从而能够使“一核多元、融合共治”社区治理模式更好地发挥作用。

对于社会来说，做好以下几方面工作非常重要：首先，在全社会培育积极的社区治理参与意识。从整体来说，全社会对参与社区治理的积极性明显不高，不利于社区治理的顺利推进。因此，首先必须要通过加大宣传力度切实提升全社会参与社区治理的意识和积极性。其次，拓展全社会参与社区治理的有效渠道。全社会积极参与的意识是社区治理成功的必要条件，但还不是充分条件。这里面还存在一个重要的影响因素，那就是参与社区治理的便利性。这种便利性主要表现在两个方面：一是参与社区治理的渠道是否多样，二是参与社区治理的渠道是否有效。因此，必须要不断拓展全社会参与社区治理的有效渠道。最后，加大社会组织对社区治理的参与力度。从整体上来说，我国的各类社会组织在社区治理中的参与度是不够的，没有很好发挥出其应有的作用。造成这一现象的主要原因在于：一些地方政府和部门对社会组织在其中的地位和作用认识不够到位。在“一核多元、融合共治”社区治理模式中，各类社会组织发挥着重要的作用，能够有效弥补政府存在的一些不足。因此，必须要广泛吸纳各种社会组织的力量，让社会组织在社区治理中发挥更大的作用。

第三节　强化社会组织在社区治理中的作用

对于“一核多元、融合共治”社区治理模式来说，社区组织是一个非常有效的重要载体。社区组织可以涵盖社区社会组织、物业管理机构、专业合作经济组织等组织类型。社区治理的效果如何与社区组织能否形成合力、有效发挥作用直接相关。在现代社会个人日益趋向原子化，这对于社区治理来说是非常不利的。如果社区居民处于原子化状态，政府要想对其实现治理是非常困难的，这就犹如一个一个的“土豆”，如果散落在地上，要一个一个地捡起来是很费时费力的。社区组织就犹如一个一个“麻袋”，通过社区组织将社区居民装入“麻袋”中来实现有效的社区治理，这还是比较切实可行的。可以说，能否形成一个完善的社区组织体系对于社区治理来说至关重要。社会组织在社区治理中拥有政府职能部门所不具备的优势，是做好社区治理工作不可或缺的重要力量。目前，社会各界对社区治理的支持力度在逐步加大，涌现出了许多积极参与社区治理的各种社会组织；但是，从社区治理对社会组织的需求来说，社会组织的发展还是不够的，还需要进一步强化社会组织在社区治理中的作用。因此，一方面，在社区治理工作中，需要引入更多的社会组织；另一方面，需要不断强化社会组织的力量，使社会组织在社区治理中更好地发挥作用。

加强社区各类群体性组织的建设工作是非常有必要的。当前，随着经济社会的快速发展，社区居民的需求越来越多元化，因此，在社区组织的发展过程中，就面临一个如何处理好社区居民的多样性需求和一致性需求的关系。而社区居民多样性的需求往往与其群体特征有着紧密联系。这个群体可以有多种分类方式，例如，根据年龄可以将社区居民分成青年、中年、老年，根据性别可以将社区居民分成男性社区居民、女性社区居民，根据兴趣爱好可以将社区居民分成阅读爱好者、广场舞爱好者、文艺爱好者、体育爱好者，等等。那么根据这些不同的分类方式就可以成立各种不同的社区群体性组织。应该说，社区在这方面已经做了不少的工作，组建了很多这种类型的群体性组织，但是，这类社区组织的精细度和精准度还是不够的。因此一方面，还应进一步精细化群体性组织的分类标准，更好地与社区居民的实际需求结合；另一方面，还应进一步精准化群体性组织的定位，做到“精确制导”，更好地服务于不同需求的社区居民。

为了有效发挥社区组织在“一核多元、融合共治”社区治理模式中的作用，必须要建立多种有效的社区组织扶持机制。根据事物发展的内外因规律，我们可以从内因和外因两个方面来建立社区组织的扶持机制。从内因来说，要实现社区组织的发展，必须要加强社区组织的自身建设，提升社区组织的能力和行动力，可以说，这是一种“造血式”的扶持。从外因来说，要实现社区组织的发展，必须要建立一系列的外在扶持机制，可以说，这是一种“输血式”的扶持。对于政府来说，“造血式”的扶持难度更大，当前政府所做的更多的是“输血式”扶持。在这方面，有很多国家和地区“造血式”的扶持做法也是非常值得我们借鉴的，例如，以购买公共服务的方式扶持社会组织成为近年来发达国家的普遍做法，也逐渐成为政府资助社会组织的主要方式。购买公共服务既包括政府将现有的部分职能转移给社会，又包括从社会购买政府目前还没有提供的服务。公共服务通常采取“公开招标、合同运作、项目管理、评估兑现”的方式外包给社会组织（龙宁丽，2011）[①]。应该说，“造血式”的扶持更加有利于社区组织的长远发展，而当前我们对社区组织的能力与行动力的扶持还是比较欠缺的。要建立全方位的社区组织扶持机制，“造血式”的扶持方式是不可或缺的。在建立多种有效的社区组织扶持机制的基础上，还要让这些社区组织形成一个完整的体系。这一组织体系不仅要实现服务的全覆盖，满足“横向到边、纵向到底”的要求，还要实现在服务上的分工合作，以达到资源的优化配置。

第四节　充分考虑社区居民内部差异的影响

从理想类型来说，政府为社区居民提供的治理内容应该与其对治理内容的需求相一致。也就是说，政府公共产品的总供给应等于总需求。这是因为政府提供公共产品所需资金归根结底是来自居民缴纳的税金。政府虽然可以通过借债方式筹集部分资金，但还债最终要归结到税负上。从长期看，政府公共产品的总供求是均衡的，但是，政府公共产品供求的决定因素造成了政府公共产品供求均衡的特有规律。当政府公共产品的需求与供给大致相符时，政府公共产品供求达到结构均衡状态，而这种均衡是相对的、暂时的。通常情况下，供求是处于失衡状态的，即政府提供的公共产品不是居民所需要的（或超出居民的实际需要），而居民需要的公共产品政府恰恰没有提供（或提供的数量不足）（赵保卿等，2008）[②]。我们可以发现：在社区服务内容上存在一个供需均衡问题。从理想类型来说，政府的社区服务供给与社区居民的社区服务需求之间要达到一种均衡状态。当然，完全的均衡状态是很难实现的，我们的目标是为了实现社区服务供给与社区服务需求之间的状态从非均衡向均衡转变，或者说，实现一种次均衡状态。从发展的角度来说，均衡状态也是相对而言的，均衡与非均衡之间也是随着时间的变化而变化的，现在的均衡并不意味着将来的均衡。因此，其发展过程是一个从非均衡走向均衡再走

---

① 龙宁丽：《国外社会组织管理体制的做法和经验》，载《社团管理研究》2011 年第 3 期，第 26—27 页。

② 赵保卿、谭先华、王巧荣：《政府绩效审计供需均衡分析——基于公共产品供需均衡视角》，载《审计研究》2008 年第 1 期，第 27—28 页。

向非均衡的循环往复过程。为了更好地实现社区治理内容供给与需求的均衡，课题组认为，社区治理内容体系必须注意以下几个方面的问题。

首先，为社区居民提供更为动态化的社区治理内容体系。当前，社区居民对社区治理的需要已经发生了非常明显的变化，主要有以下几个方面：第一，单位制瓦解带来的影响。在单位制时期，社区居民往往是来自一个单位的，社区居民的同质性很强，异质性较弱，因此，社区居民对社区治理的需求往往表现出很强的同质性特征。而随着单位制的瓦解，社区居民之间的异质性越来越明显，同质性越来越弱化，因此，社区居民对社区治理的需求往往表现出很强的异质性特征。第二，社会观念变化带来的影响。受不同历史时期社会观念的影响，原先的社区居民往往秉持一种突出共性、弱化个性的理念，因此，原先的社区居民对社区治理的个性化需求较弱。而在当下，整个社会越来越张扬个性，社区居民往往秉持一种弱化共性、突出个性的理念，因此，当下的社区居民对社区治理的个性化需求越来越强。第三，人口流动带来的影响。在人口流动较少的时期，社区的居民构成是比较稳定的，因此，社区居民对社区治理内容的需求也是较为稳定的。但是，当前人口流动日益增多，这不仅包括大量外来人口进入社区，也包括很多社区原有居民搬离社区，这使得社区居民的构成变动很大，这也直接影响了社区居民对社区治理内容需求的稳定性。综上，社区应该为社区居民提供更为动态化的治理内容体系。

其次，为社区居民提供更为多元化的社区治理内容体系。根据社会心理学家马斯洛的需要层次理论，一般说来人们都有下述需要：生理的需要、安全的需要、归属或爱的需要、自尊的需要和自我实现的需要（王思斌，2006：33）。人们的这些需要是分层次的，人们对高层次需要的需求是建立在低层次需要得到满足的基础上的。因此，社区在开展社区治理时，不仅要满足社区居民低层次的需要，也要满足其高层次的需要，使社区居民的需求得到全方位的满足。社区居民的需求按照层次性往往可以分为三个层面：满足经济层面的需求、满足社会层面的需求、满足文化层面的需求。对于社区居民来说，他们首先要满足最基本的社区生活问题。结合马斯洛的需要层次理论，生理的需要和安全的需要基本上对应于经济层面的需求，归属或爱的需要基本上对应于社会层面的需求，自尊的需要和自我实现的需要基本上对应于文化层面的需求。由此我们可以认为，社区治理内容也可以有不同的分类，将社区治理内容分为社区经济治理、社区社会治理、社区文化治理。综上，社区应该为社区居民提供更为多元化的治理内容体系。

最后，为社区居民提供更为精准化的社区治理内容体系。由于社区居民内部的分化越来越明显，社区对不同类型的社区居民要采取分类的方式，切实解决好不同层次社区居民迫切需要解决的问题。依据社区居民需求的满足情况和社会经济地位的差异，可以将社区居民划分为三种类型：第一种是生存型社区居民，这是指那些努力实现经济层面需求满足的社区居民；第二种类型是物质富裕型社区居民，这是指那些努力实现社会层面需求满足的社区居民；第三种类型是精神富有型社区居民，这是指那些努力实现文化层面需求满足的社区居民。对于不同类型的社区居民，社区在治理内容上要有不同的侧重，具体来说，生存型社区居民要侧重于经济层面需求的满足，物质富裕型社区居民要侧重于社会层面需求的满足，精神富有型社区居民要侧重于文化层面需求的满足。综上，社区应该为社区居民提供更为精准化的治理内容体系。

第五节　构建科学合理的社区治理运行机制

"一核多元、融合共治"社区治理模式要想充分发挥其作用，必须要有一个科学、合理的运行机制。这一运行机制是不是科学、合理、良性，首先取决于其能否实现两个适应：一方面，社区治理的运行机制要与外部环境相适应。所谓外部环境是指社区外在的经济、社会、文化环境。社区治理的运行机制如果背离了整个外部环境，与经济、社会、文化发展状况不相适应，其作用的发挥肯定会大打折扣。另一方面，社区治理的运行机制要与内部环境相适应。所谓内部环境是指社区居民的经济、社会、文化需求，如果背离了社区居民这一内部环境，与其经济、社会、文化需求不相适应，那么社区治理的运行机制也就成为"空中楼阁"。因此，社区治理的运行机制必须在实现与外在环境和内在环境相适应的基础上来进行科学、合理的构建。课题组认为，社区治理科学、合理的运行机制主要包括以下几个方面。

第一，明确各主体权责分工机制。构建现代社区治理模式是政府、社会、社区的共同责任，离开任何一方都会大大削弱现代社区治理模式功能的发挥。

不仅要加大政府对“一核多元、融合共治”社区治理模式的建设力度，同时还要充分发挥社会、社区力量的作用。因此，政府、社会、社区要遵循合理分工、协调运转的机制，共同促进“一核多元、融合共治”社区治理模式功能的有效发挥。

第二，进一步强化“三社联动”机制。“一核多元、融合共治”社区治理模式必须要有切实可行的落脚点和抓手，“三社联动”就是将“一核多元、融合共治”社区治理模式操作化、层层落实的过程。通过把社区作为平台载体、把社会组织作为落脚载体、把社会工作者作为支撑载体这样一种“三社联动”的创新模式，使得社区治理能够真正落到实处，发挥实实在在的作用。应该说，社区在“三社联动”上已经进行了不少有益的探索和尝试，也取得了显著的成效。但是，在“一核多元、融合共治”社区治理模式中，“三社联动”的机制还需要进一步强化，让“三社联动”在社区治理中发挥更大的作用。

第三，构建智慧社区服务新机制。当下社区治理的主要问题首先在于人民群众的参与机制不畅，参与热情不足，通过构建智慧社区服务新机制能使居民的需求得到更快更好的回应，改变社区居民在社区治理中的被动地位，社区和居民逐渐成为社区治理的主体；其次，社区治理的另一个问题在于社区治理中政府过强、社会和社区过弱的格局，因此，通过构建智慧社区服务新机制能够实现社区治理方式的转变，由政府提供必要的资源，精准有效地为社区居民提供服务，结合社会力量，使政、社有机对接，自治与共治相互辉映，共建资金到位、平台坚实、法律保障及时跟进、和谐发展的社区治理平台。

第四，建立绩效评估机制。“一核多元、融合共治”社区治理模式的绩效是最终的关注点所在，如果绩效不高，那么其他所有工作的价值和意义都会大打折扣，因此，绩效评估机制肯定是不能少的。对于“一核多元、融合共治”社区治理模式的效果方面要建立科学、合理的绩效评估机制，从而能够及时发现这一模式中存在的一些不足之处，并及时加以调整。

第五，建立严格的监督机制。在“一核多元、融合共治”社区治理模式中，监督机制也是不可或缺的。在社区治理的具体过程中，对于资金和政策的运用要建立严格的监督机制，以防止资金被挪用、政策被滥用类似现象的发生，从而使得“一核多元、融合共治”社区治理模式的效果能够实现最优化。

参考文献

[1] Sherry R. Arnstein, "A Ladder of Citizen Participation," *JAIP*, Vol. 35, No. 4, July 1969, pp. 218 –220.

[2] 阿历克斯·英克尔斯:《人的现代化》(殷陆君编译), 成都: 四川人民出版社, 1985 年版。

[3] 安东尼·吉登斯:《第三条道路: 社会民主主义的复兴》, 北京: 北京大学出版社, 2000 年版。

[4] 包亚明:《文化资本与社会炼金术》, 上海: 上海人民出版社, 1997 年版。

[5] 陈彬:《关于理性选择理论的思考》,《东南学术》2006 年第 1 期, 第 119 页。

[6] 陈家喜、林电峰:《城市社区协商治理模式的实践探索与理论反思——深圳南山区"一核多元"社区治理创新观察》,《社会治理》2015 年第 1 期, 第 84 页。

[7] 陈晓莉、白晨:《回迁安置社区社会管理创新的语境与思路》,《学习与实践》2012 年第 4 期, 第 83 页。

[8] 陈映芳:《行动力与制度限制: 都市运动中的中产阶层》,《社会学研究》2006 年第 4 期, 第 1 页。

[9] 范明林、程金:《城市社会建设中政府与非政府组织互动关系的建立和演变——对华爱社和尚思社区中心的个案研究》,《社会》2005 年第 5 期, 第 118 页。

[10] 格里·斯托克:《新地方主义、参与及网络化社区治理》,《国家行政学院学报》2006 年第 3 期, 第 92 页。

[11] 辜胜阻、杨建武、刘江日:《当前我国智慧城市建设中的问题与对策》,《中国软科学》2013 年第 1 期, 第 6 页。

[12] 管兵:《维权行动和基层民主参与——以 B 市商品房业主为例》,

《社会》2010年第5期，第46页。

[13] 桂勇：《邻里政治：城市基层的权力操作策略与国家社会的粘连模式》，《社会》2007年第6期，第102页。

[14] 郭伟和：《街道公共体制改革和国家意志的柔性控制——对黄宗智"国家和社会的第三领域"理论的扩展》，《开放时代》2010年第2期，第61页。

[15] 黄荣贵、桂勇：《互联网与业主集体抗争：一项基于定性比较分析方法的研究》，《社会学研究》2009年第5期，第29页。

[16] 黄晓星：《社区运动的"社区性"——对现行社区运动理论的回应与补充》，《社会学研究》2011年第1期，第41页。

[17] 姜振华、胡鸿保：《社区概念发展的历程》，《中国青年政治学院学报》2002年第4期，第121页。

[18] 金晓蕊：《我国城市社区管理中政府主导与社区治理和谐共生关系探讨》，西南财经大学硕士学位论文，2009年，第65页。

[19] 李骏：《住房产权与政治参与：中国城市的基层社区民主》，《社会学研究》2009年第5期，第57页。

[20] 李友梅：《社区治理：公民社会的微观基础》，《社会》2007年第2期，第159页。

[21] 理查德·C. 博克斯：《公民治理：引领21世纪的美国社区》，北京：中国人民大学出版社，2005年版。

[22] 林尚立：《基层群众自治：中国民主政治建设的实践》，《政治学研究》1999年第4期，第47页。

[23] 刘佳：《城市社区治理中的居民参与状况分析》，《兰州学刊》2013年第10期，第131页。

[24] 刘敏、王芳：《一核多元社区治理模式考察》，《开放导报》2014年第5期，第34页。

[25] 刘娴静：《城市社区治理模式的比较及中国的选择》，《社会主义研究》2006年第2期，第59页。

[26] 龙宁丽：《借鉴与参考：国外社会组织管理体制的做法和经验》，《社团管理研究》2011年第12期，第15页。

[27] 卢学晖：《日本社区治理的模式、理念与结构——以混合型模式为

中心的分析》,《日本研究》2015 年第 2 期，第 52 页。

［28］马海龙:《社区共治：我国城市社区的治理模式》,《经济师》2007 年第 11 期，第 69 页。

［29］裴蓉:《中外城市社区治理模式比较研究》，电子科技大学硕士学位论文，2006 年，第 63 页。

［30］皮埃尔·布迪厄、华康德:《实践与反思——反思社会学导论》，北京：中央编译出版社，1998 年版。

［31］桑玉成:《从五里桥街道看城市社区管理的体制建设》,《政治学研究》1992 年第 2 期，第 40 页。

［32］沈原:《走向公民权——业主维权作为当代中国的一种公民运动》，载《市场、阶级与社会——转型社会学的关键议题》，北京：社会科学文献出版社，2007 年版。

［33］石发勇:《城市社区民主建设与制度性约束——上海市居委会改革个案研究》,《社会》2005 年第 2 期，第 50 页。

［34］石发勇:《当代中国社区政治研究理论模型与反思》,《西南民族大学学报（人文社会科学版）》2013 年第 6 期，第 75 页。

［35］石发勇:《社会资本的属性及其在集体行动中的运作逻辑——以一个维权运动个案为例》,《学海》2008 年第 3 期，第 96 页。

［36］石发勇:《业主委员会、准派系政治和基层治理——以一个上海街区为例》,《社会学研究》2010 年第 3 期，第 136 页。

［37］史璐:《智慧城市的原理及其在我国城市发展中的功能和意义》,《中国科技论坛》2011 年第 5 期，第 97 页。

［38］宋梅:《论物业管理在社区治理中的作用》,《盐城师范学院学报（人文社会科学版）》2009 年第 6 期，第 87 页。

［39］孙肖远:《社区复合治理与社区党建领导体制创新——以南京市鼓楼区社区治理实践为例》,《理论导刊》2012 年第 6 期，第 51 页。

［40］田阡:《城市社区管理中政府主导的领域与限度》,《西南民族大学学报（人文社会科学版）》2012 年第 10 期，第 53 页。

［41］王芳:《城市社区治理模式的现实选择》,《城市管理》2008 年第 4 期，第 68 页。

［42］王汉生、吴莹:《基层社会中“看得见”与“看不见”的国家：发

生在一个商品房小区中的几个“故事”》，《社会学研究》2011 年第 1 期，第 63 页。

［43］王京春、高斌、类延旭、方华英、高飞：《浅析智慧社区的相关概念及其应用实践——以北京市海淀区清华园街道为例》，《理论导刊》2012 年第 11 期，第 13 页。

［44］王珏青：《国内外社区治理模式比较研究》，上海交通大学硕士学位论文，2009 年，第 62 页。

［45］王梅：《试论社区政治及其与国家政治间的互动关系》，《宁夏社会科学》2012 年第 1 期，第 12 页。

［46］王思斌：《社会学教程（第二版）》，北京：北京大学出版社，2006 年版。

［47］王思斌：《体制改革中的城市社区建设的理论分析》，《北京大学学报（哲学社会科学版）》2000 年第 5 期，第 5 页。

［48］王振海、王存慧：《新视角下的政治——关于社区政治发展的专题研究》，北京：中国社会科学出版社，1995 年版。

［49］魏娜：《我国城市社区治理模式：发展演变与制度创新》，《中国人民大学学报》2003 年第 1 版，第 135 页。

［50］文军：《中国社会组织发展的角色困境及其出路》，《江苏行政学院学报》2012 年第 1 期，第 57 页。

［51］翁定军：《冲突的策略——以 S 市三峡移民的生活适应为例》，《社会》2005 年第 2 期，第 112 页。

［52］巫细波、杨再高：《智慧城市理念与未来城市发展》，《城市发展研究》2010 年第 11 期，第 56 页。

［53］吴志军、张波：《城市社区管理：主题与模式选择》，《学术研究》2003 年第 3 期，第 71 页。

［54］项飚、宋秀卿：《社区建设和我国城市社会的重构》，《战略与管理》1997 年第 6 期，第 11 页。

［55］熊易寒：《社区选举：在政治冷漠与高投票率之间》，《社会》2008 年第 3 期，第 180 页。

［56］徐林、吴咨桦：《社区建设中的“国家 - 社会”互动：互补与镶嵌——基于行动者的视角》，《浙江社会科学》2015 年第 4 期，第 76 页。

［57］徐晞：《社区治理中非营利组织发展的若干问题探讨》，《广西大学学报（哲学社会科学版）》2012 年第 3 期，第 130 页。

［58］杨君、徐永祥、徐选国：《社区治理共同体的建设何以可能？——迈向经验解释的城市社区治理模式》，《福建论坛（人文社会科学版）》2014 年第 10 期，第 176 页。

［59］杨敏：《作为国家治理单元的社区——对城市社区建设运动过程中居民社区参与和社区认知的个案研究》，《社会学研究》2007 年第 4 期，第 137 页。

［60］杨善华：《当代西方社会学理论》，北京：北京大学出版社，1999 年版。

［61］战京贤、潘德金、宋玉、魏洪亮：《“三社一体化”社区治理模式的实践与思考——以北京市朝阳区的探索为例》，《改革与开放》2015 年第 15 期，第 34 页。

［62］张磊：《业主维权运动：产生原因及动员机制——对北京市几个小区个案的考查》，《社会学研究》2005 年第 1 期，第 40 页。

［63］张亮：《上海社区建设面临挑战：居民参与不足》，《社会》2001 年第 1 期，第 4 页。

［64］张平、隋永强：《一核多元：元治理视阈下的中国城市社区治理主体结构》，《江苏行政学院学报》2015 年第 5 期，第 49 页。

［65］赵保卿、谭先华、王巧荣：《政府绩效审计供需均衡分析——基于公共产品供需均衡视角》，《审计研究》2008 年第 1 期，第 26 页。

［66］赵晓芳、支文军：《探索政府主导与社区参与的中国当代城市社区建设模式》，《时代建筑》2009 年第 2 期，第 10 页。

［67］周林刚：《社区治理中居民参与的制约因素分析——基于深圳 A 区的问卷调查》，《福建论坛（人文社会科学版）》2008 年第 12 期，第 138 页。

［68］汪碧刚：《推进党建引领与社区治理深度融合》，2020 年 1 月 9 日《中国社区报》。

［69］汪碧刚：《智慧社区建设的难点与应对》，2019 年 5 月 9 日《中国社区报》。

［70］汪碧刚：《用治理思维建立社区应急管理体系》，2020 年 3 月 5 日《中国建设报》。

[71] 汪碧刚：《国家治理视角下的社区治理模式》，2017 年 7 月 20 日《中国社区报》。

[72] 汪碧刚：《多元融合的社区共治模式创新研究——以北京奥运村为例》，《南京社会科学》2016 年第 11 期，第 63 页。

[73] 汪碧刚：《切实推动社区治理落实到“最后一米”》，2019 年 11 月 8 日《中国社区报》。

[74] 汪碧刚：《城市的温度与厚度——青岛市市北区城市治理现代化的实践与创新》，北京：中国建筑工业出版社，2017 年版。

[75] 汪碧刚、王永健：《新经济背景下智慧社区的服务与运营》，《人民论坛》2017 年第 32 期，第 76 页。

[76] 汪碧刚：《构建“一核多元、融合共治”社区治理体系》，《中国民政》2020 年第 14 期，第 42 页。

聘 书

汪碧刚教授：

兹聘请您为青岛市即墨区城乡治理专家委员会主任。

此聘

中共青岛市即墨区委　青岛市即墨区人民政府

2019年7月6日

2019 年 7 月 6 日，中共青岛市即墨区委、青岛市即墨区人民政府聘请汪碧刚教授为青岛市即墨区城乡治理专家委员会主任。

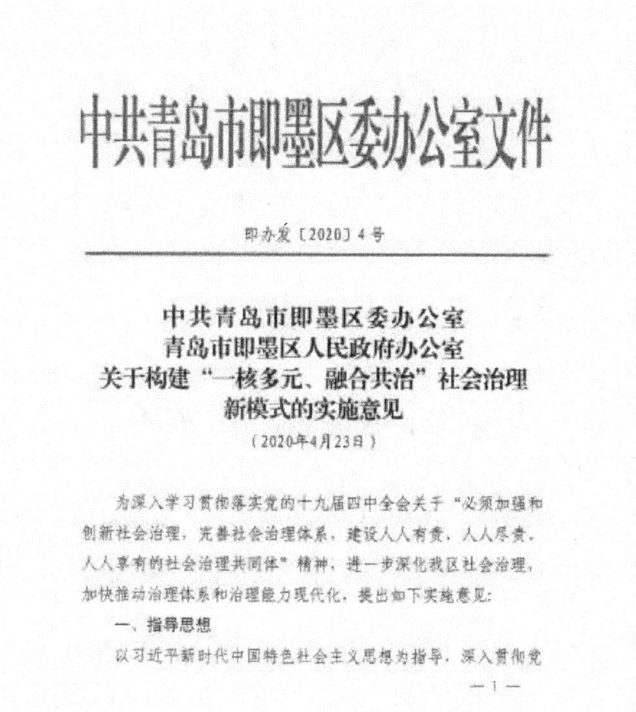

中共青岛市即墨区委办公室文件

即办发〔2020〕4号

中共青岛市即墨区委办公室
青岛市即墨区人民政府办公室
关于构建“一核多元、融合共治”社会治理
新模式的实施意见
（2020年4月23日）

为深入学习贯彻落实党的十九届四中全会关于“必须加强和创新社会治理，完善社会治理体系，建设人人有责、人人尽责、人人享有的社会治理共同体”精神，进一步深化我区社会治理，加快推动治理体系和治理能力现代化，提出如下实施意见：

一、指导思想

以习近平新时代中国特色社会主义思想为指导，深入贯彻党

—1—

2020 年 4 月 23 日，中共青岛市即墨区委办公室、青岛市即墨区人民政府办公室印发《关于构建“一核多元、融合共治”社会治理新模式的实施意见》（即办发〔2020〕4 号，全文见附录一）。

附录一：

中共青岛市即墨区委办公室
青岛市即墨区人民政府办公室
关于构建“一核多元、融合共治”社会治理新模式的实施意见

（2020 年 4 月 23 日）

为深入学习贯彻落实党的十九届四中全会关于“必须加强和创新社会治理，完善社会治理体系，建设人人有责、人人尽责、人人享有的社会治理共同体”精神，进一步深化我区社会治理，加快推动治理体系和治理能力现代化，提出如下实施意见：

一、指导思想

以习近平新时代中国特色社会主义思想为指导，深入贯彻党的十九大和十九届四中全会精神，完善党委领导、政府负责、民主协商、社会协同、公众参与、法治保障、科技支撑的社会治理体系，构建我区“一核多元、融合共治”社会治理新模式，打造共建共治共享的社会治理格局，建设人人有责、人人尽责、人人享有的社会治理共同体，确保人民安居乐业、社会安定有序，为加快建设特色鲜明宜居幸福的现代化新区创造和谐稳定的社会环境。

二、工作目标

以党建引领为核心，构建各类组织、多元力量共同参与治理的平台，通过协调指挥组织化、源头治理网格化、分流处置联动化、系统治理智慧化，全面提升全区社会治理体系和治理能力现代化水平，努力实现以下四个方面目标：

党组织领导更加有力。通过在全区自上而下建立起党组织领导下的社会治理指挥协调体系，把党的领导贯彻到社会治理全过程，着力解决基层党组

织战斗堡垒作用发挥不够、社会治理协调程度不高、党员带头作用不强等问题，凝聚起各类组织、多元力量共同参与治理的强大合力。

群众自治能力全面增强。通过完善村（居）民参事议事制度，开展志愿服务活动，组织企事业单位、群团组织、社会组织、行业协会等社会力量参与社会治理，着力解决群众自治能力弱、参与治理程度低、参与渠道不畅和参与效果不理想的问题，推动共建共治共享。

法治和科技保障作用进一步凸显。通过加强法治建设、完善法律服务体系，着力解决法治意识不高、执法司法不规范等问题，在全社会树立起“遇到问题找法、处理矛盾靠法”的法治思维；通过加强物联网、区块链等技术应用，着力解决社会治理智能化水平不高、精细化程度不够、信息资源整合不充分等问题，以“智治”助推社会治理现代化。

社会治理水平有效提升。通过构建“一核引领、多元共治”社会治理新模式，实现党群干群关系更加融洽，绝大多数矛盾纠纷和不稳定问题化解在早、处置在小，社会既安定有序又充满活力，群众安全感、幸福感、获得感不断增强。

三、工作重点

（一）突出区域化党建“一核引领”

在党委领导下，建立区、镇街、社区、村（居）联动的社会治理组织体系。区级成立由区委分管领导担任总召集人的社会治理联席会议，及时研究解决社会治理重点难点问题。依托区直通联办服务中心设立区社会治理指挥中心，与联席会议办公室合署办公，作为全区社会治理的总指挥平台和总调度中心，承担全区社会治理网格化服务管理、政务服务热线等社会治理相关工作的指挥调度、统筹协调、资源整合、督办考核等职能。各镇街要成立相应的联席会议和二级社会治理指挥中心，定期研究、统筹推进本辖区社会治理工作。各社区要设立网格工作中心，建立社会治理区域化议事协商制度，具体统筹研究辖区村居、企业网格内信息的收集、分流、上报、化解处置、考核监督工作。各村居设立在党支部领导下的网格工作站，各网格要设立党小组，将“党员联户”制度融入网格中，依托落实“四议两公开”等制度，定期召开协商议事会，畅通规范群众诉求表达、利益协调、权益保障通道。

（二）打造源头治理“一张网”，构建全覆盖网格体系

落实企业网格化服务管理。进一步健全完善《即墨区网格化治理工作实施办法（试行）》，将辖区人、房、事、物、企业法人等全面纳入网格，逐步形成村（居）、企业条块结合的完整网格体系。区工信局要牵头抓好企业网格化的行业指导协调监管工作，会同各镇街和功能区完善企业网格化治理机制，明确服务管理职责，搭建起区级部门指导、镇街和功能区属地管理、社区无缝服务对接的三级企业网格化管理体系。区社会治理综合信息平台要新增企业服务模块，落实涉企信息和事件专门处置和服务。发挥网格员职能作用。完善网格员队伍管理办法，进一步明确网格员在信息排查、政策宣传、服务民生等方面的职责，形成规范化、标准化的工作制度和流程，做到“信息采集准确及时、信息分流分级分类、事件处置自下而上”。要定期全面采集、核实、完善数据网格内人员、企业、事件等基础信息。组织开展网格员“入户入心”活动，全面核实更新人口数据、房屋位置等信息，形成全区统一、动态更新的基础信息库。加强网格员队伍建设，不断优化城乡网格员知识结构、年龄结构，提升网格员在信息化、科技化大背景下的服务管理能力。要压实网格员责任，完善网格员考核评价机制，建立完善退出和激励机制。要完善网格员培训机制，定期组织网格员进行业务培训。要保障网格员队伍待遇，提升工作积极性。

（三）建立联勤联动“一支队伍”

在区级层面，公安、综合行政执法、应急、住建等部门工作人员根据工作需要，入驻区社会治理指挥中心联合办公，联动研判处置重大事项和重要问题。镇街要探索在社会治理联席会议的统一领导下，依托镇街社会治理指挥中心和综合行政执法办公室，联合辖区公安、综合行政执法、环境、司法、市场监管等部门执法力量实行联勤联动、联合执法，推动基层一支队伍管执法。要加强执法力量的协调调度和统一指挥，坚持问题联治、工作联动、平安联创，谁的职责谁牵头，避免多头管理、重复执法。要加强执法联勤联动机制建设，建立发现问题、流转交办、协调联动、研判预警、督察考核的完整流程，形成联动处置常态化机制。要加强镇街执法队伍的业务指导和培训，规范执法程序和执法行为。建立条块结合，区级统筹有力，镇街、部门运转

高效，社区（村庄）做实做细的“双呼双应”机制：镇街有难题，区直部门要第一时间派出专人帮助研究解决，必要时“三包三联”区级领导要亲自调度；社区（村庄）有难题，镇街部门要第一时间派人帮助支持，做到上下联动、属事属地共商。

（四）凝聚社会协同“三种力量”

要发挥部门职能优势。联席会议各成员单位要进一步坚持和发展新时代“枫桥经验”，围绕社会治理重点工作，定期排查本系统和所辖区域的各类风险隐患，会同属地党组织超前研究、源头防御，将矛盾消解于未然、将隐患化解于无形。要加强行业领域重大决策社会稳定风险评估，避免因决策不当引发不稳定问题。宣传部门要注重发挥社会主义核心价值观和家教家风家训在基层社会治理中的教化熏陶作用，形成党组织领导下的自治、法治、德治相结合的基层治理体系。公、检、法、司要积极配合，不断完善人民调解、行政调解、司法调解联动工作体系，积极打造执法、普法、法律服务有机衔接的制度机制，构建矛盾纠纷多元预防调处化解格局，筑牢社会治理法治保障防线；要依托社会治理综合信息平台开展网上“智慧调解”，推动农村“五老”调解，培养一批“品牌调解室”；要积极推广“法律顾问＋专职调解员”包案化解工作模式，落实“以案定补”奖励措施。信访局要创新改革信访工作模式，加快推进全科受理、访调一体、集成联办、一站化解的信访大调解中心建设。公安分局要完善网上网下结合、人防物防结合、打防管控结合的立体化社会治安防控体系，提高预测预警预防各类风险能力。应急、卫健、市场监管等部门要充分发挥职能优势，构建统一指挥、专常兼备、反应灵敏、上下联动的工作机制，保障人民群众身体健康和生命安全。

要发挥群团社会组织协同力量。进一步明确人民团体、企事业单位的社会治理责任，完善参与机制，积极搭建沟通协商平台。充分发挥工会、共青团、妇联、工商联、残联等群团组织和各类商会、协会各自的阵地作用，广泛组织各方群众参与社会治理，发挥它们在权益维护、创业就业、民生保障、服务经济等方面的独特优势。要推动“心防”建设，加强心理疏导服务，消解社会戾气，培育理性平和、积极公正的心态。

要发挥公众参与主体作用。民政等部门要积极推进村（居）自治工作，规范完善村规民约，推动村委会、业委会和村民代表、居民代表发挥自治作用。依托村民会议、村民理事会、村民监事会、业主委员会等自治组织，积极吸纳普通党员、退休干部、人大代表、政协委员、乡贤参与基层治理，通过推进“互联网+社区”行动，加快建设一批信息服务自助终端，更好地促进公众参与社会治理。要通过创新政府购买服务方式、搭建志愿服务平台等措施，拓宽志愿者服务领域，促进社会工作志愿服务发展。要注重培养树立典型，打造一批叫得响的治安志愿者、青年志愿者、巾帼志愿者等志愿服务品牌。要探索建立公职人员下沉机制，实施机关事业单位工作人员到单位和村居“双报到”制度，机关事业单位工作人员在做好单位本职工作基础上，战时带头当好社区服务志愿者，平时主动管好社区治理“闲事”。

（五）打造智能化治理“三类平台”

构建综合信息大平台。要加强社会治理科技支撑，将区块链等新技术应用到社会治理综合信息平台中，提升信息数据的真实性、交互性、安全性。要丰富社会治理综合信息平台功能，增加模块算法、拓展应用功能。加快实现跨部门、跨地域、跨层级的互联互通和共建共享：在系统互联互通方面，逐步将政务热线、数字城管、城市建设、应急管理等系统功能接入平台；在数据共建共享方面，逐步把公安、交通、住建、应急、水利、环保等部门视频监控信息，以及人口、民政、人社、医保、卫生、统计、不动产等领域的数据信息接入平台。

升级各行业领域智慧平台。公安部门要加强“天网”系统、“雪亮工程”等智慧系统的推广和升级扩容，在全区实现“视频+信息数据”全轨迹分析，为核查布控等提供技术和数据支撑。住建部门要重点建好智慧工地、智慧环卫管理、垃圾分类智能互动体验、城区河道管理四个“智慧平台”，实现工地扬尘、环卫保洁、垃圾分类和河道管护的“智慧升级”。综合执法部门要加强城区和镇街驻地的视频监控覆盖，建设自动抓拍系统，推动城乡执法“智能识别+人工巡查”模式；研究实施无人机“科技查违”，提升监管执法智能化水平。

加快建设智慧社区平台。区级成立智慧社区建设工作专班，加强工作领导。研究制定智慧社区建设实施意见和具体建设标准，每个镇街年内至少建成两处符合标准的智慧社区（村庄）示范工程。探索研究奖补政策，在已建成小区建设或升级改造智慧社区的，探索由区财政予以适当奖补。今后新开发建设的商住小区，住建、自然资源等部门要把同步规划建设智慧社区作为一项硬性要求审批前置。要加强对智慧社区建设工作的指导、协调和督促，确保智慧社区建设工作规范化、高效率推进。

（六）建设信用体系“三方主体”，打造诚信即墨新格局

推动信用信息共享，依托区社会治理综合信息平台，建设区社会治理信用监控体系，对全区企业、家庭和镇街、村居信用进行共建、共治。

建设信用体系企业主体。将企业诚信信息与企业网格信息相融合，为企业信用画像，建立企业信用预警图。以月或季度为周期更新辖区内企业严重的失信信息，建立红、橙、黄、绿警示体系，及时推送信息给镇街、企业及企业网格员，指导企业及时修复失信信息，引导企业强化守信意识、打造诚信企业品牌。建设信用体系镇街、村居主体。依据各镇街、村居严重失信信息和辖区内严重失信企业占比信息，建立镇街、村居红、橙、黄、绿警示体系，对于红、橙级别的予以警示并及时推送给镇街、村居，督促其及时整改。建设信用体系家庭主体。开展“诚信示范户”试点工作，依据家庭诚信信息建立家庭信用档案。探索建立村庄家庭信用信息管理办法，评选“诚信示范户”。对“诚信示范户”给予“信易游”“信易医”等激励措施，营造全区居民重诚信、讲诚信、守诚信的浓厚氛围。

四、保障措施

（一）加强组织领导

社会治理是今年区级“五大重点突破”任务之一，各级各部门要充分认识抓好社会治理工作的重要性和紧迫性，将其纳入重要议事日程、摆上突出位置。各镇街各部门主要负责人要根据实施意见总体要求，研究制订各项重点工作推进具体方案和本辖区、本行业领域具体实施意见，明确工作任务，分解为可量化、可评价的阶段性目标，有计划、有步骤地加快推进，确保社会治理各项工作落实到位。

（二）加强督导考核

加大对社会治理工作目标任务完成情况的考核力度，提高社会治理考核

比重。区社会治理联席办和区委、区政府督察部门要适时组织督导督查，定期通报情况，进行评比。区社会治理中心及各镇街、部门要加强对网格员的日常考评，实行日调度、月考核、年终评比，形成监督管理常态化机制。要强化责任追究，对因责任不落实、措施不到位，导致形成信访事件、群体性事件或重大负面舆情的，要根据有关规定严肃问责。对社会治理工作中涌现出的优秀集体和个人，区委、区政府予以表彰。

（三）加强工作保障

区镇两级社会治理指挥中心要选优配强干部队伍，完善工作协调运转相关配套机制，确保有人干事、有章理事。区社会治理联席办要经常性地组织开展专题调研，及时发现工作推进中的问题和短板，及时予以协调解决，重大问题要形成报告提交区社会治理联席会议研究解决。要积极组织对外交流学习，提升领导干部社会治理的眼界和思路。要加强法治保障，加强普法教育、开展法治创建活动，以法治思维化解矛盾、解决难题，在全社会营造良好的法治环境。要加大网格化治理经费投入，建立与人口规模、网格管理服务水平、市场价格相协调的专项资金增长机制，保障工作运转和推进需要。

（四）鼓励典型培育

各镇街是城乡社区网格化治理工作主阵地，鼓励先试先行、率先突破；要按照社区及人口比例，建立示范网格，规范标准流程，推广先进经验。相关部门要主动研究对接，加强监管指导，把本行业、本系统工作纳入到社会治理大格局中来谋划布局，不断探索、勇于创新，打造出本部门工作亮点。要及时总结和宣传工作中涌现出的先进做法，推广可复制的经验。要积极“争先进创典型树标杆”，争创全国和省、市社会治理工作先进典型。

附录二：调查问卷

青岛市即墨区城乡社区治理创新模式调查问卷

尊敬的社区居民朋友：

您好！非常感谢您参加问卷调查活动，本次调查是为了解您对社区治理态度与行动的一些基本情况。回答不涉及是非对错，请在符合自己情况的选项上打“√”，但务必请您按照实际情况逐一回答我们所提的每个问题。您提供的资料仅用于统计分析与科学研究，您的回答我们将按照统计法予以保密。对您的合作和支持，我们表示衷心的感谢！

中国社区发展协会智慧社区工作委员会
北京世纪非凡城市环境科学技术研究院
青岛理工大学城市治理与智能化研究院
“青岛市即墨区城乡社区治理创新模式研究”课题组
2020 年 6 月

A. 个人基本情况

A01 您的性别：①男　　②女

A02 您的出生年份：________年

A03 您目前的婚姻状况：①未婚　　②已婚　　③其他________

A04 您的户籍类型属于：①农业户口　②非农业户口

A05 您的户籍地属于：①即墨本地户籍　②非即墨本地户籍

A06 您目前的居住地属于：①农村社区　②城市社区

A07 您目前居住社区的地理位置在：①城市　②城乡接合部　③农村

A08 您的政治面貌是：①中共党员　②非中共党员

A09 您目前的居住形式为：①自有住房　②租赁住房　③借用住房　④单位公房

A10 您目前的居住结构为：

①单独居住　②和家人居住　③和朋友居住　④其他________

A11 您在目前的小区居住多长时间了？

①不满 1 年　②1—3 年以下　③3—5 年以下　④5—10 年以下　⑤10 年以上

A12 您的受教育程度是：

①小学及以下　②初中　③高中或中专　④大专或本科　⑤研究生及以上

A13 您是否当过社区干部：①没有当过　②以前当过　③目前担任社区干部

A14 您的月均收入为：①2000 元及以下　②2001—3000 元　③3001—5000 元　④5001—8000 元　⑤8001 元及以上

A15 您的家庭年收入为：

①5 万元以下　②5 万—10 万元　③10 万—20 万元　④20 万—50 万元　⑤50 万元以上

B. 社区公共环境、资源和服务评价

请您对社区公共环境条件作出评价：

	①很好	②比较好	③一般	④不太好	⑤很不好
B01 社区治安环境	①	②	③	④	⑤
B02 社区交通环境	①	②	③	④	⑤
B03 社区卫生环境	①	②	③	④	⑤
B04 社区绿化环境	①	②	③	④	⑤
B05 社区办公环境	①	②	③	④	⑤

请您对社区公共资源的充足程度作出评价：

	①很充足	②比较充足	③一般	④不太充足	⑤很不充足
B06 社区公共教育资源	①	②	③	④	⑤
B07 社区公共医疗资源	①	②	③	④	⑤
B08 社区公共文化资源	①	②	③	④	⑤
B09 社区公共体育资源	①	②	③	④	⑤
B10 社区公共就业资源	①	②	③	④	⑤
B11 社区公共养老资源	①	②	③	④	⑤

请您对社区公共服务的满意程度作出评价：

	①很满意	②比较满意	③一般	④不太满意	⑤很不满意
B12 社区公共教育服务	①	②	③	④	⑤
B13 社区公共医疗服务	①	②	③	④	⑤
B14 社区公共文化服务	①	②	③	④	⑤
B15 社区公共体育服务	①	②	③	④	⑤
B16 社区公共就业服务	①	②	③	④	⑤
B17 社区公共养老服务	①	②	③	④	⑤

C. 社区治理状况评价

请您对下列社区治理状况的符合程度作出评价：

	①很符合	②比较符合	③一般	④不太符合	⑤很不符合
C01 社区居民参与程度高	①	②	③	④	⑤
C02 社区民主协商程度高	①	②	③	④	⑤
C03 社区人才队伍建设强	①	②	③	④	⑤
C04 社区信息化程度高	①	②	③	④	⑤
C05 社区办事依法依规	①	②	③	④	⑤
C06 社区信息公开透明	①	②	③	④	⑤
C07 社区邻里交往很多	①	②	③	④	⑤
C08 社区邻里关系和睦	①	②	③	④	⑤
C09 居民表达诉求渠道很畅通	①	②	③	④	⑤
C10 社区对居民诉求回应很快	①	②	③	④	⑤
C11 社区对居民诉求解决很好	①	②	③	④	⑤
C12 社区问题解决能力强	①	②	③	④	⑤
C13 社区纠纷化解能力强	①	②	③	④	⑤
C14 社区公共服务水平高	①	②	③	④	⑤

请您对社区治理各个参与主体作用发挥的满意程度作出评价（如您所在社区没有该参与主体请根据您的了解作出评价）：

	①很满意	②比较满意	③一般	④不太满意	⑤很不满意
C15 社区党组织作用的发挥	①	②	③	④	⑤
C16 社区居委会作用的发挥	①	②	③	④	⑤

续表

	①很满意	②比较满意	③一般	④不太满意	⑤很不满意
C17 社区党员作用的发挥	①	②	③	④	⑤
C18 社区居民作用的发挥	①	②	③	④	⑤
C19 社区业委会作用的发挥	①	②	③	④	⑤
C20 社区物业公司作用的发挥	①	②	③	④	⑤
C21 社区社会组织作用的发挥	①	②	③	④	⑤
C22 社区社会工作者作用的发挥	①	②	③	④	⑤
C23 社区社会志愿者作用的发挥	①	②	③	④	⑤

D. 参与社区治理的意愿与行动评价

请您对参加下列社区活动的意愿作出选择：

	①非常愿意	②比较愿意	③一般	④不太愿意	⑤非常不愿意
D01 参加社区选举活动	①	②	③	④	⑤
D02 参加社区文体活动	①	②	③	④	⑤
D03 参加社区志愿服务	①	②	③	④	⑤
D04 参加社区公益活动	①	②	③	④	⑤
D05 参加社区就业指导活动	①	②	③	④	⑤
D06 参加社区教育培训活动	①	②	③	④	⑤
D07 参加社区心理咨询活动	①	②	③	④	⑤
D08 参加社区环境美化活动	①	②	③	④	⑤

请您对参加下列社区活动的频率作出选择：

	①很高	②比较高	③一般	④比较低	⑤很低
D09 参加社区选举活动的频率	①	②	③	④	⑤
D10 参加社区文体活动的频率	①	②	③	④	⑤
D11 参加社区志愿服务的频率	①	②	③	④	⑤
D12 参加社区公益活动的频率	①	②	③	④	⑤
D13 参加社区就业指导活动的频率	①	②	③	④	⑤
D14 参加社区教育培训活动的频率	①	②	③	④	⑤

续表

	①很高	②比较高	③一般	④比较低	⑤很低
D15 参加社区心理咨询活动的频率	①	②	③	④	⑤
D16 参加社区环境美化活动的频率	①	②	③	④	⑤

E. 社区治理整体感知评价

请您对下列情况的赞同程度作出评价：

	①很赞同	②比较赞同	③一般	④不太赞同	⑤很不赞同
E01 对所在社区的熟悉度很高	①	②	③	④	⑤
E02 对所在社区的信任度很高	①	②	③	④	⑤
E03 对所在社区的认同感很强	①	②	③	④	⑤
E04 对所在社区的归属感很强	①	②	③	④	⑤
E05 所在社区很有安全感	①	②	③	④	⑤
E06 所在社区很有公平感	①	②	③	④	⑤
E07 所在社区很有幸福感	①	②	③	④	⑤
E08 愿意长期住在所在社区	①	②	③	④	⑤

本次调查全部结束，非常感谢您的参与！